明治期の幼稚園における図画教育史研究

牧　野　由　理　著

風　間　書　房

目　　次

序章　本研究の目的と方法および構成……………………………… 1

第1節　本研究の課題……………………………………………… 1

　1．本研究の目的………………………………………………… 1

　2．先行研究の検討……………………………………………… 5

第2節　本研究の構成と方法……………………………………… 7

第1章　明治前期の幼稚園における図画教育……………………… 13

第1節　幼稚園の成立に向けて…………………………………… 13

　1．幼稚園設立の背景…………………………………………… 13

　2．『子育の巻』にみられる図画……………………………… 18

　3．桑田親五訳による『幼稚園<ruby>幼稚園<rt>をさなごのその</rt></ruby>』……………………………… 20

　4．関信三訳による『幼稚園記』……………………………… 22

第2節　幼稚園の設立……………………………………………… 26

　1．東京女子師範学校附属幼稚園の創立……………………… 26

　2．東京女子師範学校附属幼稚園規則………………………… 28

　3．明治17年におこなわれた保育課程改正…………………… 30

　4．『幼稚園恩物図形』による図画…………………………… 31

第3節　描かれた「図画」と掛図の実態………………………… 35

　1．関信三纂輯による『幼稚園法二十遊嬉』と《二十遊嬉之図》……… 35

　2．武村耕靄による《幼稚保育之図》………………………… 38

　3．東京女子師範学校附属幼稚園の写真からみえてくる掛図の実態…… 47

第4節　保育科目「手技」成立までの展開……………………… 53

　1．林吾一編纂による『幼稚保育編』………………………… 53

２．中村五六による『幼稚園摘葉』……………………………………54

小括…………………………………………………………………………55

第２章　明治後期の幼稚園における図画教育……………………61

第１節　幼稚園批判の中で………………………………………………61

　１．明治後期における恩物批判………………………………………61

　２．明治後期に活躍した東基吉………………………………………62

　３．『教育学書解説　フレーベル氏教育論』………………………64

第２節　明治後期の図集『手技図形』と『幼稚園保育法』…………65

　１．図集『手技図形』とは……………………………………………65

　２．東基吉による『幼稚園保育法』…………………………………67

　３．「画き方」の題材に関する比較…………………………………69

　４．「画き方」の図に関する比較……………………………………70

第３節　明治後期に展開された保育法…………………………………74

　１．中村五六による『保育法』………………………………………74

　２．『教育大辞書』……………………………………………………76

　３．中村五六・和田実合著による『幼児教育法』…………………78

　４．『保育法教科書』…………………………………………………82

小括…………………………………………………………………………83

第３章　明治後期の雑誌にみる図画論及び図画教育関係者………89

第１節　幼児教育雑誌創刊の意義とその展開…………………………89

　１．幼児教育雑誌創刊の背景…………………………………………89

第２節　フレーベル会発行の『婦人と子ども』………………………90

　１．雑誌『婦人と子ども』の創刊……………………………………90

　２．図画に関する記事…………………………………………………91

　　（１）東基吉による「図画教授に付きて」…………………………92

（2）野生司香雪による「子供と絵（一）」………………………………93

（3）某女史による「幼稚園に於ける幼児保育の実際」……………94

（4）藤五代策による「幼稚園に於ける図画」……………………96

（5）菅原教造による「図画科の衛生に就いて」…………………99

（6）夏季講習会………………………………………………………100

第3節　『京阪神連合保育会雑誌』………………………………………102

1．京阪神連合保育会とは………………………………………………102

2．図画に関する記事……………………………………………………103

第4節　J.K.U. 年報…………………………………………………………104

1．J.K.U. とは……………………………………………………………104

2．J.K.U. 年報にみる図画論……………………………………………104

第5節　『児童研究』…………………………………………………………107

1．『児童研究』とは………………………………………………………107

2．図画に関する記事……………………………………………………108

（1）「東京の幼稚園」………………………………………………108

（2）「幼稚園に関する三大問題」…………………………………109

（3）ヴントによる「児童の図画」…………………………………110

（4）倉橋惣三による図画論………………………………………110

（5）講習会についての記事………………………………………110

小括………………………………………………………………………………111

第4章　愛珠幼稚園の保育記録からみる図画教育………………117

第1節　保育記録からみた図画教育………………………………………117

1．愛珠幼稚園の保育記録………………………………………………117

第2節　愛珠幼稚園の設立…………………………………………………118

1．大阪府立模範幼稚園の開設…………………………………………118

2．愛珠幼稚園の開設……………………………………………………119

3．愛珠幼稚園の保育科目と保育時間……………………………119
第3節　愛珠幼稚園の保育記録………………………………………121
　　1．愛珠幼稚園の「保育日記」………………………………………121
　　2．B「保育日記　第壹ノ部」………………………………………122
　　3．C「保育日記　第六ノ部」………………………………………128
　　4．D「保育日記　第壹ノ部」………………………………………133
　　5．E「保育日記　第六ノ部」………………………………………138
　　6．F「保育日記　第六ノ部」………………………………………143
　　7．G「保育日記　第四ノ部」………………………………………150
小括………………………………………………………………………156

第5章　愛珠幼稚園の描画作品にみる図画教育………………161
第1節　明治後期の幼児の図画作品…………………………………161
　　1．愛珠幼稚園の図画作品……………………………………………161
　　2．愛珠幼稚園の「画方」作品………………………………………161
第2節　「第五回内国勧業博覧会記念帖」…………………………162
　　1．愛珠幼稚園と博覧会………………………………………………162
　　2．「第五回内国勧業博覧会記念帖」の分析………………………166
第3節　「日露戦争記念帖」…………………………………………176
　　1．「日露戦争記念帖」の分析………………………………………176
小括………………………………………………………………………182

第6章　幼稚園の図画教育で使用された教具………………………185
第1節　明治期の幼稚園で使用された教具…………………………185
　　1．幼稚園で使用された教具…………………………………………185
　　2．幼稚園の掛図と絵画………………………………………………186
第2節　土浦幼稚園の豊富な掛図……………………………………187

目　次　v

　　1．土浦幼稚園の開設……………………………………………………187
　　2．土浦幼稚園の掛図……………………………………………………188
　　　（1）《幼稚園動物掛図》……………………………………………188
　　　（2）《幼稚園掛図》…………………………………………………192
　　　（3）《幼稚園手技掛図》……………………………………………199
　第3節　地域の画家と舞鶴幼稚園………………………………………207
　　1．舞鶴幼稚園の開設……………………………………………………207
　　2．舞鶴幼稚園の保育内容………………………………………………210
　　3．舞鶴幼稚園の掛図・絵画……………………………………………212
　　　（1）舞鶴幼稚園の掛図・絵画とは ………………………………212
　　　（2）舞鶴幼稚園に現存する印刷された掛図………………………212
　　　（3）肉筆（手描き）の掛図 ………………………………………214
　第4節　松本幼稚園の模型………………………………………………223
　　1．松本幼稚園の開設……………………………………………………223
　　2．松本幼稚園の描画作品と『保育日誌』……………………………224
　　3．松本幼稚園の庶物の模型……………………………………………227
　　4．松本幼稚園の図画に関する研究内容………………………………235
　小括………………………………………………………………………238

終章　本研究の総括 ………………………………………………………245

文献目録………………………………………………………………………255
図版一覧………………………………………………………………………263
附　録…………………………………………………………………………275
謝　辞…………………………………………………………………………307

凡　　例

1．本論文中の引用文は、原則として原文の通りとしたが、旧字体の漢字は新字体に改め合字は開いた。また読みやすさを考慮して、適宜句読点を加えた。

2．判読不明な部分は「□」で記した。

3．引用文の間違い等が明らかである場合には「ママ」と上に記した。

4．前略、中略、後略は「…」で記した。

5．引用文、文中の注目すべき語を「　」で統一した。

6．文および註にある書籍、雑誌等の刊行物名に関しては、『　』で統一した。

7．文および註にある絵や掛図等は《　》で統一した。

8．年号、数字はすべて英数字で表記した。

9．年代表記は原則として年号を用い、（　）内に西暦を併記した。

10．図表番号、表番号については、章番号（左）、図や表の番号（右）を英数で統一した。

　　（例）図2-1

　　　　　表2-1

11．注釈は章末とした。

12．作品の単位はcmとした。

13．個人名は表中は「○」で記し、図から取り除いた。

序章　本研究の目的と方法および構成

第1節　本研究の課題

1．本研究の目的

　幼稚園の黎明期であった明治期に「描く」という行為はどのように導入され、展開していったのだろうか。明治の日本の教育は、近代化への本格的な幕開けとともに、西洋の教育システムを受容し展開することとなる。同じ教育機関であり同じ西洋から教育システムを導入したにもかかわらず、小学・中学と幼稚園では異なった道筋から「図画教育」が受容されている。

　江戸時代の幼児の教育は全時期を通して、ほとんどが家庭で親の自由な意思のもとに行われたという[1]。江戸中期以降は富裕家庭の出現、寺子屋の発達などから「心ある人々の子弟は家庭内に於いて、或は寺子屋に於て」[2]、早い時期から教育を受けていたという。『日本幼稚園史』では寺子屋は主として少年期から青年期を対象としていたが、幼児期の多数が寺子屋で教育されていたとみている。また寺子屋の中には幼稚園創設期の保育課目に似た「折紙、絵画、切抜、紙細工、手工、談話」が含まれており、寺子屋の一部分に「幼児期の教育機関が含まれて居たとたしかにいふことが出来る」としている[3]。

　明治期となり我が国にとってはじめての公的幼稚園である東京女子師範学校附属幼稚園が明治9（1876）年に開設されることとなる。この時期の幼稚園では、ドイツの教育学者でありキンダーガルテン（幼稚園）の創設者でもあるフリードリヒ・フレーベル（Friedrich Wilhelm August Fröbel, 1782-1852）の影響を受け、恩物中心主義の保育が行われていた。フレーベルは遊具とし

て恩物を製作しており、我が国では二十種類の恩物として積極的に取り入れていくこととなる。その中には積木や粘土細工などのほかに、本書でとりあげる石盤・石筆を使った「図画」も含まれていた。

明治後期になると形骸化した恩物による教育方法が問題視され幼稚園に批判が集まることとなる。そこで、文部省は明治32（1899）年に「幼稚園保育及設備規程」を制定し、保育内容を「遊嬉、唱歌、談話、手技」の四項目とした。恩物は手技に含まれることとなり、図画も手技の一部となったのだ。

大正期の保育内容は遊戯、唱歌、談話、手技という保育四項目の伝統をもとにしながらかなり自由に行われることとなる[4]。大正期の図画については「画方」とされ、手先の器用さよりも「創造性の涵養が重視」[5]されるようになった。そのため「できるだけ大きな紙を使って伸び伸びと描かせる」方法をとる幼稚園が多くなる。道具についても石盤・石筆を使用する園が少なくなり、主として色鉛筆が用いられた。大正末期になると多くの幼稚園では色鉛筆からクレヨンにかわっていくことになる。画材の変化にともない、大正期の図画教育では、輪郭を印刷した画用紙にクレヨンをぬらせる「ぬりえ」が多く行われることとなった。大正期の終り頃にはクレヨンを使った自由画も行われ、「随意画」ともよばれた[6]。

それに対して明治期における小学校の図画教育の成立過程をみていくと、1856年に江戸幕府が洋学の研究・教育機関として蕃書調所（開成所）を設置し、そこで行われていた画学が図画教育のはじまりとなる。幕末から明治10年代にかけての期間は鉛筆画時代といえる。明治4（1871）年には川上寛（冬涯）が翻訳本『西画指南』を編纂し大学南校から発行したが、これが図画教科書として最初のものとされる。『西画指南』は英国の技術書著述家ロバート・スコット・バーンの *The Illustrated Drawing Book* の一部を翻訳したものであった。明治5（1872）年8月に学制が発布され、普通教育の小学・中学において普通教育の図画教育がはじまることになる。上等小学科の科目として「幾何学罫画大意」、加設科目に「画学」とされたが、明治5

（1872）年9月公布の「小学教則」では「罫画」とされていた。明治5（1872）年に出版された山岡成章による『図法階梯』[7]、明治6（1873）年に文部省より発行された同じく山岡成章の編集による『小学画学書』のいずれも西洋の図画手本や図画教授書の挿絵を引用して再構成したものであり、明治中期までの西洋画系の図画教科書のほとんどは西洋の図画手本を引用する方式をとっていた[8]。明治18（1885）年に文部省はイタリア人であるフォンタネージの指導を受けた浅井忠・高橋源吉に『小学習画帖』を編纂させ絵画的な描写を取り入れた。しかし西洋文化の摂取に対する反動が起き、米国人フェノロサと岡倉覚三（天心）による新日本美術振興や美術教育運動につながっていくことになる。

　明治21（1888）年に巨勢小石による『小学毛筆画帖』が発行される。明治30年代には多種の毛筆画教科書が発行され毛筆画全盛期となり、明治20年代から30年代前半は毛筆画時代とされる。明治35（1902）年に文部省に「普通教育ニ於ケル図画取調委員会」が設置され、その報告書が明治37（1904）年の官報に発表された。それにより、普通教育においては鉛筆と毛筆を区別しないこと、図画教育の特別の特別養成所の設置の必要性が報告された。明治37（1904）年に図画教育会によって中等学校用『図画教科書』が出版された。小学校については、明治37（1904）年11月から翌38（1905）年1月にかけ、国定教科書『毛筆画手本』『鉛筆画手本』『小学校教師用幾何画法』の三種類が発行されることとなった。

　明治43（1910）年に国定教科書『新定画帖』が発行された。『新定画帖』においては毛筆画と鉛筆画が同一教科書内に併存していた。『新定画帖』は毛筆画・鉛筆画だけではなく、透視図、投影図、図案なども導入し、「論理的配列」ではなく「心理的配列」を採用していた。従来の教科書では直線や曲線といった単純な形体から複雑な形体へと進んでいくものであったが、『新定画帖』では最初に抽象的題材を配置せず、児童が好む具体物の題材を最初から配列する「心理的配列」をとっていた。だからといって自由な表現

4

を許すのではなく、教師が範画を示して描き方を教授していた。

　以上のように明治期の幼稚園と小学校では、同じく「西洋」から受容したにもかかわらず、「描く」という図画教育において異なる導入過程を経ており、幼稚園における図画教育の成立過程を明らかにする必要があると考える。また技巧に優れた専門家である図画教育関係者らがなんらかの形で幼稚園の図画教育にかかわっていただろうことが予想される。よって上述した鉛筆画・毛筆画の影響も検討していく。

　フレーベルは描画について、「身体性・肉体性および感性の正しい理解と訓練から、思慮深さと恭謙さと道徳性を通じて感情・思考・意欲および行動において自己自身との真の融合にまで、そしてまた自然との融合、人類との融合および神との融合にまで高まる」[9]可能性があると説いており、子どもにとって描画は「一個の創造的な存在であることを証明」[10]する行為であると考えていた。フレーベルは描画を訓練することは「真の満足すべき教育の中心点（出発点・原点）」でもあれば「教育の帰還点」でもある[11]とその重要性を説いており、描画つまり図画の導入や実際を検討することは幼稚園の教育史を検討する上で不可欠であると考える。

　明治期に導入されることとなる一斉教授では、新しい教育用具の使用・開発を促すこととなった。視覚教材の積極的導入を行う中で、文部省は幼児の教育において絵図がいかに有効なものか認識していた[12]。掛図や模型、標本などの視覚教材は実物・直観教育の教材であるだけでなく、子どもが絵を描く際の図像イメージの源泉にもなったはずである。近世より日本の都市部では多くの書物や浮世絵・錦絵が出版され文字や絵に親しんできた文化がある。子どもが遊ぶおもちゃ絵や組み立て式の組上絵など、子どもの生活の中に印刷物で遊ぶ文化があり、ヴィジュアルな文化に触れていた。その後、幕末より写真があらわれ、視覚文化のパラダイム・シフトが起こる。新たな視覚文化は石版画や写真製版といった印刷技術の向上とともに庶民に広まり、日清・日露戦争まで多くのヴィジュアル・イメージを子どもにも提供するこ

とになる。そう考えれば、家庭などの幼稚園以外の場で幼児が出会ったと思われる雑誌や本、新聞、引札、写真、絵などの影響も検討していかなければならないが、それは次の課題としたい。従って本書では幼稚園で使用された視覚教材に限定し、図画への影響を考察したい。

そこで本研究は、日本における幼稚園の成立時期を東京女子師範学校附属幼稚園（現・お茶の水女子大学附属幼稚園）が創設された明治期とし、明治期における幼稚園教育の図画表現の特質とその展開過程を、当時出版された幼稚園教育書、翻訳書、雑誌、保育記録、描画作品、各地の幼稚園で使用していた一次史料（教具）の分析を通して明らかにしたい。当時の幼稚園の様子を知る手がかりとして、若干ではあるが、写真や絵が残されており当時の情景が窺われる。写真や描かれた図像からも図画教育の実際を検討していきたい。

2．先行研究の検討

本研究は、図画工作・美術教育研究において、これまで未開拓な分野であった「明治期の幼稚園における図画教育史」に焦点化している。従来の明治期の幼児の図画教育に関する歴史的研究は、以下のような二つの研究に大別される。

（1）明治期の図画教育に関する研究

明治期の図画教育は数々の方針転換や政策変更が行われており、小学の図画教育について多くの研究成果が挙げられてきた。しかしながら、従来の近代図画教育史研究において「明治期の幼稚園における図画教育史」の研究はほとんど取り組まれていない。

明治期の幼児の図画教育に関する先行研究を調査した結果わずかであった。幼児期の図画教育史に関しては、『造形美術教育体系1　幼児教育編』[13]に幼児の造形美術教育の変遷が記載されているが、この書は理論および指導事

例がほとんどであり、明治期の変遷については概略が述べられているのみである。幼児の図画に関しては上坂雅之助が『画の教育学』[14]で述べているが、これは大正期以降を対象とするものである。また明治期の図画に関する研究は、初等・中等教育の図画科を対象にするものがほとんどであり、幼児の図画教育についてわずかしか述べられていない。金子一夫による『近代日本美術教育の研究　明治時代』[15]や中村隆文による『「視線」からみた日本近代：明治期図画教育史研究』[16]、林曼麗による『近代日本図画教育方法史研究』[17]、赤木里香子による「近代的自然観と美術教育の位相」[18]などが図画教育史研究として挙げられるが、これらはいずれも小学・中学の図画科を研究対象としており、幼稚園の図画教育についてはほとんど触れていない。

（2）明治期の幼児教育に関する研究

　幼児教育の通史として、日本保育学会編『日本幼児保育史』[19]の第1巻および第2巻、倉橋惣三・新庄よしこによる『日本幼稚園史』[20]、文部省編『幼稚園教育百年史』[21]がある。

　また明治期の幼児教育に関する研究として多くの諸賢の研究が挙げられる。清原みさ子による『手技の歴史―フレーベルの「恩物」と「作業」の受容とその後の理論的、実践的展開』では、日本で展開されたフレーベルの恩物と作業の実態が明らかになった。図画だけでなく手技のすべての課目を網羅しており、明治期から昭和初期までの手技の実態を著書、雑誌、保育案、保育日誌等から明らかにしたものである。本稿の第6章で取り上げる松本幼稚園の手技についても分析されており、図画を含む手技全体の内容を把握する上で欠かすことのできない先行研究となっている。また湯川嘉津美による『日本幼稚園成立史の研究』[22]により、第1章でふれている明治前期の幼稚園の導入過程の解明、幼稚園政策と制度の成立、各地の幼稚園の設立、翻訳書の原典について明らかになった。柿岡玲子による『明治後期幼稚園保育の展開過程―東基吉の保育論を中心に』[23]では第2章・第3章でとりあげる東基吉の

遊戯論・手技論、および保育者観について述べている。田中まさ子『幼児教育方法史研究―保育者と子どもの共生的生活に基づく方法論の探求』[24]では表現活動という領野から、明治から今日までの幼児教育方法史を検討している。

愛珠幼稚園に関しては永井理恵子による愛珠幼稚園舎に関する研究[25]、福原昌恵による唱歌・遊戯に関する研究[26][27]があり、小山みずえによる『近代日本幼稚園教育実践史の研究』[28]では明治後期の恩物教育の改善、松本幼稚園の児童心理学、愛珠幼稚園の「談話」についてとりあげている。第4章および第5章で対象としている愛珠幼稚園の保育記録に関する先行研究として、二見素雅子の研究[29]が挙げられる。二見は愛珠幼稚園の明治31（1898）年から明治40（1907）年前後の保育記録の分析を行い国家主義施策の影響を検証しているが「談話」を対象としており、図画である「画方」については分析していない。また「日露戦争記念帖」の描画を一部示しているが描画作品そのものに対する言及はみられず、第5章で扱う愛珠幼稚園の描画作品についての先行研究は見当たらない。

第6章では明治期に開園した幼稚園（京都府舞鶴市立舞鶴幼稚園・土浦西小学校附属幼稚園・松本幼稚園）を対象としているが、3園の図画教育に焦点を当てた先行研究は清原による研究以外みあたらない。

第2節　本研究の構成と方法

本研究は先行研究の少ない中で、一次史料の発掘を行いつつ明治期の幼児の図画教育について実証的な解明を目指した。

文部省編『幼稚園教育百年史』では、戦前の幼児教育を、第一期を明治のはじめから明治31（1898）年まで、第二期を明治32（1899）年から大正14（1925）年まで、第三期を大正15（1926）年から昭和20（1945）年までと三期に区分している[30]。本研究でも同様に明治期の区切りを明治32（1899）年とする。それまで図画は恩物の一つとして位置付けられていたが、文部省令第

32号「幼稚園保育及設備規程」によって恩物は「手技」とされ図画は手技に含まれたためである。大正期の図画教育については、「自由画教育」という大きな転換点を迎えることから次の課題としたい。

　第1章では第一期にあたる明治のはじめから明治31（1898）年までに刊行され、図画についての記述がある『子育の巻』、『幼稚園』、『幼稚園記』、『幼稚園法二十遊嬉』、『幼稚保育編』、『幼稚園摘葉』を分析対象とし、図画についてどのように取り扱っていたのかみていくこととした。その際には翻訳書の原著にも着目し図版の比較を行いたい。また当時日本で大きな影響を与えた日本で初めての官立の幼稚園規則であった「東京女子師範学校附属幼稚園規則」および明治17（1884）年の「保育課程改正」も対象とする。文部省令第32号「幼稚園保育及設備規程」が公布されるまで、具体的な法規が存在せず、新たに園を開設する際には東京女子師範学校附属幼稚園を手本としていたためである。以上の刊行物及び規則のほかに、描かれた図画を行う子どもの絵も対象とし、図画について時系列でまとめ考察を加えていく。また子どもの視覚イメージに大きな影響を及ぼしたと考えられる掛図について写真から検討を行い分析する。

　第2章では文部省令第32号「幼稚園保育及設備規程」に４つの保育科目「遊嬉・唱歌・談話・手技」が示された明治32（1899）年から明治末期までを対象とし、その間に刊行され図画についての記述がある文献の分析を行った。『教育学書解説　フレーベル氏教育論』、『幼稚園保育法』、『手技図形』、『保育法』、『教育大辞書』、『幼児教育法』、『保育法教科書』を検討し、図画の記述や図版について時系列でまとめ考察を加えていく。

　以上、第1章および第2章において主要な文献や図集、写真、絵、掛図を分析対象とすることにより、幼児の図画教育についての概要と、明治期の幼稚園で視覚的なイメージを喚起したであろう教具や、実際の図画を行う様子を示すことができると考える。

　第3章では明治後期に相次いで創刊された幼児教育雑誌および幼児教育の

関連雑誌において、どのような図画教育論が展開されたのか明らかにしていきたい。『婦人と子ども』（後継『幼児の教育』）、『京阪神（三市）聯合保育会雑誌』、*Annual Report of the Kindergarten Union of Japan*、『児童研究』の4誌の記事を通覧し、そこで展開された図画論と図画教育関係者、手工教育関係者や画家とのかかわりを明らかにすることとしたい。

　第4章では全国に先駆けて設立された幼稚園の一つであり明治13（1880）年に開設された愛珠幼稚園（現・大阪市立愛珠幼稚園）の保育記録を分析し、当時の幼稚園で実際に行われた描画表現活動がどのようなものだったのか明らかにする。愛珠幼稚園には明治期後期の保育記録が現存しており、それを分析することにより、保育者が図画で使用していた画材、図画で描かせていた題材、図画に用いた教具、手本にしていたもの、指導法などについて明らかにする。

　第5章では第4章において保育記録を分析した愛珠幼稚園の描画表現作品の分析を行う。愛珠幼稚園には明治期に描かれた希少な幼児の図画作品集「第五回内国勧業博覧会記念帖」および「日露戦争記念帖」が現存しており、「日露戦争記念帖」は第4章で対象とした保育記録と同時期に描かれたものと推測される。図画作品を分析することによって、実際に図画で使用した道具や構図を明らかにし、幼児がどのようなものに興味をもって描いていたのか分析していく。また第五回内国勧業博覧会は明治36（1903）年3月1日〜7月31日まで大阪で開催された博覧会であり、博覧会と愛珠幼稚園とのかかわりを明らかにする。

　第6章では図画教育の変遷について実証的な解明をめざすために、明治期に開園した幼稚園（京都府舞鶴市立舞鶴幼稚園・土浦西小学校附属幼稚園・松本幼稚園）を対象とし、明治期の幼稚園の図画教育で使用されたと推測される現存する掛図や標本を分析し、それらの教具によっていかなる図画教育を模索していたのか考察する。

　終章では、以上の論述を総括し、明治期における幼児の図画教育の変遷と

その特質についての考察を行う。

　なお、巻末に附録として、第4章で分析した愛珠幼稚園の保育記録の課目名を収録した。

注
1）日本保育学会編『日本幼児保育史』第1巻、フレーベル館、1968、p. 11
2）倉橋惣三・新庄よしこ共著『日本幼稚園史』フレーベル館、1956、p. 3
3）同、pp. 3-4
4）同、p. 51
5）同、p. 95
6）同、p. 95
7）東京開成学校編『図法階梯』東京開成学校、1872
8）金子一夫『近代日本美術教育の研究』中央公論美術出版、1982、p. 45
9）F. フレーベル著・荘司雅子訳『フレーベル全集』第4巻、玉川大学出版部、1981、p. 691
10）同上、p. 688
11）同上、p. 706
12）石附実『教育博物館と明治の子ども』福村出版、1986、p. 146
13）太田昭雄ほか編『造形美術教育大系1　（幼児教育編）』美術出版、1982、pp. 143-144
14）上阪雅之助『画の教育学』刀江書院、1930
15）金子、前掲書
16）中村隆文『「視線」からみた日本近代：明治期図画教育史研究』京都大学学術出版会、2000
17）林曼麗『近代日本図画教育方法史研究』東京大学出版会、1989
18）赤木里香子「近代的自然観と美術教育の位相」『美育文化』美育文化協会、1992-1993
19）日本保育学会編『日本幼児保育史』全6巻、フレーベル館、1968-1975
20）倉橋・新庄、前掲書
21）文部省編『幼稚園教育百年史』ひかりのくに、1979
22）湯川嘉津美『日本幼稚園成立史の研究』風間書房、2001
23）柿岡玲子『明治後期幼稚園保育の展開過程―東基吉の保育論を中心に―』風間

書房、2005

24) 田中まさ子『幼児教育方法史研究―保育者と子どもの共生的生活に基づく方法論の探求―』風間書房、1998

25) 永井理恵子『近代日本幼稚園建築史研究―教育実践を支えた園舎と地域』学文社、2005

26) 福原昌恵「草創期幼稚園における唱歌遊戯［2］愛珠幼稚園における保育を中心に」『新潟大学教育学部紀要　人文・社会科学編』新潟大学、第33号(2)、1992、pp. 99-111

27) 福原昌恵「1897年の愛珠幼稚園における保育内容：唱歌遊戯を中心として」『新潟大学教育学部紀要　人文・社会科学編』新潟大学、第34号(1)、1992、pp. 33-46

28) 小山みずえ『近代日本幼稚園教育実践史の研究』学術出版会、2012

29) 二見素雅子「日露戦争前後の幼稚園教育における国家主義思想の影響―愛珠幼稚園における保育内容および保育方法の変化を通して」『神学と人文』大阪キリスト教短期大学、第46集、2006、pp. 65-78

30) 文部省編『幼稚園百年史』ひかりのくに、1979、総説 p. 2

第1章　明治前期の幼稚園における図画教育

第1節　幼稚園の成立に向けて

1．幼稚園設立の背景

　明治になると外国人の渡来や外来思想の影響によって、幼児のための教育施設が現れはじめた。明治4（1871）年にはメリー・プライン、ジュリア・クロスビー、ルイス・ピアソンの三人の宣教師によって横浜に「亜米利加婦人教授所」The Woman's Union Home が開かれる[1]。

　明治5（1872）年の「学制」において幼稚小学は小学校の一種とみなされた。「学制第二十一章」の中に「幼稚小学」という言葉が現れる。第二十二章に「幼稚小学ハ男女ノ子弟六歳迄ノモノ小学ニ入ル前ノ端緒ヲ教ルナリ」とあり、この規定が日本において教育法の中に幼児教育機関の名称が掲載された最初のものとなる[2]。

　明治8（1875）年には京都府下に「幼稺遊嬉場」と「幼稺園」が設立され、幼児のための公立の施設がつくられる。これらの施設がフレーベルのキンダーガルテン（Kindergarten）に影響されたものであることは幼稺遊嬉場概則[3]からもうかがえる。ドイツの教育学者であり幼稚園の創設者でもあるフリードリヒ・フレーベル（Friedrich Wilhelm August Fröbel, 1782-1852）は児童の遊具として恩物を1837年に製作した。恩物とは Gabe の訳語であり神が児童に賜った物を意味する。日本には恩物は第一恩物から第二十恩物までの二十種類として伝わり、それぞれ幾何学的な基本形と一定の数・大きさ・色彩をもった球や円筒、積み木等で構成されている（図1-1から図1-20）。

　文部省は幼稚園開設前にもかかわらず明治9（1876）年5月から開催され

たフィラデルフィア万国博覧会に教育参考品として恩物（幼稚園玩器）4箱の出品を行っている[4]。『米国博覧会報告書 第2巻 日本出品目録』[5]によれば「第三大区 教育及ヒ知学」の「第三百小区 教育ノ初歩」において「第五号 幼稚ノ教育図書及ヒ玩具合四十種」とされており四十種類の図書と玩具が文部省により出品されたことがわかる[6]。『日本幼稚園史』によれば幼稚園はまだ開設されていなかったが「中村正直氏はじめ関信三氏等、外国の事情に明るい人々が多かったから、フレーベルの二十恩物を製作[7]させ出品したという。「恩物四十一種」[8]と記述されているが、「別に掛図などの出品もあつたためこれも加へての総数であるらし」[9]く、恩物だけでなく掛図なども出品していた。

　幼稚園発足にあたり欧米先進諸国の幼稚園を手本としたにもかかわらず、幼稚園の実際を見聞した者は稀であったが、外国書を翻訳して参考とし明治9（1876）年東京女子師範学校に附属幼稚園が設立された。この時期の幼稚園は恩物中心主義であったが、恩物の中には幼児にあまり適さないと思われるものや幼児があまり好まないもの、幼児にとって難しすぎるものなどがあり、恩物の保育効果に対して疑問が生じることとなる。その結果、恩物に対する評価は次第に低くなり、明治32（1899）年の文部省令第32号「幼稚園保育及設備規程」では恩物を4つの保育項目の一つである「手技」に押し込めることとなる。

　本章では、明治31（1898）年までに刊行され、図画についての記述がある『子育の巻』[10]、『幼稚園』[11]、『幼稚園記』[12]、『幼稚園法二十遊嬉』[13]、『幼稚保育編』[14]、『幼稚園摘葉』[15]、を分析対象とした。また当時大きな影響を与えた日本で初めての官立の幼稚園規則であった「東京女子師範学校附属幼稚園規則」および明治17（1884）年の保育課程改正、東京女子師範学校附属幼稚園の写真、『幼稚園恩物図形』、明治20年頃の附属幼稚園の様子をうかがい知ることができる武村耕靄による《幼稚保育之図》も対象とする。以上の資料を対象とし、図画の記述を中心に時系列でまとめ考察を加えていく。

第 1 章　明治前期の幼稚園における図画教育　　15

図1-1　第一恩物　六球法

図1-2　第二恩物　三体法

図1-3　第三恩物　第一積体法

図1-4　第四恩物　第二積体法

図1-5　第五恩物　第三積体法

16

図1-6 第六恩物 第四積体法

図1-7 第七恩物 置板法

図1-8 第八恩物 置箸法

図1-9 第九恩物 置環法

図1-10 第十恩物 図画法

図1-11 第十一恩物 刺紙法

第 1 章　明治前期の幼稚園における図画教育　　17

図1-12　第十二恩物　繍紙法

図1-13　第十三恩物　剪紙法

図1-14　第十四恩物　織紙法

図1-15　第十五恩物　組板法

図1-16　第十六恩物　連板法

図1-17　第十七恩物　組紙法

図1-18　第十八恩物　摺紙法

図1-19　第十九恩物　豆工法

図1-20　第二十恩物　模型法

2．『子育の巻』にみられる図画

　幼稚園の発足にあたり欧米先進諸国の幼稚園を例とした。近藤真琴（1831-1886）は明治8（1873）年ウィーンで開かれた澳国博覧会（図1-21）に博覧会一級事務官として政府から派遣され、その報告書として『博覧会見聞録別記子育の巻』（図1-22、1-23）が博覧会事務局から刊行された。博覧会の会場に設けられていた童子館と各国の育児文化、博覧会事務官の和田収蔵がドイツに赴いて実際に見聞したフレーベル式幼児教育施設や遊具、教具、フレーベル式の教育理論などについて絵を用いて詳細に紹介されている。日本で最初の海外保育事情を紹介した書物といわれており、フレーベルのキンダーガル

第 1 章　明治前期の幼稚園における図画教育　　19

図1-21　ウィーン万国博覧会の会場遠景

図1-22　『子育の巻』表紙

図1-23　『子育の巻』一丁右

テンを童子園と翻訳し、その内容についても述べられている。しかしながら恩物についてはその教育学的な意味付けよりも、教師によって示されるモデルのとおりにかたどるよう取り扱われていた[16]。

　図画については、和田収蔵がドイツのフレーベル式幼児教育施設で見聞したことを次のように述べている。

　　年の長ずるものは遥にむづかし稽古もせり　種々彩色のある絵と縦横に

筋を引きたる紙とにて其種々の形ちを作り五星の形ちを作る　其順序正しくて手本によく似たり　あるひは石筆にて幾何の図引の稽古をなし　其上等なるものは手本を離れて自から図を製す　其巧みなる事実に驚くべし[17]

　上記よりドイツのフレーベル式幼児教育施設では、「手本」を使用していたこと、道具としては石盤や「石筆」を使って「幾何の図引」による図画を行っていたことがわかる。また一部の子どもは「手本を離れて自から図」をひいており、その様子を見て和田が驚いたことがわかる。しかしながら、「手本を離れ」た図というものがどのようなものだったのか詳しい記述や図版がないため読み取ることはできない。図画で使用される石盤（図1-10）とはスレートなどの薄い板を半紙大またはその半分に切ったものである。ふちが欠けないように木の枠をほどこしてあり、幼稚園で使用するものには罫線が引かれているものもあった。「石筆」と呼ばれる蝋石を細く筆状にしたもので繰り返し描くことができる[18]。

　『子育の巻』には、恩物と手技とを中心とする保育について述べられているのみであり、フレーベルの幼児教育の基本理念については述べられておらず[19]、図画についてもどのような教育理念において行われていたか記されていない。

3．桑田親五訳による『<ruby>幼稚園<rt>をさなごのその</rt></ruby>』

　日本最初の幼稚園教育書といわれるロンゲ夫妻の共著である『幼稚園』（巻上）（図1-24）が桑田親五によって翻訳され明治9（1876）年1月に刊行された[20]。その後、明治10（1877）年7月に巻中、明治11（1878）年6月に巻下が刊行された。原著は *A Practical Guide to the English Kindergarten (Child's Garden), for the Use of Mothers, Governesses, and Infant Teachers: Being an Exposition of Fröbel's System of Infant Training: Accompanied by a Variety of Instructive and Amusing Games, and Industrial and*

第 1 章　明治前期の幼稚園における図画教育　21

図1-24　『幼稚園』巻上・巻中・巻下

図 1-25　*A Practical Guide to the English Kindergarten（Child's Garden), for the Use of Mothers, Governesses, and Infant Teachers*

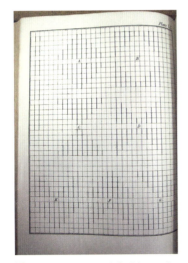

図1-26　*A Practical Guide to the English Kindergarten（Child's Garden), for the Use of Mothers, Governesses, and Infant Teachers*, Plate. LX

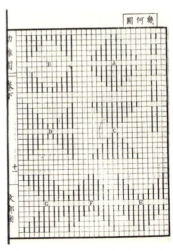

図1-27　『幼稚園』巻下、十一丁右

Gymnastic Exercises, Also Numerous Songs Set to Music, and Arranged for the Exercises であり、湯川が明らかにしたように筑波大学附属図書館には「東京女子師範学校附属幼稚園図書之印章」の蔵書印のある原著が現存している[21]（図1-25）。原著は全68ページである。図画は DRAWING[22] として説明しており、図版は Plate LX（図1-26）から Plate LXV まで6ページにわたっている。筑波大学附属図書館の原著と桑田親五訳による『幼稚園』と比較すると「図画」の部分は文章・図版ともにほぼ同一である。たとえば Plate LX（図1-26）と『幼稚園』の十一丁右（図1-27）は左右の順序が逆だが、一つ一つの図は同一であることがわかる。『幼稚園』は個々の恩物をどのように取り扱うか説明しており、「幼児が楽しい経験を得て創造的な力を育むことになるというようには理解されていなかった」[23]という。

　図画については巻下[24]に「図を引く業」とありそこで触れている。「図を引く業」として全部で13ページが割かれている。そのうち「幾何図」として6ページにわたって、図の基本形（垂直線、水平線、正方形の組み合わせ図形、曲線、斜線による組み合わせ図形）が掲載されている[25]。「図を引く業」は、この垂直線・水平線の図に付いている英記号を使った線を描く方法（幾何図法）についての詳細な解説文である。「幾何図法中の実験の道理を説き明する足るべし」[26]とあり、幾何図法の初歩として図を引くことをおいている。よって自由に描くことについて触れられていない。

４．関信三訳による『幼稚園記』

　『幼稚園』とならんで明治初期の幼稚園教育の実際に大きな影響を及ぼしたものに『幼稚園記』[27]（巻之一から巻之三・附録）が挙げられる（図1-28）。これは明治9（1876）年〜10（1877）年に関信三によって翻訳されたもので、原著は巻之一から巻之三まではドゥアイによる *The Kindergarten. A Manual for the Introduction of Froebel's System of Primary Education into Public Schools; and for the Use of Mothers and Private Teachers*（図1-29）、

附録はマンとピーボディによる *Moral Culture of Infancy and Kindergarten Guide* である。『幼稚園記』の一節[28)]によって「一定の形式を重んじる恩物中心主義の保育が、もたらされた」[29)]といわれている。

巻之三は「図画課　フレベル氏ノ法制ニ係ル」[30)]との見出しがあり、第十恩物の図画法について詳細に書かれ、他の記述はない。巻之三の最後には16ページにわたり第一表（図1-30）から第十六表がある[31)]。ただし第十一表の下部から第十六表までは補遺課としている。原著では Table. I（図1-31）から Table. XVI となっており、比較してみると全く同じ図を翻刻したことがわかった。

すべての図に番号が付されており1～144と補遺課1～56の計200の図があり、これらを分析すると表1-1になる。巻之三では図版番号1～111の直線による図形及びと図版番号143および144（図1-32）のピタゴラスの定理の説明が主となっており、これらは図版全体の57％にあたる。原著（図1-33）でも全く同じ図版である。残り43％にあたる112～128の直線および曲線による図形、129～142の曲線による植物（葉）や果物（図1-34、原著では図1-35）、補遺課の説明はない。巻之三の全頁が「図画課」であることを考慮すれば、図画を重視していたことは理解できる。しかし、そのほとんどが直線による図形とピタゴラスの定理の解説ということから、ここでいう「図画課」とは幾何法に基づいているということを意味しているのだろう。

表1-1　『幼稚園記』の図版分析

図版番号	図版内容	図版数	本文での解説
1-111、143、144	直線による図形	113	あり
112-128	直線と曲線による図形	17	なし
129-142	曲線を使った植物（葉）、果物	14	なし
補遺課　1-7	直線による図形	7	なし
補遺課　8-56	直線と曲線による図形	49	なし

図1-28 『幼稚園記』

図1-29 *The Kindergarten*

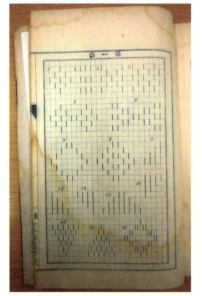

図1-30 第一表

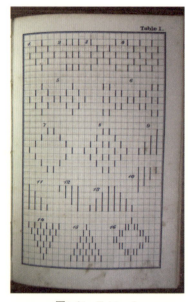

図1-31 Table. I

第1章　明治前期の幼稚園における図画教育　25

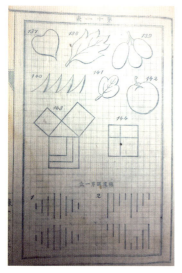

図1-32　第十一表

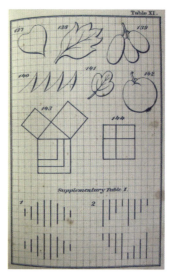

図1-33　Table. XI

図1-34　第十表

図1-35　Table. X

第2節　幼稚園の設立

1．東京女子師範学校附属幼稚園の創立

　明治9（1876）年6月1日、保育の方法等の議定をし、11月6日に園舎が竣工、『郵便報知新聞』11月16日付には次のように幼稚園開設が報じられている。

　　東京女子師範学校内ニ於テ幼稚園開設候条此旨不達候事
　　明治九年十一月十四日

　　　　　　　　　　　　　　　　　　　　　　文部大輔　　田中不二麿代理
　　　　　　　　　　　　　　　　　　　　　　文部大丞　　九鬼　隆一

　明治9（1876）年11月16日、日本で初めての「幼稚園」である東京女子師範学校附属幼稚園（以下、附属幼稚園とする）が設立された（図1-17）。監事は関信三、主席保姆は松野クララ、保姆は豊田芙雄[32)]、近藤濱であり、75名の幼児が入園することとなる。

　附属幼稚園は明治7（1874）年創立の東京女子師範学校（1890年女子高等師範学校、1908年東京女子高等師範学校と改称、1949年お茶の水女子大学となる）の附属幼稚園として開設された。当時、欧米風の進歩的文物が上流知識階級の流行となっていたため[33)]、開園当初は有産階級や上流階級の子弟が大部分を占めた。小学校さえ十分に定着していない時期であり、入園児の大半は上流階級の子弟であった。『日本幼稚園史』によれば東京女子師範学校附属幼稚園開業式の様子を保姆の豊田芙雄は「五六十人ばかりの富豪或は貴顕家の愛児を、夫々お附女中のごとき方附添来り、長方形なる講堂（遊戯室）に集合し、風車、蝶々などのうたをうたひて、幼稚にうたわせ」[34)]たと述壊しており、幼稚園に通わせることが贅沢なことのように後々まで考えられる一因と

なった[35]。

　1日の保育は午前10時頃から午後2時までの4時間または午前9時より午後2時までの5時間であり、下記のような流れで行われた[36]。

　　登園
　　整列
　　遊戯室－唱歌
　　開誘室－修身話か庶物話（説話或は博物理解）
　　戸外あそび
　　整列
　　開誘室－恩物－積木
　　遊戯室－遊戯か体操
　　昼食
　　戸外遊
　　開誘室－恩物
　　帰宅

　恩物は「開誘室」で行われ、「午前は多く積木の類、午後は絵描き、或は色紙麦わら等を材料としたものの製作」[37]をしていた。恩物は毎日午前と午後に行われていたことから一日の保育の中で重きを置いていたことがわかる。

　保育料は開設当初は1か月25銭であったが、明治11（1878）年2月の幼稚園規則改正により50銭となり「玩器料金」としてさらに50銭を徴収していた。「玩器料金」とは主として恩物料と考えられており、「恩物の遊具、即ち積木の幾箱、箸排べの箸等、又色紙、豆細工…（中略）…一箱づゝになっている積木は各幼児用」[38]として用意していたため、それらの購入にあてていたのだろうと考えられている。

2．東京女子師範学校附属幼稚園規則

　明治10（1877）年7月に「東京女子師範学校附属幼稚園規則」[39]が制定され、保育の科目のほか時間表も定められた。保育科目は第12条に記された。

保育科目
第一　物品科
第二　美麗科
第三　知識科

　物品科、美麗科、知識科の3つの保育科目、3科が包有する25の子目が設けられた。美麗科は「美麗トシテ好愛スル物、即チ彩色等ヲ示メス」とされ、「綺麗な子供の好きさうな彩色や絵画を見せて美麗のこゝろを養ふもの」[40]であったといわれている。具体的には「美しい物を見せたり、彩色した色紙で物を作ったり、絵を描いたり、錦絵を見せたりして、幼児に美麗を好む心を養ふためで、図画、織紙、剪紙貼付など」[41]がこれにあたるとしている。

　下記の25の子目の中に「石盤図画」があるがその内容について説明はなかった。

　五彩球ノ遊ヒ
　三形物ノ理解
　貝ノ遊ヒ
　鎖ノ連接
　形体ノ積ミ方
　形体ノ置キ方
　木箸ノ置キ方
　環ノ置キ方
　剪紙

剪紙貼付

針画

縫画

石盤図画

織紙

畳紙

木箸細工

粘土細工

木片ノ組ミ方

紙片ノ組ミ方

計数

博物理解

唱歌

説話

体操

遊嬉

　また「保育時間表」[42]によれば、第三ノ組（小児満三年以上満四年以下）の月曜日の45分に「図画（三倍線ノ直角等）」、第二ノ組（小児満四年以上満五年以下）では月曜日の45分に「図画（三角形等ニ至ル）」、第一ノ組（小児満五年以上満六年以下）では月曜日の45分に「図画及ヒ紙片組ミ方」とある。これにより「図画」は第三ノ組、第二ノ組および第一ノ組のすべてで行われたことが読み取れる。

　『日本幼稚園史』には当時「実際に行った保育科目」について記載されている[43]。「第十恩物図画法」については「図引きが稍進んで、こればかりでなく、物の形をあらはした所謂自由画も描かせ」ていたという。その方法は「保姆がある手本を描いて示し、是によつて描かせる」[44]というものが多く、

「自由画」とは称しても必ずしも自由に描いていたというわけではないようである。続いて氏原張の文と図を引用している[45]。それによれば石盤の表面の罫線をつかって罫画を描かせ、「裏面の無地の処に自由画」を描かせていたという。「自由画としては石盤の裏面に描き、又は洋紙に思ふものを描かしめ、昔時は色鉛筆などなし凡て鉛筆を用ひて居た」ということから、「自由画」は石盤の裏面だけでなく「洋紙」に「鉛筆」でも描かせていたことがわかる。

　倉橋・新庄によれば、図画法において「縦横に線を引く」ことを「開園当初のみ用いていたばかりではなく、ずっと続いて」行っていたという。ゆえに図画法の紙も罫線を引いたものを使用しており、明治27、28年頃の自由画となってからも罫線を引いた紙を使用していたという[46]。

３．明治17年におこなわれた保育課程改正

　明治17（1884）年２月に従来の保育規則が改正され、保育の要旨及び保育課程表が定められた。保育課目として下記二十課目が定められた。

一　会集

二　修身ノ話

三　庶物ノ話

四　木ノ積立テ

五　板排ヘ

六　箸排ヘ

七　鐶排ヘ

八　豆細工

九　珠繋キ

一〇　紙織リ

一一　紙摺ミ

一二　紙刺シ

一三　縫取リ

一四　紙剪リ

一五　画キ方

一六　数ヘ方

一七　読ミ方

一八　書キ方

一九　唱歌

二〇　遊嬉

　図画は「十五　画キ方」とされ、「画キ方ハ始ニハ罫アル石盤ノ上ニ縦線、横線、斜ナル線ヲ以テ物ノ略形ヲ画カシメ終ニハ鉛筆ヲ以テ之ヲ罫アル紙ニ画カシム。」[47]とされた。よって「十五　画キ方」では罫線の引かれた石盤を使用し水平線・垂直線・斜線によって「物ノ略形」を描いた後に、鉛筆を使用して罫線が引かれた紙に描かせていたことがよみとれる。

　附属幼稚園で実際に行われていた図画の実際について、倉橋惣三は明治の終わりから大正の初め頃に附属幼稚園の倉庫に「色褪せた昔の手技や、図画」などの豊富な資料があったことを述懐しているが[48]、これらは関東大震災によってすべて消失しまっており現存しない。

4．『幼稚園恩物図形』による図画

　明治11（1787）年11月に『幼稚園恩物図形』が製作され東京女子師範学校附属幼稚園より発行された。第八恩物から第二十恩物までの実践例が掲載されているが、解説文はない。『幼稚園恩物図形』においては第一恩物から第七恩物までの遊具遊び（gift）にあたる部分はみられず、作業（occupation）にあたる第八恩物以降の手本の製作が行われた[49]。

　筆者はお茶の水女子大学附属図書館と土浦市立博物館で現物を確認した。

お茶の水女子大学附属図書館所蔵の『幼稚園恩物図形』は後年、冊子状に製本されていたことがわかった。土浦市立博物館所蔵の『幼稚園恩物図形』では緑色の包み紙にそれぞれ20.4×14.9cm の図版が12枚入っている。

東京女子師範学校附属幼稚園の「保育用図書器具表」[50]によれば、「画キ方ノ部」として以下の2つがあげられている。

幼稚園　　　　　下の巻　一冊　明治十一年六月　桑田親五訳　文部省

幼稚園恩物図形　第十　　一帙　同十一年十一月　士太牙氏著　東京女子師範学校

つまり図画である「画キ方」では桑田親五訳による『幼稚園』の下ノ巻と「幼稚園恩物図形」の第十恩物図画法を使用するということである。「帙」とは和本などの書物を保存するために包む覆いのことであり、『幼稚園恩物図形』は元来、土浦市立博物館の所蔵状態のように12枚の図版を緑色の用紙で包んでいた状態であったのだろう（図1-36）。

図版はそれぞれの恩物につき12枚あり、「第一号」から「第十二号」と番号が付いている。また図にはそれぞれ番号が付されたものと、第八恩物のように番号がないものがある。第十恩物図画法の図については 1 〜94の番号が付いている。また下部に出典が記述されておりそれをまとめると表1-2になる。第十恩物の図画法の下部には「士太牙氏」とあり（図1-37〜図1-41）エルンスト・シュタイガー（Ernst Steiger, 1832-1917）によるものである。図画法の図は湯川の原典調査により *"Steiger's Designs for Network Drawing"* であることがわかっている[51]。シュタイガーはドイツ系移民のアメリカの出版業者であり幼稚園関係書籍や遊具類の出版販売を行いニューヨークに出店していた[52]。幼稚園運動の初期に幼稚園に関する文献を数多く出版し運動を支援した[53]。前述した『幼稚園』の原著である *A Practical Guide to the English Kindergarten (Child's Garden), for the Use of Mothers, Governesses, and Infant Teachers* や『幼稚園記』の原著である *The Kindergarten. A*

第1章 明治前期の幼稚園における図画教育　33

図1-36　『幼稚園恩物図形 第十』

図1-37　第十恩物　第一号

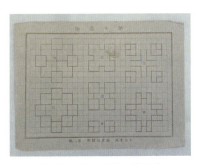

図1-38　第十恩物　第二号

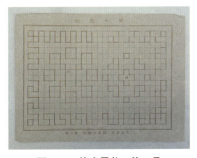

図1-39　第十恩物　第三号

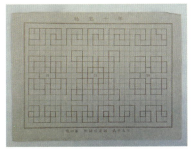

図1-40　第十恩物　第四号

図1-41　第十恩物　第五号

表1-2　東京女子師範学校附属幼稚園製造『幼稚園恩物図形』の出典と図版番号

恩物	号	創製者氏名	図版番号
第十恩物　図画法	第一号	士太牙氏	1〜9
	第二号	士太牙氏	10〜16
	第三号	士太牙氏	17、18
	第四号	士太牙氏	19〜21
	第五号	士太牙氏	22〜36
	第六号	士太牙氏	37〜42
	第七号	士太牙氏	43、44
	第八号	士太牙氏	45〜58
	第九号	士太牙氏	59〜64
	第十号	士太牙氏	65〜82
	第十一号	士太牙氏	83〜87
	第十二号	士太牙氏	88〜94

Manual for the Introduction of Froebel's System of Primary Education into Public Schools; and for the Use of Mothers and Private Teachers の出版元である。筑波大学附属図書館では *Friedrich Frœbel: a biographical sketch* を所蔵しており、他にもフレーベル関連の書籍を扱っていたことがわかっている[54]。『幼稚園恩物図形』については、第十恩物の図画法以外にも第八恩物の置箸法、第九恩物の置環法、第十一恩物の刺紙法、第十三恩物の剪紙法、第十四恩物の織紙法、第十五恩物の組板法、第十七恩物の組紙法、第十九恩物の豆工法の出典が「士太牙氏」である。

　『幼稚園恩物図形』の「第十恩物　図画法」の図はすべて縦横の罫線を利用している。垂直線・水平線・斜線の組み合わせや、正方形の組み合わせの図が示されており左右対称のかたちが多く見られる。

第3節　描かれた「図画」と掛図の実態

1．関信三纂輯による『幼稚園法二十遊嬉』と《二十遊戯之図》

　『幼稚園法二十遊嬉』（図1-42）は明治12（1879）年3月に出版された関信三の纂輯になる和綴じ17丁の書物である。フレーベルによって草案された20種類の恩物の取扱いについて解説している。湯川による原典調査によりウィーブによる『子ども時代の楽園』（*The Paradise of Childhood*）とシュタイガー社の幼稚園カタログを用いていることがわかっている[55]。

　個別に子どもが恩物を操作している絵が下部に描写され、上部に説明文がある。20種類の恩物は下記であり、「第十恩物　図画法」として図画について解説している。

　　第一恩物　　六球法
　　第二恩物　　三体法
　　第三恩物　　第一積体法
　　第四恩物　　第二積体法
　　第五恩物　　第三積体法
　　第六恩物　　第四積体法
　　第七恩物　　置板法
　　第八恩物　　置箸法
　　第九恩物　　置環法
　　第十恩物　　図画法
　　第十一恩物　刺紙法
　　第十二恩物　繍紙法
　　第十三恩物　剪紙法
　　第十四恩物　織紙法

第十五恩物　組板法
第十六恩物　連板法
第十七恩物　組紙法
第十八恩物　摺紙法
第十九恩物　豆工法
第二十恩物　模型法

　「第十恩物　図画法」では、椅子に腰かけ石盤を手に持つ子どもが挿絵として下部に描かれている（図1-43）。机の上には布らしきものがあり、石版を拭くために使用した布だろう。石盤には六角形を隙間なく並べたハニカム構造の図が描かれている。机には碁盤上の升目がひかれており、恩物机（図1-44）を使用していることがわかる。『幼稚園法二十遊嬉』の図の原典についてもシュタイガー社の巻末カタログや幼稚園カタログであることが湯川の調査により明らかとなっている[56]。
　図の上部に記されている説明文は以下のとおりである。

　この恩物ハ石盤石筆ならびに紙葉鉛筆なり、其の中石盤紙葉ハ表面に一寸四分一の方形を画線せり、是れ幼稚の諸物形を模写すに便ならしむる為なり
　幼稚園幼稚の初てこの遊嬉に就くものハ先づ石筆を以って鉛直に石盤面の一寸四分一方形の唯一線を画き、再三之を復画して漸く熟練するとき、漸次に多線に進み遂に五線を一次に画かしむ、幼稚既に鉛直線を容易く画き得るや次に水平線等を写し終に諸物の形を画写しむ、此れの如くして幼稚の漸く石盤石筆の用法に習熟するものハ次に鉛筆を授て紙葉面に図画せしむるを定則とす[57]

　つまり第十恩物図画法では、道具として石盤石筆、紙、鉛筆を使用する。

第1章　明治前期の幼稚園における図画教育　37

図1-42　『幼稚園法二十遊嬉』

図1-43　「第十恩物図画法」

図1-44　恩物机

図1-45　《二十遊戯之図（模写）》

図1-46　《二十遊戯之図（模写）》の図画法

石盤や紙には罫線が引かれており、それは「模写」するためである。幼稚園でははじめに石筆を使って線を描かせ、それが熟練したなら「多線」を描かせるようにする。「水平線等」を写させたのち、最後に「諸物の形」を描かせる。石盤石筆の使用方法に習熟した後に鉛筆を使用するようにと記している。

　これらの二十種の恩物を行う様子はお茶の水女子大学所蔵の《二十遊戯之図（模写）》[58]（図1-45）にも描かれている。20人の子どもが1人用または2人用の恩物机の上でそれぞれ恩物を行っている。上段右より、第一恩物の六球法から第六恩物の第四積体法まで、中段は第七恩物の置板法から描かれており中段中央に図画法（図1-46）がある。男児が1人用の恩物机（図1-44）を使用し、罫線のない石盤に石筆で描いており、その図は『幼稚園法二十遊嬉』の図（図1-43）と同じく六角形を隙間なく並べたハニカム構造の図である。子どもは正面を向いているため構図は大きく異なっているが、図が同じであることから『幼稚園法二十遊嬉』を参考にして描かれたものかもしれない。

2．武村耕靄による《幼稚保育之図》

　明治20年頃の附属幼稚園の様子を知る手がかりとして武村耕靄による《幼稚保育之図》がある。

　《幼稚保育之図》（図1-47）を描いた武村耕靄（1852-1915）（図1-48）は東京女子師範学校で絵画と英語を担当する教員であった。養子の武村忠の編なる『耕靄集　下』[59]（図1-49）によれば、耕靄は本名を千佐子といい、仙台藩士武村仁佐衛門の長女として嘉永5（1852）年、仙台藩邸で生まれた。母は耕靄が6歳の時に亡くなったが、8、9歳ころから狩野探逸、狩野一信、山本琴谷、春木南溟について日本画を学んでいる。その技術を生かして輸出用の扇面などを描いたという。明治6、7年頃、横浜共立女学校で英語を学び、明治8（1875）年に工部省製作寮の助教兼通弁となった。ここで川上冬崖（1827-1881）について西洋画の技法を学んだという。明治9（1876）年に工部

第1章　明治前期の幼稚園における図画教育　　39

図1-47　《幼稚保育之図》（武村耕靄筆）

図1-48　武村耕靄

図1-49　『耕靄集』

図1-50　《百合図》武村耕靄筆

省製作寮が廃止となったが、東京女子師範学校の英学手伝として採用[60]され、後に洋画を中心とした絵画の授業も受け持つこととなった。明治14、15年頃には東京女子師範学校で鉛筆画を教授しており、手頃な手本がなかったため自らの写生をもとにして作図し石版にして生徒に与えたという[61]。お茶の水女子大学に現存している明治30年代に描かれた《百合図》（図1-50）には西洋画の技法と伝統的な日本画の技法が混在している。

　お茶の水女子大学には《幼稚保育之図》（図1-47）と《幼稚保育之図（下絵）》が現存している。《幼稚保育之図（下絵）》は紙が継ぎ足され、「白茶色」等の色指定がされている。また下絵の右下には次のように書かれている。

　此園ハ女子高等師範学校附属幼稚園ノ実況ヲ模写シテ日本美術協会秋季展覧会出品セシモノ、稿ナリ
　時于明治廿三年九月

　　　　　　　　　　　　　　　　　　　　　　　　耕靄武村氏

　よって《幼稚保育之図》は武村耕靄が明治23（1890）年にその頃の東京女子高等師範学校付属幼稚園の保育状況を描いたものである。『日本幼稚園史』によれば武村耕靄は「毎日のように幼稚園に来て幼児の生活を写生」して描いていたという[62]。坂元彦太郎によればその年の日本美術協会秋季展覧会に出品し、間もなく高松宮家がお買上げになり、宮家に秘蔵されていた[63]。お茶の水女子大学創立80周年記念式典にあわせ、宮家から下絵とともにお下げ渡しになり今日に至ったものである[64]。

　《幼稚保育之図》は170.0×81.7cmの絹本着色で構図は四段からなるものである。

　第一段目は「兎と亀」の掛図を使用し「談話」を行っている（図1-51）。下絵においても同様である（図1-52）。着物姿の保姆は右手に指示棒を持ち、掛図を指示している。7人の子どもたちが椅子に座って保姆を見ているが、一

番左の女児は立って保姆と話しているように見える。左手の壁面には 2 つの小さな掛図が描かれている。 1 つは鶏図の掛図である（図1-53）。もう 1 つは下絵には描かれていないが、親鳥が雛に餌付けしている掛図である（図1-54、図1-55）。『日本幼稚園史』によれば「はなしをする方法」として多くの掛図を用いたとされている。その様子を下記に引用する[65]。

　　この掛図を黒板にかけて保姆はこれを指しつつ話をするのであるから、幼稚園には掛図が十分用意してあり、幼児みな一斉に黒板に向つて腰かけて聞くという有様であった。

《幼稚保育之図》では黒板にかけていたかは不明だが、掛図を指しながら一斉に教授する様子は同じだろう。

　第二段目は幼児13名、保姆 2 名が描かれ、13種類の「恩物遊び」を行っている（図1-56、図1-57）。中央に保姆が 2 名描かれているが、下絵では右側の保姆は洋装であったが、実際には 2 名とも着物姿である。左側にいる保姆は鳩の標本または剥製を右手に載せて子どもたちに示している（図1-58）。目の前にいる男児が石盤に「はと」と書き「書き方」をしていることがわかる。ほかの子どもは「摺紙」「織紙」「図画」「置環（環ならべ）」「粘土細工」「積木」「書き方」「貼紙」「置板」「豆細工」「繍紙」などの恩物をしているようである。「図画」については後述する。

　第三段目は幼児 7 名、保姆 1 名が描かれており、洋装の保姆がオルガンを弾いて「唱歌」をしている場面である（図1-59、図1-60）。保姆の背後にある上下移動式の黒板には縦横の罫線が引かれている。 4 つの図が描かれているが、下絵を見ると何も描かれていない（図1-61、図1-62）。これらの図は前述した『幼稚園記』（図1-28）巻之三の図形であることを確認した。武村が日本画家であったことを考えると、黒板に見本としてどの図を描くか熟慮し図を選択したと推測される。

図1-51 《幼稚園保育之図》第一段目

図1-52 《幼稚園保育之図　下絵》第一段目

第1章 明治前期の幼稚園における図画教育　　43

図1-53 《幼稚園保育之図》第一段目

図1-54 《幼稚園保育之図》
第一段目

図1-55 《幼稚園保育之図
下絵》第一段目

図1-56 《幼稚園保育之図》第二段目

図1-57 《幼稚園保育之図　下絵》第二段目

図1-58 《幼稚園保育之図》第二段目

第 1 章　明治前期の幼稚園における図画教育　　45

図1-59　《幼稚園保育之図》第三段目

図1-60　《幼稚園保育之図　下絵》第三段目

図1-61　《幼稚園保育之図》第三段目

図1-62　《幼稚園保育之図　下絵》第三段目

図1-63 《幼稚園保育之図》第四段目

図1-64 《幼稚園保育之図 下絵》第四段目

図1-65 《幼稚園保育之図》第二段目

図1-66 《幼稚園保育之図 下絵》第二段目

第四段目では幼児12名、着物姿の保姆1名が描かれており、戸外で鬼ごっこや輪投げ等の遊嬉をしている場面である（図1-63、図1-64）。花を摘む女児や保姆に泥団子のようなものを見せている女児もみられる。男児は紅白の旗を持ち、走り回っているようである。

第二段目の恩物遊びでは、左手にいる女児が図画を行っており、小さな紙の手本を見ながら罫線が引かれた石盤に石筆で描いている。（図1-65、図1-66）よって図画を行う際には手本を使用しており、図画は図版を手本として描き写す「臨画教育」を行っていたと推察される。この手本は図の大きさや内容などから『幼稚園恩物図形』（図1-36）と考える。前述したとおり『幼稚園恩物図形』のサイズは14.9×20.4cmであり、1枚ずつ使用することが可能だった。また『幼稚園恩物図形』には手本に描かれた図と似ているものが含まれている。

3．東京女子師範学校附属幼稚園の写真からみえてくる掛図の実態

東京女子師範学校附属幼稚園には数は少ないが開設当初の写真（図1-67）が現存している。それらによって当初の保育室内におかれていた視覚教育的な物の実態がみえてくる。園舎内をうつした写真（図1-68）の中央にはアメリカ製と思われる四本脚のスクエア・ピアノ[66]があり周囲に掛図が掲示されている。室内の右手の壁には上段に額縁が2つかけてある（図1-69）。上段の額縁は左手側から《幼稚鳩巣遊嬉図》（図1-70）と《二十遊戯之図》（図1-45）である。その下には9枚の掛図がある（図1-71）。拡大することにより、右側から羊、犬（図1-73）、魚類（図1-72）、クモ、エビ、大型のクモ、サソリ、ワニなどが描かれていることがわかった。クモの糸まで詳細に描かれており（図1-74）、いずれも幼児向けとは思えないような写実的な表現がされている。

掛図の下には手技の織紙の手本らしきものが掲示されているが写真からは定かではない。その下には鳥類、魚類、哺乳類が描かれた絵が30枚あり、絵

図1-67　開園当時の園舎

図1-68　室内の写真

図1-69　右上方の額縁

図1-70　《幼稚園鳩巣遊戯之図（模写)》

第1章　明治前期の幼稚園における図画教育　　49

図1-71　9枚の掛図

図1-72　右側の壁面の掛図

図1-73　右側の壁面の掛図

図1-74　左側の壁面の掛図

の下部には判読不明だが文章が書かれているようにみえる。これは描かれた生き物の解説文だったのかもしれない。生き物はすべて写実的に描かれており、実物により近いものを園児の周りに配置しようとした意図がうかがえる。

　9枚の掛図については原典調査を行い、ほぼ同一の掛図3点がドイツのベルギッシュ・グラードバハ学校博物館に所蔵されていることを確認した。これらは1877年にライプチヒにあったWachsmuth, F.E.社で製作・販売され

たものである。Wachsmuth, F.E. 社は学校で使用する教材を出版しており、3点の掛図の編集者は Lehman, A. 印刷所は Springer, H.である。絵を描いた画家は Leuttemann, H.ではないかと考えられている。これらの掛図は当時の国民学校の高学年の授業である自然学や地理学で使用されていた。大きさは66.0×88.0cmであり、当時、掛図の印刷された紙のみで2.5マルク、補強のための厚紙をつけて2.6マルク、さらに上下の軸をつけて2.8マルクで販売していた。色や形など、実物に忠実であり細部まで写実的に描かれている。

《Hecht und Karpfen》（図1-75）の掛図は、《カワカマスとコイ》を意味する。それぞれの図の下に手書きで Hecht と Karpfen と書かれており、教師が使用するために書いたものである。図鑑のように真横から描かれたものであり、小さな鱗の一つ一つまで丁寧に描かれている。

《Spinne und Krebs》（図1-76）は《クモとザリガニ》を意味する。これらは節足動物類として1枚の掛図に配置されていると推測する。クモの巣は美しい直線で表されており、クモの模様や毛も細かに描かれている。クモの巣を移動しているように足の動きが表現されている。ザリガニは甲羅の艶やかさも表現されており、真上から見た構図である。

《Nil-Krokodil》（図1-77）は《ナイルワニ》を意味する。水辺にいるワニが盛り上がった岸に登ったところであり、斜め上からの視点で描かれているためナイルワニの全体像が理解し易い。水辺にはもう一匹のワニが顔を出しており、水辺に住む生態もわかるようになっている。生息場所である背景も色彩豊かに描かれている。

筆者は《Nil-Krokodil》に酷似した掛図《鰐之図》（図1-78）が奈良女子大学に現存していることを確認した。これは明治33（1900）年に大江印刷所で印刷され、東京の学報社より発行されたものであり、当時は75銭で販売されていた。「動物標本画」という全20軸のシリーズものであり、奈良女子大学では《鰐之図》とあわせて《鯨之図》《蛇及蛙之図》《駝鳥之図》《羆之図》《鷲之図》《印度ノ象》《黒猩々之図》《阿弗利加ノ獅子》《虎》の10点を所蔵

図1-75 《Hecht und Karpfen》ベルギッシュ・グラートバハ学校博物館所蔵

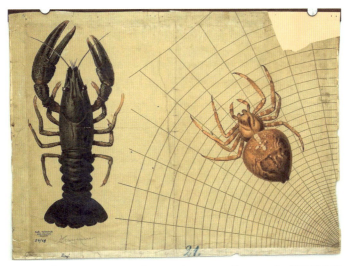

図1-76 《Spinne und Krebs》ベルギッシュ・グラートバハ学校博物館所蔵

図1-77 《Nil-Krokodil》ベルギッシュ・グラートバハ学校博物館所蔵

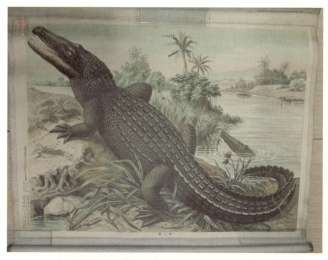

図1-78 《鰐之図》奈良女子大学所蔵

している。これら10点の掛図を写真（図1-71）に写っている9枚の掛図と比較したが《鰐之図》以外、一致しなかった。《鰐之図》の裏には「動物標本画　鰐」の題箋が貼付されており、「奈良女子高等師範学校附属高等女学校図書印」という印がある[67]。よって明治45年から昭和23年までに購入したものだろう。「アルフレット、レーマン著」とあり、編集者であった Lehman, A. のことを誤って記したのだろう。「エフ、エー、ワックスムート発行　目黒辰太郎模写」と記されており、Wachsmuth, F.E. 社のドイツ語読みを記していることから、《鰐之図》は目黒辰太郎によって《Nil-Krokodil》を翻刻したものだと特定した。掛図右下には「大江石印」とあり、大江印刷所の石版画であることがわかる。《鰐之図》は 68×90cm の大きさで《Nil-Krokodil》とほぼ同じ大きさであり、左右反転の図となっている。これは石版画を製作する際に輪郭を転写し、原画を見ながら描いて模写し、図を翻刻したためと推測する。よって奈良女子大学所蔵の掛図はのちに日本で翻刻し製作・販売したものであり、東京女子師範学校附属幼稚園の写真に写っている掛図は、海外から輸入した掛図そのものであったと特定する。

第4節　保育科目「手技」成立までの展開

1．林吾一編纂による『幼稚保育編』

　明治20（1887）年に林吾一編纂による『幼稚保育編』（図1-79）が刊行された。約三分の二は恩物の解説であり、詳細な恩物の使用法と心理的考察が加えられている。恩物の内容については『幼稚園法二十遊嬉』とは若干の相違がある[68]。「図画法」は「画法」とされ、道具として鉛筆を使用しその持ち方や線の引き方について述べている。また「実物ニ就テ模写」することをあげており、例として杯をあげ、大人と幼児の視線の違いについて述べている[69]。

図1-79 『幼稚保育編』表紙　　図1-80 『幼稚園摘葉』表紙

2. 中村五六による『幼稚園摘葉』

　明治26（1893）年7月、東京女子高等師範学校教授兼同校附属幼稚園主事の中村五六によって『幼稚園摘葉』（図1-80）が普及舎より刊行された。これは従来の直訳的な保育法の紹介書とは異なった保育論であり、当時の状況に即した保育法のあり方を解説したものである。

　恩物については、第六章「幼稚園恩物」上、第七章「幼稚園恩物」中、第八章「幼稚園恩物」下において、恩物の種類の説明、相互の関係、その順序が定められた理由、恩物の使用方法について記述されている。図画に関しては、第六章に第十恩物「画方」として次のように述べられている。

　　第十恩物　画方
　　当初ハ縦横ニ罫ヲ施セル石盤及ビ石筆ヲ用ヒ、次ニ同様ノ罫紙又ハ白紙及ビ鉛筆ヲ用ヒテ画クモノトス。而シテ其罫ハ、凡三分平方ヨリ漸次細微ニ進ムヲ通常トス。

すなわち第十恩物「画方」では、まずは縦横の罫線の入った石盤・石筆を使って行い、次に罫紙または白紙に鉛筆を使って行うものとなり、次第に細かなものにすすんでいくとしている。

第七章では恩物相互の関係やその順序について述べている。第十恩物「画方」についての記述をまとめると「画方」は、「実体の外線をあらわす」ものであり、「想像上の実物の線を表出」するものとしている。「画方」は「幼稚園の諸行」の中で「最も抽象界に近接」するものである。よって「画方」は「最も緊要の業」とすべきともいっている。「実物は図画に先」立ち、「図画は文字に先」立つものであるから、幼児にとって「図画」は「最高の地位を占」めることは当然であると言い切っている。

「画方」において輪郭線を描くということは想像上の線を表出することであり、観念的な行為であるからこそ、最も抽象界に近接し緊要の業であると述べたのであろう。これらの記述より中村は幼児が「図画」を行うことを重視していたことがわかる。

小括

ここまでみてきたことを基に、以下に要点を示す。

①近藤真琴による『博覧会見聞録別記　子育の巻』では図画についての記述がみられる。図画に関しては、手本を参考にしながら「幾何の図引」による図画を行い「手本を離れて自から図」をひく子どもを見たという記録があるが、「手本を離れた図」は不明である。

②桑田親五訳による『幼稚園』巻下では、図画に関しては「図を引く業」として「幾何図」の記号を使った詳細な「幾何図法」の解説文を載せている。

③関信三訳による『幼稚園記』巻之三では、図画は「図画課」として詳細に書かれているが、直線による図形及びピタゴラスの定理の解説が主となっている。

④明治10年「東京女子師範学校附属幼稚園規則」においては、25の子目の中で図画は「図画」とされるが、その内容の説明はなかった。また「保育時間表」によれば、図画は第三ノ組、第二ノ組および第一ノ組で図画が行われたことが読み取れる。また、明治17（1884）年におこなわれた保育課程改正では、図画は保育課目「画キ方」とされ石盤及び鉛筆によって行うよう定められた。

⑤『幼稚園恩物図形』では第十恩物図画法として12枚あり、シュタイガーによるものであった。図はすべて縦横の罫線を利用しており、水平線・垂直線・斜線の組み合わせである。

⑥関信三纂輯による『幼稚園法二十遊嬉』では図画は「第十恩物図画法」とされ、石筆を使った図画法について説明され、挿絵からはハニカム構造の図が読み取れる。《二十遊戯の図（模写)》にも同じように石盤にハニカム構造の図が描かれていた。

⑦武村耕靄による《幼稚保育之図》の第二段目の恩物遊びでは、女児が図画を行っており、図版を手本として描き写す「臨画教育」の方法がとられていたと推察される。この手本は図の内容などから『幼稚園恩物図形』と考えられる。

⑧東京女子師範学校附属幼稚園の写真から、3つの掛図がドイツのベルギッシュ・グラードバハ学校博物館に所蔵されていることを確認した。

⑨林吾一編纂による『幼稚保育編』では、図画について「画法」とし、道具として鉛筆を使用しその持ち方や線の引き方について述べている。中村五六による『幼稚園摘葉』では、図画は第十恩物「画方」とされ、最も抽象界に近接し緊要の業であるとしている。よって図画は最高の地位を占めると述べている。

以上より、明治前期の幼稚園の図画教育においてフレーベルの恩物の影響により石盤石筆を使用し、臨画教育の方法で行われていたことがわかった。文献によって名称の違いこそあるが、図画は重要なものとして位置づけられ

ていたことが読み取れた。

　視覚的な教具であった掛図は幼稚園設立前からフィラデルフィア万国博覧会に教育参考品として恩物とともに出品されており、恩物とともに重要な幼稚園教具として認識されていたと考える。東京女子師範学校附属幼稚園の写真より、設立当初から海外の掛図を使用していたことを考えれば、恩物や手本とする図画の図版だけでなくヴィジュアルな教具さえも受容していたことが示唆された。

注

1）日本保育学会編『日本幼児保育史』第一巻、フレーベル館、1968、pp. 44-49

2）文部省編『幼稚園百年史』ひかりのくに、1979、p. 500

3）日本保育学会編、前掲、p. 69に玩具について「一立方形小片木幾百箇　家屋城楼等ヲ模造シ発才ヲ試ルノ具トス」とありフレーベルの恩物の影響がみられる。

4）文部省編、前掲、p. 50

5）米国博覧会事務局編『米国博覧会報告書　第2巻　日本出品目録』米国博覧会事務局、1876

6）同、p. 75

7）倉橋惣三・新庄よし子共著『日本幼稚園史』フレーベル館、1956、p. 15

8）同、p. 15

9）同、p. 15

10）近藤真琴『博覧会見聞録別記　子育の巻』博覧会事務局、1875

11）ロンゲ夫妻（Ronge, J. and B.）共著・桑田親五訳『幼稚園』巻上・巻中・巻下、文部省、1876-1878

12）ドゥアイ（Douai, A.）著・関信三訳述『幼稚園記』巻之一・巻之二・巻之三・附録、1876-1877

13）関信三『幼稚園法二十遊嬉』青山堂、1879

14）林吾一『幼稚保育編』金港堂、1879

15）中村五六『幼稚園摘葉』普及社、1893

16）日本保育学会編、前掲、p. 80

17）近藤真琴「博覧会見聞録別記　子育の巻」『明治保育文献集　第1巻』日本らいぶらり、1977、p. 79

18) 『世界と地域をみつめた長野県教育』（長野県立歴史館編、2002）によれば、日本で使用していた石盤は国産で「信州人の発明」と言われている。石盤は不衛生であるとのことで明治30年代後半から毛筆・鉛筆に代えられていったという。

19) 岡田正章「明治初期の幼稚園論についての研究（その１）」『東京都立大学人文学報』第31号、1963、p.73

20) 岡田、同、p.77には「この書はフレーベルの精神をもって家庭教育と保育を改革しようとすることを明らかにしていたにもかかわらず、翻訳書ではそういった趣旨をすべて省略していた」と述べられている。

21) 湯川嘉津美『日本幼稚園成立史の研究』風間書房、2001、pp.144-152

22) 『日本幼稚園史』（フレーベル館、1956、pp.177-178）によれば、当時の図画法の呼び方を「ヅロウイング」と称し、「ヅロイウングの時間」「ヅロイウングをする」と呼んでいたという。他の恩物は英語で呼ぶことはなく、図画のみを英語で呼んでいたと記述している。

23) 日本保育学会編、前掲、p.82

24) 『日本幼稚園史』（フレーベル館、1956、p.75）には東京女子師範学校附属幼稚園の保育用図画器具表があり、「画き方の部」において「幼稚園　下の巻」が挙げられている。

25) ロンゲ夫妻共著・桑田親吾訳「幼稚園」『明治保育文献集』第１巻、日本らいぶらり、1977、pp.315-320（以下、「幼稚園」の引用は同書による）

26) 同、p.326-327

27) ドゥアイ著・関信三訳「幼稚園記」『明治保育文献集』第２巻、日本らいぶらり、1977、pp.3-335（以下、「幼稚園記」の引用は同書による）

28) 『幼稚園記』では恩物の扱いについて「幼稚園ニ於テ児戯ノ本状ヲ存シ且ツ園課ノ高度ヲ占ルモノハ玩戯ノ一課ナリ　而シテフレベル氏ノ法制ヲ固守シ果シテ其順序ヲ錯ラザルトキハ此玩戯課タルヤ自ラ智力ノ増進ヲ助クヘキヲ以テ人生勉強ノ開手トスルノ最良方法ナリ」としている。

29) 日本保育学会編、前掲、p.85

30) ドゥアイ、前掲、p.177
またこの見出しを原本での見出しと対照させると *The Play of Drawing according to Froebel's System* であることが『明治保育文献集別巻』（日本らいぶらり、1977）p.38に掲載されている。

31) ドゥアイ、前掲、pp.233-248

32) 豊田芙雄に関しては前村晃・執筆代表による『豊田芙雄と草創期の幼稚園教

育：日本人幼稚園保姆第一号』（建帛社、2010）に詳しい。

33）日本保育学会編、前掲、p. 91

34）倉橋・新庄、前掲、p. 36

35）同、p. 38

36）東京女子高等師範学校編『東京女子高等師範学校六十年史』東京女子高等師範学校、1934、p. 310

37）倉橋・新庄、前掲、pp. 160

38）同、pp. 52-53

39）日本保育学会編、前掲、pp. 92-96

40）倉橋・新庄、前掲、p. 69

41）同、p. 162

42）文部省編、前掲、pp. 58-59

43）倉橋・新庄、前掲、pp. 169-199

44）同、p. 176

45）同、pp. 176-177

46）同、p. 178

47）同、p. 203

48）同、序、ページ数なし

49）湯川、前掲、p. 186

50）倉橋・新庄、前掲、pp. 72-76

51）湯川、前掲、p. 186

52）同、p. 158

53）日本ペスタロッチー・フレーベル学会編『ペスタロッチー・フレーベル事典』玉川大学出版部、2006、p. 166

54）湯川、前掲、pp. 158-161

55）同、p. 180

56）同、pp. 178-186

57）関信三編「幼稚園二十遊嬉」『明治保育文献集』第2巻、日本らいぶらり、1977、p. 406

58）創設当時の東京女子師範学校附属幼稚園の保育室の様子を描いたものであり、原画は仙台東二番丁幼稚園所蔵であったが現存していない。

59）武村忠編『耕靄集　下』武村忠、1931

60）同、p. 27にある明治9（1876）年4月7日の日記に記されている。

61) 武村忠編『耕靄集　上』武村忠、1931

62) 倉橋・新庄、前掲、p. 313

63) 勝部真長「閨秀画家　武村耕靄女史」『幼児の教育』第76巻第5号、日本幼稚園協会、1977、pp. 25-27

64) お茶の水女子大学『創立百三十周年記念展図録』2005、p. 6

65) 倉橋・新庄、前掲、pp. 222-223

66) お茶の水女子大学附属幼稚園編『時の標』フレーベル館、2006、p. 62

67) 掛図《鰐之図》の表面左上部には「奈良県立高等女学校書籍印」の印がある。

68) 林吾一「幼稚保育編」『明治保育文献集』第3巻、日本らいぶらり、1977、pp. 128-130には図画・粘土細工のほかに「彩色法」が加えられ「彩色ノ絵ノ具」が用いられている。

69) 同、pp. 109-112

第2章　明治後期の幼稚園における図画教育

第1節　幼稚園批判の中で

1．明治後期における恩物批判

　第1章でも述べたとおり、明治9（1876）年に東京女子師範学校に附属幼稚園が設立されることとなった。

　明治29（1896）年、東京に設置されていた官・公・私立幼稚園の有志によって「フレーベル会」という全国的な保育研究団体が発足し、会長には女子高等師範学校長が就き、主幹には同校附属幼稚園主事が就いた。フレーベル会は明治31（1898）年、文部大臣に幼稚園の制度を整備することを望む建議書を提出した。明治32（1899）年6月、「幼稚園保育及設備規程」が文部省令第32号として制定されることとなる。これは幼稚園の保育の目的や編成、組織、保育内容、施設設備に関し、国としてはじめて定めた規定であり、これにより保育内容は「遊嬉、唱歌、談話、手技」の四項目となった。「遊嬉」を最初に置き、恩物は4つめの「手技」の中に含まれることとした。規程の第六条四により「手技ハ幼稚園恩物ヲ用ヒ手及眼ヲ練習シ心意発育ノ要領ニ依ルヘシ」[1]とし、「手技」は「幼稚園恩物」を使用することとなる。ただし保育の要旨には「会得シ難キ事物ヲ授ケ或ハ過度ノ業ヲ為サシメ又ハ之ヲ強要シテ就業セシムヘカラス」[2]とある。この文言は幼児の発達の程度や幼児の関心をかえりみずに押しつけていた恩物を念頭においてのことだろう。「幼稚園恩物」を使用するとはいえ「過度ノ業」をさせてはいけないと明言されたことは、手技にとって大きな意味をもったといえる。

　明治33（1900）年8月、小学校令が改正され、文部省は小学校令施行規則

の中に前年制定した文部省令の幼稚園保育及設備規程をほとんどそのまま取り入れた。

明治34（1901）年、フレーベル会が『婦人と子ども』を創刊する。これにより、アメリカの幼稚園教育改革運動の記事が少しずつ紹介されることになり、明治末期から大正期にかけて自由保育の思想の礎となっていく。

明治44（1911）年7月、幼稚園に関する規定のうち小学校令施行規則の一部が改正された。その改正により、保育内容の四項目（遊嬉、唱歌、談話、手技）の要旨が削除された。文部省は改正の要旨のなかで、「幼稚園ニ於ケル保育事項ヲ小学校ニ於ケル教則其ノ他ノ如ク画一ニ規定スルハ却テ保育ノ進歩発達ヲ促ス所以ニアラサルノミナラス往々ニシテ保育ノ本旨ヲ誤ルノ遠慮ナキヲ保セス」3)とし、取扱いについては削除したため一層自由な保育がなされるようになった。

本章では明治後期の幼稚園教育に大きな影響を与えた東基吉について述べた後、図画についての記述がある明治32（1899）年以降に刊行された文献や図集を分析していく。対象文献は『教育学書解説　フレーベル氏教育論』、『幼稚園保育法』、『手技図形』、『保育法』、『教育大辞書』、『幼児教育法』、『保育法教科書』とし、図画の記述や図版について時系列でまとめ考察を加えていく。

2．明治後期に活躍した東基吉

東基吉の長男である東貞一の「日本のフレーベル東基吉」4)によれば、東は明治5（1872）年和歌山県新宮市に生まれ、幼くして両親と死別し東家の養子となる。高等科2年（現在で言う小学校6年）の頃から苦学して英語を学び明治20（1887）年、15歳の時から代用教員をする。明治23（1890）年に和歌山師範学校に入学、明治27（1894）年に同校卒業後、新宮小学校の訓導となる。明治28（1895）年に東京高等師範学校に入学、明治32（1899）年に同校卒業後、岩手県師範学校主事となる。そして明治33（1900）年に東京女子

師範学校助教授兼附属幼稚園批評係となった。

　附属幼稚園批評係になった経緯については、東基吉が『幼児の教育』の「婦人と子ども（幼児の教育の前身）創刊当時のこどもと其頃の幼稚園の状況に就いて」[5]の中で述べている。それによれば、恩師黒田定治（女高師教授）の推薦により来たのだが、幼稚園教育のことに無知であったためがっかりしたという。そこで附属幼稚園主事の中村五六に会い、幼稚園のイロハから勉強してかかろうと決心する。当時、附属幼稚園の評判が芳しくなく幼児教育研究機関として何も研究をしていないと言われたことに対し、「一人確りした男を入れて貰いたい」という中村五六の提案により東が採用されたという。当時は幼稚園に対する不必要論や保育内容に関する有害論が多く出ていた。東は恩物の取り扱い方について保母に意見を出したこともあったが、旧慣墨守の力の強い保母には一向に顧みられなかった。その後、正しい幼稚園思想を一般に普及させるためにフレーベル会の機関誌として『婦人と子ども』（『幼児の教育』の前身）を明治34（1901）年に創刊させ、初代編集責任者となる。

　明治41（1908）年からは師範学校長に任官、宮崎、栃木、三重、大阪府池田、宮城の師範学校長を歴任、大正14（1925）年に依願免官する。その後、女子職業学校長等を務め昭和16（1941）年に職を辞し、昭和33（1958）年に87歳でその生涯を閉じている。

　東の専門分野はあくまで教育学であり、その経歴から推察すると図画教育関係者ではない。しかしながら東基吉が解説者または著者となっている『教育学書解説　フレーベル氏教育論』[6]、『新編小学教授法』[7]、『実践教育学教科書』[8]、『幼稚園保育法』[9]、『保育法教科書』[10]、雑誌『婦人と子ども』（後継『幼児の教育』）[11]、『教育大辞書』[12]で図画について論じており、図画教育に対し強い興味を持っていたことがあらわれている。

図2-1 『教育学書解説 フレーベル氏教育論』表紙

3.『教育学書解説 フレーベル氏教育論』

　東基吉解説による『教育学書解説　フレーベル氏教育論』(図2-1)は明治33 (1900) 年に発行された。フレーベルの略伝、学説、本書の批評により成り立っているが、「本書の原名は（人の教育）」[13]と述べており『人間の教育』を翻訳していることがわかる。

　目次を見ると、第6章「学校と家族との連接及此際用ふべ教授科目」の(二)の各論に（ヘ）「手技」と（ト）「画き方」がある。目次では（ヘ）「手技」となっているが、本文では「実体の秩序的発表の練習」と変更されており、恩物の原理を図や恩物表、作業表を示し説明している。

　（ト）「画き方」[14]では、子供を教育する上で「形体を理解させることは無論必要」であるとし、「正方形の網状の線をひいた石盤と石筆」を使って「形と大さとの主要なる根本的関係の知覚」を得させるようにする。水平線、正方形、長方形、斜線の種々の練習をさせた後に、「線全体の随意の発表の

時期に達する」としている。画き方は「感覚力、思想力を啓発し、手の筋肉を練磨し、且つ形体調和の知識と手の練習」を習得させる上で最も効果があると高く評価している。

　また本書の批評においては、恩物そのものを否定はしないが「之を用いる方法を尚改良しなければならぬ」[15]としている。

第2節　明治後期の図集『手技図形』と『幼稚園保育法』

1．図集『手技図形』とは

　『手技図形』（図2-2）は明治36（1903）年に出された『女子高等師範学校附属幼稚園保育要項』の中の、保育項目別の「実施程度」に対応した図集である[16]。『手技図形』も『女子高等師範学校附属幼稚園保育要項』と同じく明治36（1903）年に出版されている。これまでの調査でお茶の水女子大学附属図書館および島根大学教育学部附属幼稚園に現存することを確認している。本稿ではお茶の水女子大学附属図書館所蔵の『手技図形』を分析対象とする。

　『手技図形』には、「積木」「板排べ（いたならべ）」「箸輪排べ（はしわならべ）」「貝排べ（かいならべ）」「紐置き」「画き方」「豆細工」「粘土細工」「紙剪り（かみきり）」「紙摺み（かみたたみ）」「紙織り」「紙組み」「縫取り」の13課目の手技が取り上げられている。

　「画き方」では4ページにわたって13点の図があり、「一」から「十三」までの番号がふられている。題目は以下のようになっている。

　「一　山」「二　池」「三　梯子」（図2-3）

　「四　月山」「五　提灯」「六　旗」「七　桜実」（図2-4）

　「八　梨」「九　門」「十　船」「十一　団扇」（図2-5）

　「十二　魚」「十三　軍艦」（図2-6）

　清原みさ子が述べているように、題目は「大部分が子どもたちの身のまわりにある形、いわゆる"生活の形"」[17]であるといえよう。

図2-2 『手技図形』表紙

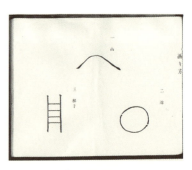

図2-3 『手技図形』一、山
二、池
三、梯子

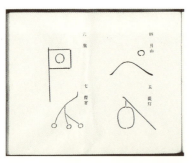

図2-4 『手技図形』四、月山　五、提灯
六、旗　七、桜実

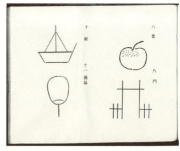

図2-5 『手技図形』八、梨　九、門
十、船　十一、団扇

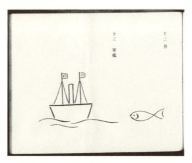

図2-6 『手技図形』十二、魚
十三、軍艦

2．東基吉による『幼稚園保育法』

　明治37（1904）年に東基吉による『幼稚園保育法』（図2-7）が出版された。これは日本人によって書かれたはじめての体系的な幼児教育論であるといわれている。東基吉は、出版当時、東京女子師範学校助教授兼附属幼稚園批評係をつとめ、機関紙『婦人と子ども』（『幼児の教育』の前身）の編集責任者でもあった。

　東は『幼稚園保育法』の中で、「知識教育」に偏重した幼稚園を批判し、知識注入主義が幼児の正しい発達を阻害するものであると指摘している。第一篇諸論と第二篇本論の２部構成になっており、第一篇で教育という語の意義、目的、形式、家庭教育及び学校教育について述べている。また第二篇では、幼稚園の必要性、幼稚園保育の要旨、保育事項、保育上一般の注意及びフレーベルについて述べられている。

　第二篇第十章「手技」では、恩物の中から積木、板ならべ、箸ならべ、環

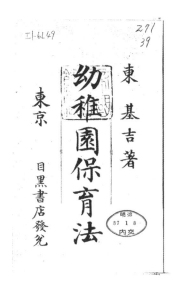

図2-7　『幼稚園保育法』表紙

図2-8　『幼稚園保育法』「画き方」

ならべ、紐おき、画き方、貝ならべ、麦藁細工、紙細工、豆細工、粘土細工の11種を挙げており、図画は六「画き方」(図2-8) として述べられている。

「画き方」については、「画き方は石盤と石筆とを用ひて可なりといへども少しく慣るゝに至らば通常の画用紙と色鉛筆とを用ふべく稍、進みては絵具を使用せしむべし」[18]とし、道具に関して、石盤・石筆だけでなく、慣れてきたなら画用紙や色鉛筆、絵の具の使用をすすめている。「画き方」として15点の絵が掲載され、すべて毛筆で描かれている。この絵では、毛筆の線の始めと終わりの部分の隙間を空けているため、書き始めと書き終わりがわかりやすくなっている。1段目から3段目までは線の数も非常に少ない。4段目の馬、金太郎、船は筆の数も多く複雑である。しかしながら、明治前期までみられたような幾何図法は見られない。取り扱われる時期に関しては、「画き方」は三年第一学期から五年第三学期までのすべてとなっている。

指導方法に関しては、「一定の恩物図形を定め置きて其順序方法等を指示し幼児をして之が模範によりて製作」[19]することは入園当初の幼児には必要な方法かもしれないが、決してこの方法が偏用されてはならないとしていた。この方法は「幼児は自ら工夫想像の力を動かしむる機会を得ること少」いために、活動力を十分に満足できないことがあるとし、保育者の指導にのみ従う幼児の動作は機械的なものに陥ってしまうと警告していた。

ここでの手技は恩物を示してはいるが、これまでのように「児童の力を抑圧し、其意思を機械的ならしむる」ことがあってはいけないとし、恩物は「幼児の自己活動力を満足せしむる」ものでなければならないと述べている。

「恩物を与へて全く随意に作業せしむる」こと、もしくは「一定の題目を与へて其方法を各幼児に一任する」というような方法が重視されなければならないとしている。また幼児はその作業の結果が不完全であっても、自由にその意思を表現したということに愉快と満足を感じるものであると説いている。

また「数人の幼児をして共同的に一事を完成せしめ之により生ずる快楽を

感ぜしむること」を提案しており、共同制作についてもふれられている。

3.「画き方」の題材に関する比較

　前述した『手技図形』には図の題目があったため『幼稚園保育法』と比較してみると、題目が明らかになったものがあった。『幼稚園保育法』の「画き方」では、描かれた15点のうち、「一　山」「四　月山」「五　提灯」「六　旗」「十　船」「十二　魚」「十三　軍艦」の７点の絵が重複し、題目が判明した。『手技図形』の出版翌年に『幼稚園保育法』が刊行されたことを考えると、『手技図形』を模倣し『幼稚園保育法』が製作されたか、この２つはほぼ同時に作成されたのだろう。

　『幼稚園保育法』の「画き方」（図2-8）において重複したものをみてみると、１段目の４点「山」「月山」「提灯」「旗」はすべて『手技図形』に取り上げられている図である。３段目の「魚」に関しては、線の数も少なく、単純な曲線の組み合わせで描くことができるため『幼稚園保育法』にも掲載されたのだろう。２段目の「船」は直線の組み合わせで線の数が多いが、４段目の「軍艦」を描く際の基本形になっているため取りあげたと考えられる。「軍艦」は「旗」と「船」を組み合わせることで描くことができるだろう。明治37（1904）年に日露戦争が開戦することを考慮すれば、「軍艦」の題材が含まれているのは当然のことといえる。

　『手技図形』にはあったが『幼稚園保育法』で削除された図は、「二　池」「三　梯子」「七　桜実」「八　梨」「九　門」「十一　団扇」の６点である。

　「三　梯子」と「九　門」は直線の組み合わせによる図であるが、線の数が少ない「三　梯子」を描いた後に、線の数の多い「九　門」を描くようになっている。「二　池」では、２つの半円を組み合わせた円の基本形を行った後に、「四　月山」「五　提灯」「六　旗」「七　桜実」において円の基本形を取り入れたものを描くようになっている。「七　桜実」では「四　月山」「五　提灯」「六　旗」より小さな円を描き、枝の部分の曲線を加えることで

描くことができる。「八　梨」「十一　団扇」は、2つの曲線を使った円の基本形を変形させ、点描や曲線・直線を加えることで描くことができるだろう。よって『手技図形』は単純な線や図形の練習を積み重ねながら、それを組み合わせ、新たな図の作成に移行するように考えられていたことがわかる。「二　池」「三　梯子」の基本形が『幼稚園保育法』で削除されたことについては疑問が残る。

　『手技図形』ではなかったが『幼稚園保育法』では追加された図について分析してみると、2段目の直線の組み合わせによる家を除いて、多くの曲線が使用されている。『手技図形』には簡素な図がほとんどであったのに対し、『幼稚園保育法』には多くの線を使った幼児には困難と思われる「馬」や「斧を持った子供」の図も追加されている。幼児が曲線で描くことの難しさを考慮していたとは考えられない。

4．「画き方」の図に関する比較

　『手技図形』と『幼稚園保育法』の「画き方」で、重複している7点「一　山」（図2-9、図2-10）「四　月山」（図2-11、図2-12）「五　提灯」（図2-13、図2-14）「六　旗」（図2-15、図2-16）「十　船」（図2-17、図2-18）「十二　魚」（図2-19、図2-20）「十三　軍艦」（図2-21、図2-22）の図の描き方を比較してみた場合、『手技図形』においても、ほとんどの図が毛筆で描かれていたようである。しかしながら「一　山」を比較した場合、『手技図形』では線が弱々しくふるえており、「四　月山」では月をあらわす円が少し歪んでいる。「五　提灯」では、『幼稚園保育法』では持ち手に提灯が引っ掛かるように描かれているが、『手技図形』では持ち手と提灯が離れている。「六　旗」「十　船」において、『幼稚園保育法』では毛筆で描かれたことがわかるが、『手技図形』では毛筆特有の「とめ」がみられず、ペンで描かれているようにさえ見える。「十二　魚」は、『幼稚園保育法』では「はらい」の部分において「一　山」と同じような自然なふくらみがみられるが、『手技図形』ではみら

第2章　明治後期の幼稚園における図画教育　　71

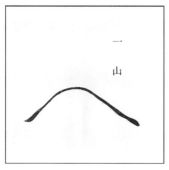

図2-9　『手技図形』「一　山」

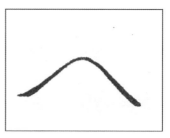

図2-10　『幼稚園保育法』「山」

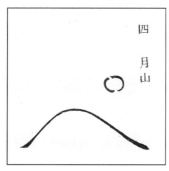

図2-11　『手技図形』「四　月山」

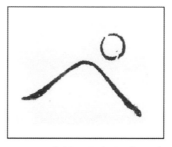

図2-12　『幼稚園保育法』「月山」

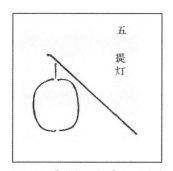

図2-13　『手技図形』「五　提灯」

図2-14　『幼稚園保育法』「提灯」

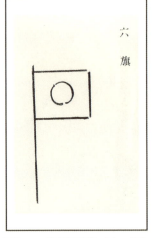

図2-15 『手技図形』「六　旗」

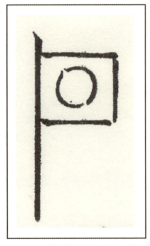

図2-16 『幼稚園保育法』「旗」

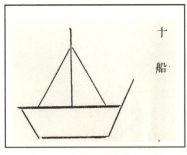

図2-17 『手技図形』「十　船」

図2-18 『幼稚園保育法』「船」

第 2 章　明治後期の幼稚園における図画教育　73

図2-19　『手技図形』「十二　魚」

図2-20　『幼稚園保育法』「魚」

図2-21　『手技図形』「十三　軍艦」

図2-22　『幼稚園保育法』「軍艦」

れない。「十三 軍艦」においては、『幼稚園保育法』には線の強弱があるが、『手技図形』では細い線が多くなっている。共通している点は、あえて線のつなぎ目に隙間を空けている点である。『手技図形』の「三 梯子」(図2-3)及び「九 門」(図2-5) では、隙間のない図になっており、繋ぎ目の描き方が混在している。

　以上より、『手技図形』の「画き方」の図に関しては毛筆で描かれてはいるが、ペンで描かれているように見える図さえある。このような『手技図形』の図の描き方は、明治30年代後半の図画教育の影響があったと考えられる。当時、小学校では鉛筆画・毛筆画論争の末に毛筆画と鉛筆画を区別しない方向が政策としてとられており、その影響だと考えれば『手技図形』のペンで描かれているようなタッチ (筆触) も納得ができる。

　これらを総合的に考察すると、内容としては『手技図形』の「画き方」では幼児にふさわしい図を精選しようと試み、基本形に線を描き加えたり、変形させたりするなど階梯式をとっていたことがわかった。それに対し『幼稚園保育法』では幼児にとって難しいと思われる曲線が多用された図や複雑な図が追加されており、意図的に「画き方」の図において毛筆を使用していた。15点の図の随所に毛筆画の長所を活かした筆致がみられ、毛筆画に秀でた人物が描いていたことがわかる。巧みだったが故に幼児の発達を考慮せず、難解な「馬」や「斧を持った子ども」の図を加えてしまったのかもしれない。いずれにしても、図画教育関係者のかかわりが推測されるものである。

第3節　明治後期に展開された保育法

1．中村五六による『保育法』

　明治39 (1906) 年に東京女子高等師範学校教授兼同校附属幼稚園主事である中村五六による『保育法』(図2-23) が出版された。

　これは保姆養成所の講義録をまとめたものであり、明治26 (1893) 年に出

第 2 章 明治後期の幼稚園における図画教育　75

版された『幼稚園摘葉』[20]と骨子は同じであったが、内容的により整備されたものとなっている。保育界の現状、フレーベルの伝記及びフレーベルの教育思想、保育の本旨・方法、恩物、幼稚園経営について述べられている。

手技については第五篇「保育の方法」において述べられ、「手技は幼稚園恩物を用ひて眼及び手を練習し、心意の発育に資せんことを要す」[21]としている。内容に関しては「手技を論ずるは恩物を説くに外ならず」[22]とし、恩物と手技は同様のものとしている。そして篇を改めて第六篇で幼稚園恩物について詳細に説明している。

『幼稚園摘葉』との違いについてみていくと、恩物は20種類あるが取扱いを変えていることがわかる。

まず図画に関しては、第十恩物「画方」から第十三恩物「画き方」となり番号の変化がある。内容にも変化がみられ、「画き方に用ふるは、石盤及び石筆又は紙及び鉛筆なり。鉛筆は色鉛筆をも加へ用ふるを可とす」[23]とし、道具に関して「色鉛筆」を加えた点が新しい。「図画は多くは線を画して面

図2-23　『保育法』表紙

図2-24　『保育法』
　　　　「第七」から「第十三」まで

上に種々の形状を表出するものなり」としているが、恩物の図として掲載されている図（図2-24）を見てみると、富士山と思われる山、太陽及び鳥が簡略化された線で描かれており毛筆画ではなくペン画である。白紙に描かれており、幾何図法は見られない。他の文献では見られない図であり、中村が考案したのか不明である。

中村は恩物について、「世間の恩物取扱振を見るに、強いて困難なる業を課せんとするあり。是れ更に大なる誤見なり」[24]と述べており、幼児の実態に即していない形式的な恩物主義に対して警告を発している。

2．『教育大辞書』

『教育大辞書』（図2-25）は全1874ページあり、明治40（1907）年〜41（1908）年にかけて6冊に分冊して発行されている。東基吉は宮崎県師範学校校長として『教育大辞書』の幼稚園に関連する項を担当しており、「恩物」[25]「フレーベル」[26]「幼稚園」[27]を執筆している。

「恩物」の項目では、全8ページ中3ページが恩物について記述されており図も掲載されている（図2-26、図2-27）。参考書として『保育法』[28]や『幼稚園保育法』等[29]が列挙されていることから、これらの図を参考にし、組み合わせたものだと考えられる。『幼稚園保育法』と比較したところ、二十恩物の中で8つの恩物の図が『幼稚園保育法』から転載されていることがわかった[30]。第十三恩物「画き方」は正確な出典が不明であるが、明治前期に出版された『幼稚園』や『幼稚園記』にみられるような水平線・垂直線・斜線を使用した「幾何図」を掲載している。辞書という性格上、明治初期に摂取された恩物の図版を掲載したのだと考える。

東はフレーベルの恩物の意義、種類、理論について詳述しているが、結論において「単に玩具としての恩物の教育的価値」を評価しているものの、今日ではこの哲理を理解するのは難しいとしている。実際の恩物の取り扱いは「幼稚園」の項目の手技に詳説しているとしているが、「幼稚園」の項目を見

第2章　明治後期の幼稚園における図画教育　　77

図2-25　『教育大辞書』表紙

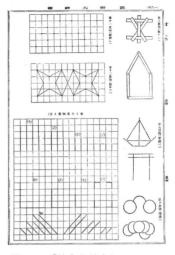

図2-26　『教育大辞書』
　　　　第八恩物から第十三恩物

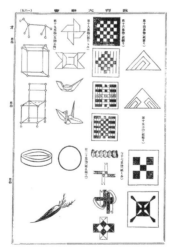

図2-27　『教育大辞書』
　　　　第十四恩物から第二十恩物

ると、保育事項の一つとして「手技は幼稚園恩物を用ひて眼及手を練習し心意の発育に資せんことを要す」と述べるのみで図も掲載されていない。

3．中村五六・和田実合著による『幼児教育法』

中村五六・和田実合著による『幼児教育法』（図2-28）が明治41（1908）年に刊行された。

『幼児教育法』は東京女子高等師範学校教授である中村五六と東京女子高等師範学校助教授である和田実との合著である。明確な執筆分担は明らかにされていないが、ほとんどが和田によるものであろうといわれている[31]。構成としては、第一篇「総論」、第二篇「幼児教育の事項を論ず」、第三篇「幼児の教育の方法を論ず」の3篇からなるものである。和田は「序」において、これまでの保育法は幼稚園時代の教育のために組織された特殊の理論であり応用しがたいとし、そこで小学校就学に至るまでの教育に関して、その目的と方法を組織的に説明するためにこの本を企画したとしている[32]。

まず人間の生活とはなにか、幼児の生活とは何かを右記のように示している（表2-1、表2-2）。そして大人と幼児の生活の状態は一致しておらず、幼児

図2-28　『幼児教育法』表紙

表2-1　大人の生活

生活	休息	睡眠	
		静止	
	活動	生命の維持に関する活動	衣
			食
			住
		生命の使用に関する活動	遊嬉
			交際
			学習
			勤労

表2-2　幼児の生活

幼児の生活	一、休息
	二、衣食に関する習慣的行動
	三、遊嬉
	四、交際上に於ける習慣的行動

にとって遊嬉は「人生に於けるあらゆる活動の縮写図」[33]であるとして、その重要性について述べている。

　幼児教育の事項は「習慣」と「遊嬉」の2つであるとし、従来の保育事項である遊嬉・談話・唱歌・手技の4項目の分け方に対して「便宜の為めの並置」ならば差し支えないが、「小学校等に課する純粋な教科のように考へる人があるならば吾人は大に排斥せざるを得ない」[34]としている。

　遊戯については、明治32（1899）年に6月に制定された「幼稚園保育及設備規程」では、保育事項の1つである遊嬉について、「遊嬉ハ随意遊嬉、共同遊嬉ノ二トシ随意遊嬉ハ幼児ヲシテ各自ニ運動セシメ共同遊嬉ハ歌曲ニ合ヘル諸種ノ運動等ヲ為サシメバ心情ヲ快活ニシ身体ヲ健全ナラシム」とされていた。この書では、「経験好奇の衝動」「暗示模倣の衝動」「対抗抗争の衝

表2-3　遊戯の種類

一　経験的遊戯	一　直接直観的遊戯…観察	
	二　間接直観的遊戯…聴話、聴楽	
一　模倣的遊戯	一　記憶的	
	二　想像的	
一　練習的遊戯	一　身体的	
	二　精神的	
	三　技術的	一　言語的技術
		二　運動的技術
		三　手工的製作

動」の３種類の衝動が、幼児の自発的活動の基礎であり出発点とし[35]、それに応じて遊戯が生まれるとしている。(表2-3)

　ここでは関連する「練習的遊戯」をみていく。これは３つに分類され、身体的とは「専ら筋肉的生理的運動を為すもの」、精神的とは「専ら心力を使用するもの智力尤も多し」、技術的とは「心身の共同的活動に因るもの」と説明している[36]。技術的遊戯はさらに、言語的技術（唱歌）、運動的技術（毬遊びやお手玉など）、手工的製作と分類され、図画にあたるものは手工的製作に含まれた。手工的製作を「作業的の遊戯」ともいっており、「何物をか自ら構造し若くば獲得せんとする処の遊戯」[37]であるとしている。そして「此種の遊戯をすることに因って得る所の利益は精神的に又筋肉的に技術上の能力を高める」[38]ことが主になっており、前項目の技能的遊戯と共に大切であるとしている。そしてフレーベルの恩物は20種としているが幼児に課すときには都合に合わせて少なくても多くても差し支えないとして、恩物の中で適当であると認めたもの10種を取り上げ説明している。その10種は下記である。

　第一　列べ方

第二　繋ぎ方

第三　積方

第四　組み方

第五　豆細工

第六　紙細工

第七　粘土細工

第八　画き方

第九　園芸

第十　自然物採集

　第八「画き方」について、「画き方程実質的価値を持ち然も無制限に其発達を奨励してよいものは他にない」[39]とし、他の積方や列べ方との違いを述べている。そして「絵画の興味が発達し其技術が進んだ時に或は実利的利益を与へたり尚進んでは美術的陶冶を児童の性格上に持ち来すのに比べたら到底比較にならない」[40]とし、画き方は最も入念に指導する必要があるとしている。紙細工、粘土細工、画き方を、室内作業中の三大遊戯と称し、その中でも画き方を主位に置きたいとしている[41]。

　道具に関しては、1種類のものに偏ることなく、「種々な用具で自由自在に画かせたい」とし、石盤、石筆、鉛筆、毛筆、色鉛筆、絵の具、ペン、インクを挙げている[42]。墨汁と絵の具液の取扱いについて注意を促しているが、それさえ出来るならなるべく広く世間で使われているものを使うようにと述べている。

　指導法に関しては、幼児はまず動物画、次に風景画をかくようになるが、「幼児教育者は殊に動物に就ての略画を研究否練習して置いて幼児の求めに応じて其発表法を教へて遣ることが必要である。いや教へると云ふと語弊がある。幼児教育者は幼児と共に画を書いて面白く遊んで遣ればよいのである」[43]とし、「画き方」について従来の幼稚園で行われている論理的順序は

取るに足らないと述べている。

　また紙については、惜し気もなく与えることが必要であり、小さな紙に小さな画を少しかかせる程度では幼児の興味に合わないとしている。思う存分にたくさん書かせた上で、1つ2つ位は幼児の求めるものをかいて各幼児に与えるくらいにしたいとしている[44]。

4．『保育法教科書』

　『保育法教科書』（図2-29）は東基吉により記された全92ページの文部省検定済の教科書であり、師範学校の保育法教科書として明治44（1911）年に発行されたものである。

　巻末には6ページにわたりカラーで手技（積木第一、積木第二、積木第三、板ならべ、箸環ならべ、紐おき、貝ならべ、折り紙、織り出し、剪り抜き、組み紙）の図を掲載している。フレーベル氏の伝記および学説は従来の幼稚園書には必ず記載されたが、師範学校では教育史で教授すべきものなので本書では一切省いたとしている。

　『幼稚園保育法』と比較してみると、『幼稚園保育法』第二篇本論第4章か

図2-29　『保育法教科書』表紙

ら第11章までを抜粋し加筆修正したことが明らかとなった。手技については、フレーベルの二十恩物についての説明部分を『幼稚園保育法』の第15章「フリードリッヒ、フロェベル」[45]より抜粋し加筆している。「紙細工」の名称変更以外、ほぼ『幼稚園保育法』と同じ文章である[46]。

　しかしながら、図に関しては積木第一、積木第二、積木第三、板ならべ、箸環ならべ、紐おき、貝ならべ、折り紙、織り出し、剪り抜き、組み紙しか掲載されておらず、板箸環ならべ、画き方、豆細工、粘土細工の図は削除された。

小括

　本章でまとめたことを基に、以下に要点を示す。

①東基吉解説による『教育学書解説　フレーベル氏教育論』では、図画は「画き方」とされ、「感覚力、思想力を啓発し、手の筋肉を練磨し、且つ形体調和の知識と手の練習」を行わせる上で最も効果があるものと高く評価している。

②図集『手技図形』では、「画き方」に13点の図があり、幼児にふさわしい図を精選しようと試み、基本形に線を描き加えたり、変形させたりするなど階梯式をとっていたことがわかった。

③東基吉による『幼稚園保育法』では「手技」の中に図画についての記述がみられる。「画き方」とされており、「画き方」では道具に関して、画用紙や色鉛筆、絵の具の使用をすすめている。挿絵を見てみると毛筆で描かれ、『手技図形』と重複するものがある。幼児にとって難しいと思われる複雑な図が追加されており、意図的に「画き方」の図において毛筆を使用していた。

④中村五六による『保育法』では、図画は第十三恩物「画き方」とし、道具に関して色鉛筆を加えている。挿絵を見てみると、富士山と思われる山、

太陽及び鳥が簡略化された線で描かれており、幾何図法は見られない。また中村は、幼児の実態に即していない形式的な恩物主義に対して警告を発している。

⑤中村五六・和田実合著による『幼児教育法』では、遊嬉の重要性について述べている。「練習的遊戯」の中に技術的遊戯があり、さらに手工的製作と分類された。図画にあたるものは手工的製作に含まれた。図画は「画き方」とされ、最も入念に指導する必要があるとしている。道具に関しては、石盤、石筆、鉛筆、毛筆、色鉛筆、絵の具、ペン、インクを挙げている。指導法に関しては、従来の幼稚園で行われている論理的順序は取るに足らないと述べている。また紙については、惜し気もなく与えることが必要であるとした。

以上より、明治後期の幼児の図画教育においても、明治前期と同じく「図画」は重要なものとして位置づけられていたことがわかる。

図画に関しては、幾何図法として明治初期に紹介され摂取されていったが、明治後期では幼児期にとって難解な幾何図法はみられなかった。また道具に関しても、石盤や石筆だけでなく、絵の具やペンなど身の回りにある道具を積極的に取り入れていこうとする記述もあった。

また中村五六・和田実合著による『幼児教育法』では、保育の項目を4項目とし、図画を手技としたものとは違い、遊戯つまり遊びを幼児の生活の中心に位置づけ、その中に図画を位置づけていったことは今日の幼児教育につながるものである。また形式主義的な恩物の取扱いを批判的にとらえ、幼児の自発的な表現活動を評価する記述もみられた。

『手技図形』の図の描き方には、明治30年代後半の図画教育の影響があったとみられ、『幼稚園保育法』では毛筆を使用し毛筆画に秀でた人物が描いていたことがわかった。幼児教育関係者がこれらの図を描いたとは考えられず、当時の図画教育関係者や画家が関わっていたと考えるのが自然であろう。

注

1) 文部省編『幼稚園百年史』ひかりのくに、1979、p. 505

2) 同、p. 505

3) 同、pp. 117-118

4) 東貞一「日本のフレーベル東基吉」『熊野誌』第25号、1980、pp. 1-6

5) 東基吉「婦人と子ども（幼児の教育の前身）創刊当時のこどもと其頃の幼稚園の状況に就いて」『幼児の教育』別巻、1979、pp. 18-31

6) 東基吉解説『フレーベル氏教育論』育成会、1900

7) 東基吉『新編小学教授法』帝国通信講習会、1901

8) 黒田定治・東基吉『実践教育学教科書』六盟館、1903

9) 東基吉『幼稚園保育法』目黒甚七、1904

10) 本稿では、東京大学図書館所蔵の東基吉著『保育法教科書　文部省検定済（明治四十四年一月二十六日)』（東京目黒書店、明治44年1月23日再版発行）を分析対象としている。

11) 幼児の教育復刻刊行会編『復刻　幼児の教育』名著刊行会、1979

12) 教育大辞書編輯局編『教育大辞書』同文館、1907-1908

13) 東、前掲6）、p. 5

14) 東、前掲6）、pp. 114-116

15) 東、前掲6）、pp. 132-133

16) 清原みさ子「わが国幼稚園における手技の歴史ーその6ー」『愛知県立大学児童教育学科論集』愛知県立大学児童教育学科、1995、p. 45

17) 同、p. 46

18) 東基吉『幼稚園保育法』明治保育文献集第7巻、日本らいぶらり、1977、pp. 260-261

19) 同、pp. 274-275

20) 中村五六『幼稚園摘葉』明治保育文献集第8巻、日本らいぶらり、1977、pp. 3-181

21) 同、p. 268

22) 中村五六、『保育法』明治保育文献集第8巻、日本らいぶらり、1977、p. 295

23) 同、pp. 299-300

24) 同、p. 306

25) 教育大辞書編輯局編、前掲、pp. 161-168

26) 同、pp. 1377-1382

86

27) 同、pp. 1569-1572

28) 中村五六『保育法』国民教育社、1906

29) 参考書として、The student's Froebel: adapted from Die Menschenerziehung of F. Froebel（1916）や Author: Fröbel, Friedrich, 1782-1852; Herford, William Henry を挙げている。

30) 『幼稚園保育法』より転載されていた図は以下の8点である。

　　第七恩物　　板排べ

　　第十恩物　　環排べ

　　第十五恩物　紙貼り（紙きりと同じ図）

　　第十六恩物　紙織り（一部同じ）

　　第十七恩物　紙くみ

　　第十八恩物　紙たたみ

　　第十九恩物　豆細工物

　　第二十恩物　粘土細工

31) 岡田正章監修『明治保育文献集別巻』日本らいぶらり、1977、p.252

32) 中村五六・和田実合著『幼児教育法』明治保育文献集第9巻、日本らいぶらり、1977、pp.91-93

33) 同、p.126

34) 同、p.127

35) 同、pp.162-165

36) 同、p.225

37) 同、p.255

38) 同、p.256

39) 同、p.266

40) 同、p.267

41) 同、p.267

42) 同、p.267

43) 同、p.268

44) 同、p.268

45) 抜粋部分は『幼稚園保育法』の171から177ページまでである。

46) 紙細工では、紙たたみが「折り紙」、紙おりが「織り出し」、紙きりが「剪り抜き」、紙くみが「組み紙」に名称が変更されている。また紐おき、紙たたみ、紙おり、紙きりについては『幼稚園保育法』の107ページに注意事項が記してあるが

『保育法教科書』では削除されている。

第3章　明治後期の雑誌にみる図画論及び 図画教育関係者

第1節　幼児教育雑誌創刊の意義とその展開

1．幼児教育雑誌創刊の背景

　第2章で述べたように、文部省令第32号「幼稚園保育及設備規程」において4つの保育科目「遊嬉・唱歌・談話・手技」が示された明治32（1899）年から明治末期までの「図画」について考察すると、明治37（1904）年に出版された『幼稚園保育法』[1]において「画き方」の図は毛筆で描かれていたことわかった。毛筆による図の作者名は明らかではないが、その筆致から何らかの形で図画教育関係者が幼稚園にかかわっていたことが示唆された。また『手技図形』の毛筆画か鉛筆画か判別しづらい図の描き方は、明治30年代後半の図画教育の影響があったと考えられる。明治41（1908）年に刊行された中村五六・和田実合著による『幼児教育法』[2]では、道具に関して、石盤、石筆、鉛筆とともに毛筆があげられており墨汁の取扱いについて注意を促していた。明治前期までの幼児の図画に関する文献で見られなかった「毛筆」の記述や毛筆画による図版があらわれはじめたことを考えれば、図画教育関係者とのかかわりが考えられる。そこでフレーベルの恩物に対する批判が高まる中で相次いで創刊された幼児教育雑誌に着目し、幼児教育関係者や図画教育関係者、画家らによってどのような図画教育論が展開されたのかみていく。

　本章では『婦人と子ども』（後継『幼児の教育』）、『京阪神（三市）聯合保育会雑誌』、*Annual Report of the Kindergarten Union of Japan*、『児童研究』の4誌の記事を通覧し、そこで展開された図画教育方法論や図画教育関係者

とのかかわりを明らかにすることとした。

第2節　フレーベル会発行の『婦人と子ども』

1．雑誌『婦人と子ども』の創刊

　第2章でも述べたとおり、明治29（1896）年、東京に設置されていた官・公・私立幼稚園の有志によって「フレーベル会」という全国的な保育研究団体が発足した[3]。フレーベル会は明治31（1898）年、文部大臣に幼稚園の制度を整備することを望む建議書を提出し、明治32（1899）年6月、幼稚園保育及設備規程が文部省令として制定されることとなる。これにより、保育内容は「遊嬉、唱歌、談話、手技」の四項目となった。

　フレーベル会の機関誌として明治34（1901）年に『婦人と子ども』（後継『幼児の教育』）が発刊されることになる（図3-1）。この雑誌の編集に直接携わったのは東京女高師教授兼附属幼稚園批評掛の東基吉である。東は初代編集責任者となる。

　第1号の表紙図案は当時28歳の日本画家荒木十畝によるものである。第1

図3-1　『婦人と子ども』表紙

号「表紙模様図案」には、橙、白、緑の３色を用いた理由がゲーテの色彩論に論拠していると説明されている[4]。

　津守らは『幼稚園の歴史』の中で、『婦人と子ども』という公の刊行物を幼稚園が持ったことによって幼稚園の存在を社会に認識させるための啓蒙活動が遙かに容易になり、積極的に行われるようになったとしている[5]。

２．図画に関する記事

　『婦人と子ども』第１巻１号（明治34年）〜第12巻12号（明治45・大正元年）まで144号すべての記事を分析対象とし、題目より「図画」を抽出した。また題目以外の記事において、図画教育関係者についての関連記事も対象とした。それらをまとめ表3-1および表3-2とした。

表3-1　「図画」に関する題目

明治	巻	号	執筆者	題　　目
34	第１巻	第３号	東基吉	図画教授に付きて
42	第９巻	第１号	野生司香雪	子供と絵（一）
		第５号	某女史	幼稚園に於ける幼児保育の実際
		第６号	某女史	幼稚園に於ける幼児保育の実際　九　画方
		第８号	某女史	幼稚園に於ける幼児保育の実際　(4)手技　書き方
44	第11巻	第３号	藤五代策	幼稚園に於ける図画
		第10号	菅原教造	図画科の衛生に就いて

表3-2　題目以外の記事における図画教育関係者の記述

明治	巻	号	講師	講習会
45	第12巻	第６号	赤津隆助	夏季講習会　黒板画
		第７号	赤津隆助	夏季講習会　黒板画
		第９号	赤津隆助	夏季講習会　黒板画

（1）東基吉による「図画教授に付きて」

　第1〜6巻（明治34〜39年）を通覧してみると、第1巻第3号（明治34年）に東基吉による「図画教授に付きて」[6]があるのみである。東は『婦人と子ども』誌上において、他のペンネームを使って執筆していたこともあるが、それらを含めても「図画」について執筆された文章はこの記事だけである。東の専門分野はあくまで教育学であり、その経歴から推察すると図画教育関係者ではない。しかしながら、東基吉が解説者または著者となっている『教育学書解説　フレーベル氏教育論』[7]、『新編小学教授法』[8]、『実践教育学教科書』[9]、『幼稚園保育法』[10]、『保育法教科書』[11]、『教育大辞書』[12]で図画に関して述べている。

　東は図画を「諸学科の教授法中最進歩の遅々たる」教科であるがあえて研究はせず、いくつか思いついたことを記している。東は図画の目的を「外界の美を看取して之を手写するを得る」と同時に、「自己の有する美的理想を発表する機能を得」ることとしている。「客観の美」と「主観の美」の二者が相まってすすんでいくものであるとし、図画教授の批評として以下のように5点列挙している。

①手本を金科玉条として模写すること（いわゆる臨画）は誤りである。実物を手本とする教授法は大変少ない。

②形体を正しく模写するには「用機画」（用器画）によらないわけにいかない。しかし現在は、自在画と連結すべき「用機画」を別種のものとして分けている。

③自分の美的理想を随意に発表することは、重大なる任務である。幼稚園においてとても巧みな児童が、学校に出て大変劣るのは、学校においては随意の発表を束縛するからである。手本と実物によって描かせるほかに、さらに自由に自分の思想を発表することが必要である。

④応用させることが少ないのは、欠点といわざるを得ない。他学科の教師は

自分に絵の思想がないため、必然的に絵を必要とする場面においても、挿入することを看過しもしくは正しくない方法で行っている。

⑤図画教授においては、ほかの科目と同じように、幼児の心理的発達の順序に従わざるを得ない。一般の初歩的な図画教授の順序は、画学の論理的順序によって直線にはじまって曲線にすすむが、まっすぐに線を引くことは、曲線を引くより困難である。幼児の自然の姿においては、ことごとく曲線によるものであることは明らかである。練習をまだ積んでいない幼児児童にとっては、直線より曲線のほうが容易なものである。

以上のように、図画に関する問題点を挙げ「斯道の人々の教を乞はん」[13]としているが、その後、第6巻まで図画に関する記事は見られない。①にあるように東は写し描く臨画教育に批判的な立場をとっており、「随意に発表」する重要性を説いている。

（2）野生司香雪による「子供と絵（一）」

日本画家である野生司香雪が第9巻第1号（明治42年）に「子供と絵（一）」[14]を記している（図3-2）。『近代日本美術事典』によれば、明治36（1903）年に香川県工芸学校を卒業後、東京美術学校日本画科に進み、明治41（1908）年に卒業している。明治40（1907）年に東京勧業博覧会に「しずか」が入選し、明治44（1911）年には美術研精会正会員となる画家である。

野生司は「子供と絵（一）」において、「子供は感ずるま〻の物体を画くの能極めて不完全」なので、「極単易なるものを常に教示して置く」ことが必要であるとし、略画を掲載している。略画をみていくと線を描き加えていく順序がわかるようになっているが幼児に適しているか疑問である。この方法は前述した東の考え方とも異なっており、「随意」に描く方法とは考えられない。事情は不明だがこれ以降、野生司香雪による記事はない。

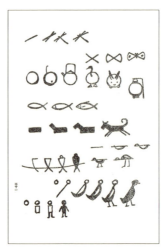

図3-2　野生司香雪による略画

（3）某女史による「幼稚園に於ける幼児保育の実際」

　第9巻第5号から第8号（明治42年）にかけて某女史による「幼稚園に於ける幼児保育の実際」が掲載されている。第9巻第5号の目次に「池田とよ」と記されており、某女史とは「池田とよ」であることがわかる。池田は東京女子高等師範学校附属幼稚園の保姆である[15]。本文では某女史と名乗り、「某幼稚園に於ける最少幼児一組を担任せる某氏」[16]が受け持っている幼児の1年間の保育の様子を記述しているとある。

　第9巻第5号[17]によると幼児40名のうち男児20名女児20名の組であり時間割が掲載されている。時間割より図画である「画方」は入園してから間もなくは週1回15分であるが、それ以降は週2回15分から20分行われている。

　保育の題目は、（一）遊戯、（二）唱歌、（三）談話、（四）六球、（五）積木、（六）板排（いたならべ）、（七）環排、（八）摺紙、（九）画方となっている。図画にあたる（九）画方の順序は「山　山に日　池　おだんご　りんご　旗　山に旗　舟　波に舟　かほ　梯子　魚　水に魚　其他随意」としており、第2章でとりあげた『手技図形』の題目と重複する名称がある。

第6号[18)]には「画方」の実際の様子が記されている。はじめは石盤・石筆を使用し随意に描かせ、1か月に一度は紙に描かせている。もっとも多く描かれているものは電車、団子、旗などであり、「随意画中おもしろきもの」として図を載せている（図3-3）。これは池田が子どもよって実際に描かれた「随意」の絵を描き写し掲載したものだろう。図3-3の上半分は円形を使用した顔の表情、頭足人、猫のような生物など14点が描かれている。円形を使用した顔の表情からは様々な表現がみられ、これらの図より「随意」では子どもの発達にそった自由な図画表現を行っていたことがうかがえる。

図3-3の下半分は題名が付けられており「机、帽子、ハート、立札、ヒヨッコ、種子アルリンゴ、カンザシ、兎、地震、金魚、汽車、軍艦」とされ13点の図が描かれている。図は少し異なるが、軍艦など『手技図形』に掲載されていた図もみられる。

第8号[19)]では「画方」について詳述しておりそれらをまとめると下記5点となる。

図3-3 某女史「幼稚園に於ける幼児保育の実際」

①「画方」は手技の中で最も幼児の喜ぶものであり、随意に描かせ注意は所々にとどめる。

②室内の装飾として掛図を用い取り換え、略画を描いて壁側に掛けておき描き方を知らせる。略画は幼児の思想界にあるものにする。

③画紙は十六切にしたものを使用する。但しシアトル博覧会に出品する際には八つ切を使用している。

④色鉛筆の使用は経済の許す限り使用したい。また消しゴムは一般的に使用しないが必要のある場合は使用する。

⑤「画方」は三学期に著しく発達し臨画、写生画や密画を描くものさえいる。

　以上より、明治42年の東京女子師範学校附属幼稚園では、「随意」に描かせていたことが読み取れる。また「掛図」については「取り換え」を行うほど多くの掛図を所蔵し利用していたことが示唆された。第1章でも取り上げたように東京女子師範学校附属幼稚園の写真には多くの掛図が写っており、実際に多数の掛図を所蔵していた。また「略画」についても保姆が手本を描いて「描き方を知らせる」という方法をとっていたこともわかった。

（4）藤五代策による「幼稚園に於ける図画」

　第7巻（明治40年）から第12巻（明治45年・大正元年）にかけて、藤五代策による手技に関する記事が多くみられ全部で9つの記事が掲載されている（表3-3）。他に講習会に関する記事が2本あり、いずれも手工の講習会である（表3-4）。

　藤は東京女子高等師範学校附属小学校訓導、東京女子高等師範学校属託教授などを歴任していた[20]。9つの記事のうち図画に関する記事は、第11巻第3号（明治44年）の「幼稚園に於ける図画」[21]のみである。「幼稚園に於ける図画」では、藤が小学校の図画教育から得た方法を「描かせ方」として3点挙げている。

第3章　明治後期の雑誌にみる図画論及び図画教育関係者　97

表3-3　藤五代策が執筆した題目

明治	巻	号	題　　目
40	第7巻	第10号	粘土細工に就て
		第11号	色の話
		第12号	色板排べに就て
41	第8巻	第1号	切抜細工に就て
42	第9巻	第1号	幼稚園の手技と小学校の手工
44	第11巻	第3号	幼稚園に於ける図画
		第10号	幼稚園に於ける室内装飾品の作り方
45	第12巻	第6号	面白き麦藁細工
		第8号	綿細工の製作法

表3-4　藤五代策に関係する講習会記事

明治	巻	号	題　　目
43	第10巻	第4号	夏季講習会　手工
		第5号	夏季講習会　手工

　以下にその3点をまとめる。

①基本形に描き加えていく方法（図3-4）

　藤は半円を基本形としたみたてをし、その物に見えるように直線や曲線を描き加えるという方法を提唱している。それによって図3-5のように「茶碗」「鍋」「西瓜」「櫛」「運動帽」「帽子」「鼠」「蝶」「独楽」「碗」「電気燈」「呼鈴」「裁包刀」「船」「月」の12点の図が描けるとしている。図をみるとほとんどのものが横から見た場合の形体であることがわかる。但し基本形の半円を使用することがふさわしくないと思われる形体（「蝶」）も図に含まれている。

②木の葉や折り紙細工等の輪郭を利用する方法（図3-5、図3-6）

　図3-5をみると葉の輪郭を写して描いた後に、枝や葉脈を描き加えるとい

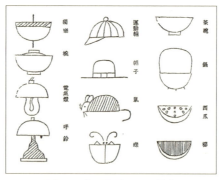

図3-4　半円を利用して描く

図3-5　木の葉を使って輪郭を描く

図3-6　蝉、福助、提灯の折り紙細工を利用する

う方法である。また図3-6のように折り紙細工の「蝶」「ちょうちん」の輪郭を写した後に、目や足、模様を描き加えている。

　形体の輪郭線を幼児でも描けるように本物の葉や折り紙を使用しているのだろう。折り紙細工は、出来上がった際に平面になるものを利用していることがわかる。

③任意の点や線を結んで絵を完成させ彩色する方法（図3-7）

　「帆かけ船」の図が示されている。図3-7のように予め1から6までの任意の点を描き、幼児は手本を見ながらその点と点を結んで絵を完成させ彩色を

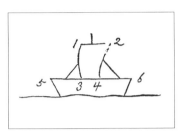
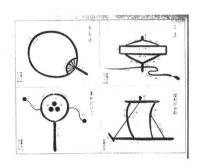

図3-7　点を結んで描く　　　　図3-8　『小学毛筆画帖教授用書』

行うという方法である。しかし帆かけ船を描くためには直線だけでなく曲線も含まれており、点の数が6点と少ない。1から6までの点を順番に線で結んでも図は完成しない。明らかに点が不足していることを考えると、幼児や低学年の児童にとって難しい方法だったのではないだろうか。

また「帆かけ船」に似た図が『小学毛筆画帖教授用書』に掲載されている（図3-8）。『小学毛筆画帖教授用書』では矢印を使用する方法をとっているが、藤が参考にした可能性がある。

藤は上記のような方法を図示しながらも、幼児は小学校で行う写生画や考案画は出来るはずもなく、保姆の補助によって「僅かに自分の思ふものが描ければ、夫れで沢山である」としている。藤も3つの方法が幼児にとって難解であるとわかっていたようである。

（5）菅原教造による「図画科の衛生に就いて」

第11巻第10号（明治44年）に文学士菅原教造による「図画科の衛生に就いて」[22]が掲載されており、心理学の観点から図画科について論じている。

菅原はアメリカの心理学者バーナムやクック、リュッケンス、ガフキーらの説を「図画教育の意義」「思想発表の手段」「図画教育の目的」「衛生上の注意点」「図画教育の順序」「図画発達期の区分」「視力」「器具」「表情と芸術

の生理的価値」「余論」の観点で解説している。

（6）夏季講習会

　フレーベル会の夏季講習会に関する記事があり、手工の講師として第10巻
4号（明治43年）に藤五代策[23]、第12巻6号（明治45年）には黒板画の講師と
して赤津隆助[24]の二人の名前がある。その記事によれば藤は手工講習会で
粘土細工、豆細工、紙細工、綿細工、麦藁細工の5種類の手工を行ってい
る[25]。

　赤津はのちに黒板略画の講習会をきっかけにアラベラ・アルウィン（So-
phia Arabella Irwin, 1883-1957）や大正5（1916）年に開設した玉成保姆養成所
（現・玉成保育専門学校）に関わることになったと述べており[26]、この講習会
は赤津が幼児教育に携わった初期の活動にあたるものではないかと推察する。

　赤津の黒板画の講習会の報告では「講師の指さきから湧き出でもするやう
な軽妙な黒板画に会員の方々が皆感嘆」[27]したとの記事があり、赤津の黒板
画は会員を魅了し好評を博したことがわかる。赤津による講習会の内容は
『婦人と子ども』誌上では不明だが、『児童研究』第15巻12号の「雑録」に
「フレーベル会幼児教育講習会」[28]の記事がある。それによれば、ドクトル
富士川游による「異常児童の研究」が12時間、東京女子高等師範学校講師文
学士の倉橋惣三による「幼児教育論」が10時間、東京青山師範学校教授　赤
津隆助による「幼稚園における黒板画（講義及実習）」が20時間であることが
告知されている。『児童研究』第16巻3号の「雑録」には、上記講習会の内
容[29]が詳しく報告されている。それによれば、赤津による「幼稚園に於け
る黒板画」は8月2日より11日まで20時間、下記内容で行われた。

　　第一章、総論
　一、黒板画速成の方法
　二、黒板画練習の方法

三、黒板画描写の注意

四、黒板画の基本練習

五、双手均用と其の練習

六、幼児作業と黒板画

第二章、描法

一、器物類の描法と其練習

二、船車等の描法と其練習

三、建築物の描法と其練習

四、果物類の描法と其練習

五、野菜類の描法と其練習

六、花卉類の描法と其練習

七、樹木類の描法と其練習

八、風景の描法と其練習

九、虫類の描法と其練習

十、魚類の描法と其練習

十一、鳥類の描法と其練習

十二、獣類の描法と其練習

十三、人物の描法と其練習

第三章、応用

一、談話と黒板画の応用

二、遊戯と黒板画の応用

三、唱歌と黒板画の応用

四、箸輪ならべと黒板画の応用

五、紐置きと黒板画の応用

六、貝ならべと黒板画の応用

七、曲き方と黒板画の応用

八、縫ひ取と黒板画の応用

十、豆細工と黒板画の応用

十一、粘土細工と黒板画の応用

（多数の小黒板を用ひ実習を便利ならしむ）

　以上より、「フレーベル会幼児教育講習会」において赤津は、黒板画についての総論を行った後、幼児にとって身近なもの（器物類、船車等、建築物、果物類、野菜類、花卉類、樹木類、風景、虫類、魚類、鳥類、獣類、人物）の描法と練習を行っていた。

　最後に応用として、「幼稚園保育及設備規程」において示された四つの保育科目のうち手技を除いた「遊嬉・唱歌・談話」と黒板画との応用、手技である「箸輪ならべ」「紐置き」「貝ならべ」「画き方」「縫ひ取」「豆細工」「粘土細工」と黒板画の応用を行ったことで、赤津は黒板画と４つの保育科目「遊嬉・唱歌・談話・手技」との連携を図っていたことが明らかとなった。

第3節　『京阪神連合保育会雑誌』

1．京阪神連合保育会とは

　明治22（1889）年に全国に先駆けて京都市保育会が結成された。明治30（1897）年には大阪市保育会、明治35（1902）年には神戸市保育会が相次いで設立された。明治30（1897）年10月、３市の代表者が集い京阪神三市連合保育会を結成した。明治31（1898）年に機関誌として『京阪神（三市）聯合保育会雑誌』（図3-9）を創刊する。

　第１回保育会が明治30（1897）年11月20日および21日に開催されたが、第１日目の談話会「恩物の取捨選択について」において相当活発な意見が続出したという。それは大阪市の調査研究の例をひいて粘土細工、六球、紙刺の３種を廃止したほうがよいという意見であった。京都市でも第１恩物、第３恩物、第４恩物以外のものは全く使用させないという批判もあった。それに

図3-9 『京阪神保育会雑誌』表紙

対し、神戸市頌栄幼稚園の和久山きそは「粘土細工は幼児の最も喜ぶもの故に之を廃するを憾む。フレーベルも己が思を形に表はさしむるを得るに最適当なるものといへり云々」と反対論を述べ、粘土細工の研究を重ねていくこととなった[30]。

2．図画に関する記事

　粘土細工については上述のような意見があった一方、図画についてはどのように取り扱われていたのだろうか。

　『京阪神（三市）聯合保育会雑誌』第1号（明治31年7月）～第27号（明治45年7月）までのすべての記事を分析対象とし、「図画」について記述された記事や図画教育関係者についての関連記事を探してみた。しかしながら「図画」および図画教育関係者に関する記事は見当たらなかった。談話会「恩物の取捨選択について」からわかるように、当時は恩物自体についての批判が高まっており、「図画」を記事として取り扱うことがなかったのかもしれない。

第4節　J.K.U. 年報

1．J.K.U. とは

J.K.U. は "Japan Kindergarten Union" または "Kindergarten Union of Japan" の略であり、「日本幼稚園連盟」と邦訳されている。(以下、J.K.U. とする)

明治19 (1886) 年、ミス・ポーターによって金沢に最初のキリスト教幼稚園が設立され、明治20 (1887) 年、エー・エル・ハウによって神戸に頌栄幼稚園および頌栄保姆伝習所が開設された。キリスト教幼稚園によってフレーベル主義の技術的な面にとどまらず、教育哲学、教育思想が紹介された[31]。

J.K.U. は、日本に点在していたキリスト教幼稚園、保育所、保育者養成機関の連絡統一機関をつくる必要性から、エー・エル・ハウの提唱によって明治39 (1906) 年に誕生した。J.K.U. の目的は、在日外国人保育者が相互に話し合い連携し合う事と、米国にある万国幼稚園連盟 (International Kindergarten Union) と連結しその支部として情報交換をすることであった[32]。

J.K.U. は毎年夏に軽井沢で定例の集会を開いており、*Annual Report of the Kindergarten Union of Japan* という英文の年報 (以下、J.K.U. 年報とする) を発行していた。J.K.U. 年報には年次総会の報告や幼稚園、養成学校の報告、研究論文などが掲載された。

2．J.K.U. 年報にみる図画論

J.K.U. 年報の *First Annual Report* (明治31年)～ *Sixth Annual Report* (明治45年) までのすべての記事を分析対象とし、題目より「図画」が使用されている記事を抽出した。

図画に関しては、*Fifth Annual Report* (図3-10) に Mabel Bacon による図画論 "Drawing in the Kindergarten" (幼稚園での図画法)[33] が掲載された。

第3章　明治後期の雑誌にみる図画論及び図画教育関係者　　105

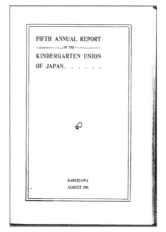

図3-10　Annual Report of the Kindergarten Union of Japan

図3-11　球形

図3-12
第一恩物の絵

　Mabel Bacon は図画についての専門家ではないということを述べた後で、幼稚園で行っている図画法について図解しつつ次のように説明している。
　その方法とは、子どもが最初に描こうとする形は球形（図3-11）であり、それにひもをあらわした線を加えることによって「第一恩物の絵」（図3-12）になるというものである。その後、複数の水平線を描かせると木になり（図3-13）、それに地面や飛んでいる鳥を描き加えるという図を掲載している（図3-14）。また複数の水平線で海を表し、船や雲、雨が描き加えられるだろ

図3-13 木

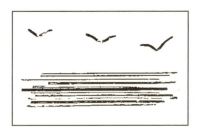
図3-14 飛んでいる鳥

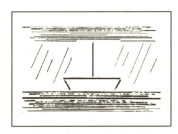
図3-15 海、船、雲、雨

うとしている（図3-15）。また球形から単純な人の顔を描く練習をし、垂直線で描いた背骨や直線の足、腕を付け加えた。球形は「月」や「太陽」と呼ばれ、いくつかの線を加えると風船、時計、うちわ、ティーポット、猫になるとしていた。

　題材については、朝の「会集（Morning Talk）」[34]で話したことについて描くことがほとんどであり、その題材で描くことができない場合は代わりに「談話」や「唱歌」の話を描いたり、何か好きなものや幼稚園に来るまでに見たものを描いたりしていたという。

　以上より、球形にひもを描き加えて第一恩物の絵になるという部分では、恩物と図画の連携を考慮していたことがわかる。その後は、基本形である球形や複数の直線に線を描き加えるという方法をとっていたことが明らかとなった。しかし、複数の水平線で「木」を表現するというのは子どもにとって理解しがたいものがあったのではないだろうか。

登園後、最初に行われる「会集」のテーマを図画法の題材にしており、「何か好きなものや、幼稚園に来るまでに見たもの」から題材を見つけさせていたことを考えれば、子どもにとって身近なものを描かせていたのだろう。Mabel Bacon が図画についての専門家ではなかったからこそ、指導方法にとらわれずに行っていたのかもしれない。

第5節 『児童研究』

1．『児童研究』とは

　明治31（1898）年に雑誌『児童研究』が創刊された。『児童研究』（図3-16）は欧米心理学の影響のもと、高島平三郎らが執筆していた。その対象は小学校就学年齢の児童が中心ではあるが、幼児期および幼稚園・保育所の記事も

図3-16　『児童研究』表紙

含まれている。

2．図画に関する記事

『児童研究』第1巻1号（明治31年11月）～第15巻12号（明治45年7月）までのすべての記事を分析対象とし、題目より「図画」「手技」を抽出した。また題目以外の記事において、図画教育関係者についての関連記事も対象とした。

（1）「東京の幼稚園」

第4巻8号に「東京の幼稚園」として東京朝日新聞の記事を転載している[35]。東京朝日新聞では明治34（1901）年10月25日、26日、27日、28日、29日、31日と6日にわたり「東京の幼稚園（一）～（六）」として記事を連載しており、『児童研究』では文章部分のみを抜粋し転載している。女子高等師範学校附属幼稚園について詳述しており、東京朝日新聞の（二）および（三）には「遊戯の様子」（図3-17）と「手技の図」（図3-18）を掲載している[36]。

手技については「フレーベル氏の恩物と作業を使用」しており、「同園には恩物が二十種もあるさうだから何でも出来る」とし手技を二十種類の恩物で行っていることを紹介している[37]。作業とは「細紙工や豆細工や粘土細工や麦藁細工や縫取りなど」としそれらを図に示しているとしているが『児童研究』では図の転載はない。

唱歌、遊戯、談話についても保育の実際の様子が詳細に記され、手技については「決して幼児に強いることはない」として紙細工の様子を次のように記している。

　　教生がサァ今度は紙細工ですよと其材料を卓子の上に配って与へると、
　　幼児は思ひ思ひに何か造るのである、教生は其の傍にいてサァ斯う折って

第3章　明治後期の雑誌にみる図画論及び図画教育関係者　109

図3-17　遊戯の様子

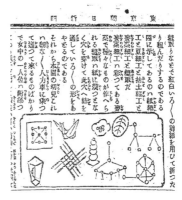

図3-18　手技の図

鶴を造へませうと幼児を手伝はして、折ることを教へるのであるから、一組残らず同一のものを作へるのではない、而して其が出来上ると保姆に示せに行って褒められるのだ[38]。

上記より、図画についての記述はないが、附属幼稚園では二十恩物を使用していても恩物の指示通りに行わせるのではなく、材料をあたえ「思ひ思ひに何か造る」ことを認めていたことがわかる。完成品が同一のものにならなくても保姆が「褒め」ることで、子どもの思いを尊重し自由な手技を重視していたことがわかる。

（２）「幼稚園に関する三大問題」

第5巻10号には松本孝次郎が「幼稚園に関する三大問題」[39]を記しており、年長児を対象とし確かめたい事項として（一）から（六）を挙げている。そのうち（二）では「純然たる恩物によりて作業することは之を嫌うの風がある」とし、（五）で「恩物によつて保姆が指導するところの模範をそのままに為すこと、自己が自由に自分の考へを働かせてやるものとは好悪の点に於て著るしき差別はないであろうか」と疑問を呈している[40]。保姆の模範通

りの作業に年長児が興味を失っている様子から、何を好んで何を嫌うか調査したいとしている。

（3）ヴントによる「児童の図画」

第11巻2号ではヴントの「児童の図画」[41]が掲載されている。フルネームは記されていないが、ヴィルヘルム・ヴントによるものと推測される。

菅原教造による摘録であり、3歳から6歳までの子供の絵の特徴について述べている。子供の絵は人物と動物と周囲の階級に分けられ、その他にも階級があるとしている。

（4）倉橋惣三による図画論

第11号第4号[42]及び第5号[43]には倉橋惣三による「児童の絵画に就て」が2号にわたって連載されている。倉橋は「児画に於ける絵画の意義」を述べ、次に「児童画の発達」について3つの段階に分け述べている。

一つ目を濫塗期いわゆる Scribble とし、ボールドインの著書[44]が最も詳しいとしている。二つ目を位置排列期とし、上下関係のできる時期であるとしている。三つ目は形象期であり、何をあらわした画なのかわかる時期であるとしている。

「児童画の特質」、「児童画の轉訛」、「人態画の研究」について、オセア[45]、レビンスタイン[46]、サレー[47]、リュッケン[48]の説に倉橋の説を加えて論じている。

（5）講習会についての記事

第15巻12号の「雑録」に「フレーベル会幼児教育講習会」[49]の記事がある。『婦人と子ども』で述べたように、ドクトル富士川游による「異常児童の研究」、東京女子高等師範学校講師文学士の倉橋惣三による「幼児教育論」、東京青山師範学校教授の赤津隆助による「幼稚園における黒板画（講義及実

習）」の講習会があることが告知されている。赤津による「幼稚園に於ける黒板画」の内容については前述したとおりである。また倉橋による「幼児教育論」は８日から11日にわたって８時間、下記の内容で行われた[50]。

　一、　幼児教育史観
　二、　フレーベルの幼稚園教育論
　三、　フレーベルの幼稚園教育論批評
　四、　幼児教育の論理的方法と心理的方法
　五、　幼稚園教科の研究
　六、　幼稚園教科としての遊戯
　七、　幼稚園教科としての音楽
　八、　幼稚園教科としての童話
　九、　幼稚園教科としての図画と手技
　十、　幼稚園教科としての自然物
　十一、現代に於ける幼稚園教育の職能

　以上より、倉橋は遊戯・音楽・童話・図画と手技・自然物の５つを「幼稚園教科」としてとらえていたことがわかる。また図画は手技に含めず、それぞれ分けて論じていたことがわかった。

小括

　ここまで『婦人と子ども』（後継『幼児の教育』）、『京阪神連合保育会雑誌』、*Annual Report of the Kindergarten Union of Japan*、『児童研究』の４誌の記事を通覧し、そこで展開された図画論と図画教育関係者とのかかわりを整理してきた。以下にそれをまとめて記す。

①『婦人と子ども』では編集に携わっていた東基吉がはじめに図画教育につ

いて論じ臨画教育に批判的な立場をとっていた。その後、日本画家である野生司香雪、保姆の池田とよ、手工教育の藤五代策、心理学者の菅原教造、図画教育の赤津隆助と各方面の人々が図画教育について論じ、講習会活動の講師として関わっていたことがわかった。

②東京女子師範高等学校附属幼稚園の保姆・池田とよにより、幼稚園で実際に行われた「画方」が報告され、幼稚園で「画方」が随意で行われ掛図や略画を使用していたことがわかった。

③藤五代策により、小学校の図画教育から発想を得た方法が提示されていた。幼児の図画について３つの方法論を示し、基本形の型紙や木の葉、織り紙細工を利用している。いずれも形体の輪郭線を描くという点を重視した方法であった。当時の毛筆画の教科書から発想を得たものと推測される方法もあり、幼児にふさわしいとは考えにくい。藤もその点を考慮し、保姆の補助によって幼児は思うものが描ければそれで十分としていた。

④フレーベル会による夏季講習会に関する記事があり、赤津隆助が黒板画の講師をつとめていたことがわかった。赤津は黒板画についての総論を行った後、幼児にとって身近なものの描法と練習を行い、「遊嬉・唱歌・談話」と黒板画との応用、手技と黒板画の応用を行ったことで、黒板画と４つの保育科目「遊嬉・唱歌・談話・手技」との連携を図っていたことが明らかとなった

⑤『京阪神（三市）聯合保育会雑誌』では「図画」についての記事は見当たらなかった。

⑥J.K.U. 年報では、Mabel Bacon による図画論が掲載され、幼稚園で行っている図画法について説明していた。球形にひもを描き加えて第一恩物の絵になるという部分では、恩物と図画との連携を考慮していたが、その後は、基本形である球形や直線の集まりに線を描き加えるという方法をとっていたことが明らかとなった。また図画の題材については、朝の「会集」のテーマを題材にし、題材が見つけられない場合は保育内容である「談話」や

「唱歌」からテーマを見つけ描いたり、何か好きなものや、幼稚園に来るまでに見たものを描いたりしていたことから、図画の題材についてはかなり自由に選択させていたと考えられる。

⑦『児童研究』では「東京の幼稚園」として東京朝日新聞の記事を転載していた。ヴントによる「児童の図画」において、3歳から6歳までの子供の絵の特徴について掲載されていた。倉橋惣三による「児童の絵画に就て」では「児画に於ける絵画の意義」を述べ、次に「児童画の発達」について3つの階程に分け述べている。

⑧『児童研究』の「フレーベル会幼児教育講習会」の記事により、倉橋惣三による「幼児教育論」及び赤津隆助による「幼稚園における黒板画（講義及実習）」の内容が明らかとなった。

　明治後期において硬直化した恩物教育への批判の中で、さまざまな図画論が展開されたことが4誌を通覧することにより明らかとなった。津守らは『幼稚園の歴史』の中で、『婦人と子ども』誌上において一部の識者が保育の現状を憂い、フレーベル式の形骸化した保育を批判し、改良の方向を指示するが現場はこの啓蒙論を受け入れなかった。そこで保育界の改革を行うには啓蒙的理論だけでなく、実際に用いる材料つまり童話や唱歌、玩具を提供していたとしている。野生司香雪、池田とよ、藤五代策、赤津隆助による図画教育に関する記事はそれに該当するのではないかと考える。

　第2章で図画教育関係者や画家のかかわりが推測されたが、日本画家である荒木十畝や野生司香雪、手工教育の藤五代策、図画教育の赤津隆助が『婦人と子ども』とかかわりを持っていたことが明らかとなった。明治期の幼児教育関連の文献のほとんどの図版に作者の名前はなく、誰が図を描いていたのか不明である。しかし図画教育関係者や画家が幼稚園関係者となんらかの接点を持ち、文献の図版を提供していたとみられる。白紙に形体の輪郭を描かせることが幼児にとって困難な行為であることを考えれば、絵の巧みな図画教育関係者や画家に方法論を乞うことは自然な成り行きであっただろう。

序章で述べたとおり、大正期の図画では「創造性の涵養が重視」され自由画を描かせるようになるが、輪郭を印刷した画用紙に色鉛筆やクレヨンで塗らせる「ぬりえ」が多用されたことも大正期の図画教育の特徴である。明治後期の図画教育の理想と現実の乖離によって、大正期に自由画と「ぬりえ」という2つの相反する図画表現をむかえることとなったと考える。

注

1）東基吉『幼稚園保育法』目黒甚七、1904

2）中村五六・和田実合著『幼児教育法』フレーベル会、1908

3）フレーベル会の結成については、湯川嘉津美による「フレーベル会の結成と初期の活動」『上智大学教育学論集』第42号（2008、上智大学）に詳しい。

4）「表紙模様図案」『婦人と子ども』第1巻第1号、フレーベル会、1901、p. 91（執筆者は不明）

5）津守真・久保いと・本田和子『幼稚園の歴史』恒星社厚生閣、1959、p. 231

6）東基吉「図画教授に付きて」『婦人と子ども』第1巻第3号、フレーベル会、1901、pp. 66-68

7）東基吉解説『フレーベル氏教育論』育成会、1900

8）東基吉『新編小学教授法』帝国通信講習会、1901

9）黒田定治・東基吉『実践教育学教科書』六盟館、1903

10）東、前掲1）

11）本稿では、東京大学図書館所蔵の東基吉著『保育法教科書　文部省検定済（明治四十四年一月二十六日）』（東京目黒書店、明治44年1月23日再版発行）を分析対象としている。

12）教育大辞書編輯局編『教育大辞書』同文館、1907-1908

13）東、前掲6）、p. 67

14）野生司香雪「子供と絵（一）」『婦人と子ども』第9巻第1号、フレーベル会、1910、pp. 30-31

15）池田とよ「幼児の自由撰沢につきて」『婦人と子ども』第18巻8号、フレーベル会、1918、p. 295

16）某女史「幼稚園に於ける幼児保育の実際」『婦人と子ども』第9巻第5号、フレーベル会、1909、p. 21

第 3 章　明治後期の雑誌にみる図画論及び図画教育関係者　115

17）同、pp. 21-27

18）某女史「幼稚園に於ける幼児保育の実際」『婦人と子ども』第 9 巻第 6 号、フレーベル会、1909、pp. 19-28

19）某女史「幼稚園に於ける幼児保育の実際」『婦人と子ども』第 9 巻第 8 号、フレーベル会、1909、pp. 10-16

20）春日明夫『玩具創作の研究－造形教育の歴史と理論を探る』日本文教出版、2007、pp. 239-243

21）藤五代策「幼稚園に於ける図画」『婦人と子ども』第11巻第 3 号、フレーベル会、1911、pp. 22-26

22）菅原教造「図画科の衛生に就いて」『婦人と子ども』第11巻第10号、フレーベル会、1911、pp. 1-12

23）『婦人と子ども』第10巻第 4 号（1911）の巻末に夏季講習会の広告がある。

24）「本会夏季講習会」『婦人と子ども』第12巻 6 号、フレーベル会、1913、p. 280（執筆者は不明）

25）藤五代策「面白き麦稈細工」『婦人と子ども』第12巻第 6 号、フレーベル会、1913、p 252

26）赤津隆助『赤津隆助』赤津隆助先生記念出版会、1976、pp. 186-190

27）「フレーベル会夏期講習会」『婦人と子ども』第12巻 9 号、フレーベル会、1913、p. 425

28）『児童研究』第15巻12号、1912、p. 401（執筆者は不明）

29）『児童研究』第16巻 3 号、1912、pp. 114-115（執筆者は不明）

30）日本保育学会編『日本幼児保育史』第 2 巻、フレーベル館、1968、pp. 171-172

31）津守真・久保いと・本田和子、前掲、pp. 218-219

32）キリスト教保育連盟百年史編纂委員会編『日本キリスト教保育百年史』、社団法人キリスト教保育連盟、1986、pp. 115-121

33）Mabel Bacon, "Drawing in the Kindergarten", *Fifth Annual Report of the Kindergarten Union of Japan*, 1911, pp. 39-41

34）『日本キリスト教保育百年史』（pp. 170-172）によれば、1910年代のキリスト教主義の幼稚園では登園後まず「会集」を行うことが普通であった。

35）「東京の幼稚園」『児童研究』第 4 巻第 8 号、1901、pp. 37-42

36）東京朝日新聞、1911年10月26日

37）前掲35）

38）同、pp. 41-42

39) 松本孝次郎「幼稚園に関する三大問題」『児童研究』第 5 巻10号、1902、pp. 4-10

40) 同、p. 7

41) ヴント「児童の図画」『児童研究』第11巻 2 号、1908、pp. 25-26

42) 倉橋惣三「児童の絵画に就て」『児童研究』第11巻 4 号、1908、pp. 1-4

43) 倉橋惣三「児童の絵画に就て」『児童研究』第11巻 5 号、1908、pp. 3-10

44) 倉橋の引用によれば Baldwin, "Mental Development in the Child and Race.", Chap. V.

45) 倉橋の引用によれば O'shea, "Some Aspects of Drawing ", Ed. Rev. X Ⅳ

46) 倉橋の引用によれば Levinstein, "Kinderzeichnungen"

47) 倉橋の引用によれば Sully, "Childhood", Chap. X

48) 倉橋の引用によれば Lucken, "A Study of Children's Drawings in the Early Years", Ped. Sem. Ⅳ

49)「フレーベル会幼児教育講習会」『児童研究』第15巻12号、1912、p. 401（執筆者は不明）

50)『児童研究』第15巻12号では10時間とされていたが、『児童研究』第16巻 3 号では 8 時間となっている。

第4章　愛珠幼稚園の保育記録からみる図画教育

第1節　保育記録からみた図画教育

1．愛珠幼稚園の保育記録

　本章の目的は、明治期の幼稚園で実際に行われた図画について保育者による保育記録の分析を行い明らかにすることである。

　第1章および第2章において明治期に出版され当時の幼児教育に影響を与えた代表的文献の記述や図版を対象とし図画について論じてきた。しかしながら、それらは当時、移入された欧米の幼児教育書の翻訳であったり教育書として執筆されたものであったりしたため当時の幼稚園の実情を反映しているとは言い難い。また第3章で論じた明治後期に創刊された幼児教育関連の雑誌の記述の分析では、東京女子高等師範学校附属幼稚園保姆であった池田とよの図画の記録が示されたが、図画の一部が明らかにされたに過ぎない。

　そこで全国に先駆けて設立された幼稚園の一つであり明治13（1880）年に開設された愛珠幼稚園（現・大阪市立愛珠幼稚園）の保育記録を分析し、愛珠幼稚園で実際に行われた図画の活動を明らかにしたい。愛珠幼稚園は東京女子師範学校附属幼稚園を手本として設置され、京阪神地域の典型的な公立幼稚園であった。現在でも数多くの資料を持ち、明治後期の貴重な保育記録も現存している。また明治期の幼稚園で描かれた希少な幼児の図画作品もあり、本章で対象とする保育記録と同時期に描かれたものと推測される描画作品「日露戦争記念帖」[1]も現存する。これについては第5章で分析を行う。

　愛珠幼稚園に関しては永井理恵子による愛珠幼稚園舎に関する研究[2]、福原雅恵による唱歌・遊戯に関する研究[3][4]、湯川嘉津美による幼稚園教育制

度史の研究[5]がある。

　本章で対象としている保育記録に関する先行研究として、二見素雅子の研究[6]、清原みさ子による研究[7]が挙げられる。二見は「談話」を対象として、愛珠幼稚園の明治31（1898）年から明治40（1907）年前後の保育記録の分析を行い国家主義施策の影響を検証しているが図画である「画方」についての分析はない。また「日露戦争記念帖」の描画を2作品図示し「幼児が兵士に親しみや憧れをもつようになった」としているが描画作品そのものに対する言及はない。

　本章では、愛珠幼稚園の明治37（1904）年から明治41（1908）年までの保育記録の図画である「画方」を対象とする。該当時期の園舎は現存し、明治34（1901）年に竣工したものであり平成19（2007）年には重要文化財に指定されているものである。和式意匠で当時「御殿造」や「御殿学校」と称された豪華なものだ[8]。『愛珠幼稚園百年史』には「机を園庭に持ち出しフレーベルの恩物で遊ぶ様子（明治40頃）」の写真[9]が掲載されているが、画像が粗くどのような図画を行っていたのか明らかではない。そこで保育者による保育記録を分析することによって明治後期の幼稚園で行われていた図画の実際を明らかにする。

第2節　愛珠幼稚園の設立

1．大阪府立模範幼稚園の開設

　明治9（1876）年に日本ではじめての幼稚園である東京女子師範附属幼稚園が開設された。東京女子師範附属幼稚園には全国から多くの参観者が集まり、影響を与えることになった。当時の大阪府知事渡辺昇は幼児教育の必要性を認識し、氏原鏹と木村末を保姆見習いとして東京女子師範学校におくり開設の準備をした。そして明治12（1879）年5月に全国で3番目の幼稚園として「大阪府立模範幼稚園」が開園した。

第4章 愛珠幼稚園の保育記録からみる図画教育 119

　しかしながら「府会議員の幼稚園を理解するもの少く」[10]、4年後の明治16（1883）年に廃園となる。知事の変わったことが大きな原因とみられている[11]。

2．愛珠幼稚園の開設

　大阪市の東区では明治12（1879）年の連合町会において町立幼稚園の設置を決める。議員の豊田文三郎より建議があり、議員の滝山瑄が賛同し開設することとなった[12]。町費によって山片曾子と巽勢以を大阪府立模範幼稚園の「保育見習科」におくり、明治13（1880）年6月に大阪府より認可を受け、東区今橋5丁目に町立愛珠幼稚園として開設された[13]。64名の入園児がおり年齢別に2組編成としていた。朝日新聞[14]によって下記のように伝えられている。

　○一作一日は北濱五丁目公立愛珠幼稚園の開設式を行はれ建野知事日柳一等属も出張せられ教員連中の祝文并に演説あり。最後に建野知事が幼稚園の要旨を演説せら□了て一同へ晩餐を供せられたり。此園は区内有志者の尽力に成りしものにて学務委員瀧山豊田の二氏が尤も其周旋をなしたりと云う

　新聞記事より愛珠幼稚園は有志によって開設されたものであり、議員の瀧山・豊田の尽力が大きかったことが示されている。

3．愛珠幼稚園の保育科目と保育時間

　「愛珠幼稚園志留弁」[15]によれば、保育科目は以下のとおりとなっており、第十恩物に「図画法」がある。

　保育科目

第一恩物　六球法

第二恩物　三体法

第三恩物　積体法　其一

第四恩物　同　　　其二

第五恩物　同　　　其三

第六恩物　同　　　其四

第七恩物　置板法

第八恩物　置箸法

第九恩物　置環法

第十恩物　図画法

第十一恩物　刺紙法

第十二恩物　繍紙法

第十三恩物　剪紙法

第十四恩物　織紙法

第十五恩物　組板法

第十六恩物　連板法

第十七恩物　組紙法

第十八恩物　摺紙法

第十九恩物　豆工法

第二十恩物　模型法

球遊

貝遊

計数

耕作

理解

唱歌

音楽

第 4 章　愛珠幼稚園の保育記録からみる図画教育　　121

　　　　説話
　　　　体操
　　　　遊嬉

　「愛珠幼稚園志留弁」の保育時間表をみると、「第一ノ部」では週 2 回、「第二ノ部」では週 1 回、「図画法」が行われていたことがわかった。

　明治13（1880）年開設時の愛珠幼稚園規則は明治26（1893）年に改訂され、保育課目は下記の18課目になる。

　　第 9 条　保育課目は談話、六つの球、積み木、板排べ、箸排べ、環排べ、画き方、紙刺し、縫取り、紙剪り、紙織り、紙組み、紙摺み、豆細工、土細工、繋ぎ方、唱歌及び遊戯とす

　「図画法」は「画き方」になり、第10条の「保育の要旨」において「第七画き方は眼手の練習を主とし特に美妙心を養うを旨とす」とされた。

　明治32（1899）年 6 月に幼稚園保育及設備規程は文部省令として制定されることとなり、保育内容は遊嬉、唱歌、談話、手技の四項目となった。それにともない愛珠幼稚園では明治37年（1904）に改訂をおこない、保育項目は遊嬉・唱歌・談話・手技となり「画き方」は手技に含まれた。

第 3 節　愛珠幼稚園の保育記録

1．愛珠幼稚園の「保育日記」

　愛珠幼稚園では明治期に記述された保育記録として「保育日記」が現存している（表4-1）。同じ題名の「保育日記」があるためここではAからGの記号をふる。A『保育日記　三ノ組』は保育課目別の記録であり、保育内容が記述されていないため今回は分析対象としない。本稿では年間を通じて保育

表4-1　愛珠幼稚園の明治期の保育記録

記号	題名	記録期間
A	保育日記三ノ組	明治30（1897）年6月～明治32（1899）年12月
B	保育日記第壹ノ部	明治37（1904）年4月4日～明治38（1905）年3月25日
C	保育日記第六ノ部	明治37（1904）年4月4日～明治38（1905）年3月29日
D	保育日記第壹ノ部	明治38（1905）年4月1日～明治39（1906）年2月29日
E	保育日記第六ノ部	明治38（1905）年4月1日～明治39（1906）年3月31日
F	保育日記第六ノ部	明治39（1906）年4月1日～明治40（1907）年3月30日
G	保育日記第四ノ部	明治40（1907）年4月1日～明治41（1908）年3月31日

内容が図や文章で記録されているBからGを対象とし図画（画方）の内容を分析していく。

2．B『保育日記　第壹ノ部』

B『保育日記　第壹ノ部』（図4-1）には明治37（1904）年4月4日～明治38（1905）年3月25日のうち250日分の保育記録が記述されている。筆跡より複数の保姆が記録したことがわかる[16]。5歳児の組にあたり、1日につき

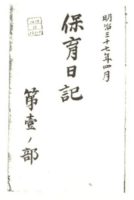

図4-1　『保育日記　第壹ノ部』表紙

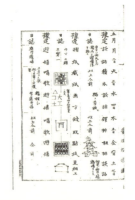

図4-2　『保育日記　第壹ノ部』5月2日の記録

第4章　愛珠幼稚園の保育記録からみる図画教育　　123

図4-3　4月4日から4月9日　前半部分

図4-4　4月4日から4月9日　後半部分

「予定」課目が2～3課目記され、「日誌」部分にはそれぞれの課目の内容が図や文章で記録されている。

　日誌の記入の仕方であるが、図4-2の場合は5月2日月曜日から5月7日土曜日までの1週間分の日付を縦軸に書き、横軸には「予定」と「日誌」、最後に「備考」を書いている。図4-3と図4-4のように1週間分の記録を2ページにわたって記述していた。

　B『保育日記　第壹ノ部』の保育記録の中で、図画である「画方」がある日付を抽出し、「日誌」部分を解読したものが表4-2である。1日の保育の様子を知るために他の「予定」課目も記し、補足する図があった場合はそれも抽出した。そこから分かったことは以下である。

① 「予定」課目を集計（図4-9）すると、年間で「談話」は114回、「遊嬉」は112回、「唱歌」は80回、「画方」は58回行われ図画は4番目に多い課目である[17]。

② 「日誌」部分を分析していくと、年間を通して「随意」があり「幼児ノ希望ニ従ヒテ随意ナル画ヲ書シム」[18]というように自由に描かせていたことがわかる。

③ 「箸二本ヲ以テ種々変動セシム」[19]「箸二本ヲ以テ変形ヲ工夫ナラシム（図4-5）」[20]「箸三本ヲ以テ幼児各児ノ工夫（図4-6）」[21]とし、箸排べと関連させ、直線の組み合わせを描かせていることがわかる。直線を利用した図は5月25日にも描かれている（図4-8）。また「一ノ竹輪ヲ示シテ之ヲ画カシム（図4-7）」[22]とし、竹の輪の部分を利用し円形を描かせている。

④ 「談話ノ参考書絵画ヲ見セテ我好ム所ヲ画カシム」[23]という記録より、保育項目の一つである談話と図画を関連させ談話で使用される「参考書絵画」を見せて描かせていたことがわかる。しかしながら「参考書絵画」が談話の掛図をさすのか談話の本の挿絵をさすのか詳述されていないためわからない。

⑤ 「当日ハ白紙ヲ与□テ各自好ム絵ヲ画カシム」[24]と記されており、石盤だ

第4章　愛珠幼稚園の保育記録からみる図画教育　　125

表4-2　「画方」のあった日付および日誌部分の記述

月	日	曜日	課目			日誌	図
4	4	月	談話	画方	遊嬉	随意	
4	6	水	談話	画方	唱歌	以上全前	
4	13	水	談話	画方	唱歌	箸二本ヲ以テ種々変動セシム	
4	20	水	談話	画方	遊嬉	箸二本ヲ以テ変形ヲ工夫ナラシム	(図4-5)
4	27	水	談話	画方	遊嬉	随意	
5	4	水	談話	画方	遊嬉	箸三本ヲ以テ幼児各児ノ工夫	(図4-6)
5	11	水	談話	画方	遊嬉	□□一ノ竹輪ヲ示シテ之ヲ画カシム	(図4-7)
5	18	水	談話	画方	遊嬉	全前	
5	25	水	談話	画方	唱歌	※文章なし	(図4-8)
6	8	水	談話	画方	遊嬉	一个ノ竹輪ヲ画カシム　随意	
6	15	水	談話	画方	遊嬉	以上全前	
6	18	土	画方	豆細工		全前	
6	22	水	談話	画方	遊嬉	当日ハ白紙ヲ与□テ各自好ム絵ヲ画カシム	
6	24	金	板排	画方	遊嬉	随意	
6	29	水	談話	画方	遊嬉	全前	
7	6	水	談話	画方	遊嬉	以上全前	
7	21	木	画方	遊嬉		全前	
7	28	木	画方	遊嬉		全前	
9	13	火	画方	積木		海状又ハ軍艦ヲ画ク	

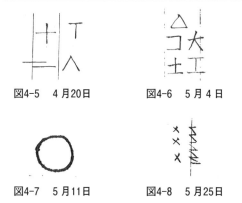

図4-5　4月20日　　　図4-6　5月4日

図4-7　5月11日　　　図4-8　5月25日

9	22	木	画方	縫取		以上全前	
9	30	金	環排	画方		以上全前	
10	5	水	談話	画方	遊嬉	以上全前	
10	12	水	談話	画方	唱歌	以上全前	
10	19	水	談話	画方	遊嬉	全前	
10	26	水	談話	画方	遊嬉	以上全前	
11	2	水	談話	画方	唱歌	全前	
11	4	金	画方	織紙	談話	幼児ノ希望ニ従ヒテ随意ナル画ヲ書シム	
11	9	水	談話	画方	遊嬉	以上全前	
11	16	水	談話	画方	遊嬉	以上全前	
11	23	水	談話	画方	唱歌	全前	
11	26	土	談話	画方		以上全前	
11	30	水	談話	画方	遊嬉	以上全前	
12	6	火	積木	画方	唱歌	各童ノ望ニ従ヒ画キ方ヲナス	
12	8	木	画方	唱歌	以上全前	以上全前	
12	13	火	積木	画方	唱歌	随意	
12	15	木	談話	画方	唱歌	全前	
12	21	水	談話	画方	遊嬉	以上全前	
12	23	金	談話	画方	唱歌	全	
1	11	水	談話	画方	遊嬉	以上全前	
1	16	月	貼紙	画方	遊嬉	談話ノ参考書絵画ヲ見セテ我好ム所ヲ画カシム	
1	20	金	画方	貼紙	遊嬉	以上全前	
1	25	水	画方	鐶排	遊嬉	全	
1	27	金	画方	積木	遊嬉	全前	
1	31	火	画方	積木	唱歌	以上全前	
2	2	木	画方	摺紙	唱歌	全	
2	6	月	談話	画方	唱歌	以上全前	
2	8	水	画方	種痘ニ付	以上全前	全前	
2	10	金	鐶排	画方	唱歌	以上全前	
2	13	月	談話	画方	遊嬉	随意	
2	16	木	画方	積木	唱歌	随意	

第4章　愛珠幼稚園の保育記録からみる図画教育　　127

2	22	水	談話	画方	遊嬉	全前	
3	1	水	談話	画方	遊嬉	全	
3	8	水	談話	画方	遊嬉	全	
3	10	金	鐶排	画方	遊嬉	全	
3	15	水	談話	画方	遊嬉	全	
3	17	金	摺紙	画方	唱歌	以上全前	
3	18	土		画方		全	
3	18	土		全		白紙ヲ与ヘテ戦争ノ画ヲ□カシム	
3	22	水	談話	画方	唱歌	全前	

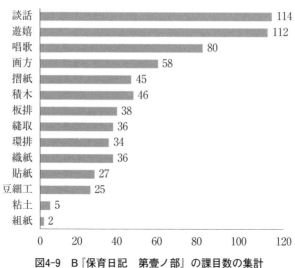

図4-9　B『保育日記　第壹ノ部』の課目数の集計

けでなく「白紙」も使用していたことがわかった。

⑥「海状又ハ軍艦ヲ画ク」[25]「白紙ヲ与ヘテ戦争ノ画ヲ□カシム」[26]という記述があり、幼稚園でも「軍艦」や「戦争」の絵を描かせていたことがわかった。

3．C『保育日記　第六ノ部』

　C『保育日記　第六ノ部』（図4-10）は明治37（1904）年4月4日〜明治38（1905）年3月29日まで記され、そのうち250日分の記録がある。Bと同じく筆跡が異なっているため複数の保育者が記録したと推測される。3歳児の組にあたり1日につき「予定」課目が1〜3課目記され、「日誌」部分にはそれぞれの課目の内容が図や文章で記録されている。

　日誌の記入の仕方であるが、図4-11および図4-12の場合は4月4日月曜日から4月9日土曜日までの1週間分の日付を縦軸に書き、横軸には「予定」と「日誌」を書いている。行間を1〜2行あけているため2ページで一区切りとしていた。

　B『保育日記　第壹ノ部』の保育記録と同じく、図画である「画方」があ

図4-10　C『保育日記　第六ノ部』

第 4 章　愛珠幼稚園の保育記録からみる図画教育　　129

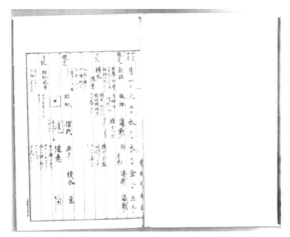

図4-11　4月4日から9日　前半

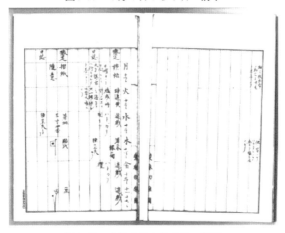

図4-12　4月4日から9日　後半

る日付を抽出し、「日誌」部分を解読したものが表4-3である。1日の保育の様子を知るために他の「予定」課目も記し、補足する図があった場合はそれも抽出した。そこから分かったことは以下である。

①「予定」課目を集計（図4-13）すると年間で「遊嬉」は137回、「談話」は74回、「唱歌」は57回、「摺紙」は49回、「積木」は47回、「画方」は28回行

表4-3 「画方」のあった日付および日誌部分の記述

月	日	曜日	課目			日誌	図
4	7	木	球	画方		随意。第一ニ旗ヲカキマスト云ヒタリ。正シク旗ノ形ヲナシタルモノハ二三人ナリシ他ハ皆ワケノワカラヌモノヲ画キテ嬉□□タリ	
4	21	木	唱歌	画方		※記録なし	
5	13	金	画方	積木		風船玉ヲ画カシム	
6	7	火	連板	画方		久シクナサザリシ為大ニ嬉ヒタリ然レドモ形ヲナセルモノハ旗位ニテ其他ハ□□□ナキモノヲ画キテ嬉ヒ居タリ	
6	13	月	遊戯	画方	摺紙	※記録なし	
7	5	火	遊戯	画方		○○○ハイツモ口巧者ニシテ手ハ運ハズ興味ヲ持スルヲ短カクイツモモ一仕舞マセウト□□アリ	
7	12	火	積木	画方		※記録なし	
7	21	木	箸板	画方		※記録なし	
7	26	火	画方	談話		永ク興味ヲ持タザリシ	
9	22	木	画方	談話		※記録なし	
9	28	水	板排	画方		随意	
10	5	水	談話	画方	唱歌	記録なし	
10	13	木	談話	画方	唱歌	前ノ図ニヨリ□菓子ヲ残ノ上ニ載セシル処ヲ画カシム	
10	14	金	画方	摺紙		※記録なし	
10	21	金	画方	箸	唱歌	※記録なし	
10	25	火	談話	画方	唱歌	随意	
11	7	月	遊戯	画方	唱歌	随意	
11	12	土	画方	豆		(図有り)	(図4-14)
12	1	木	画方	遊戯	繋方	随意	
12	12	月	遊戯	画方	摺紙	随意	
1	12	木	箸排	画方		※記録なし	
1	17	火	談話	画方	唱歌	※記録なし	
1	25	水	遊戯	画方	唱歌	随意	
2	7	火	談話	画方	唱歌	※記録なし	
2	16	木	談話	画方	唱歌	犬小屋トシテ画カシム	(図4-15)
2	28	火	画方	談話		随意工夫	
3	3	金	談話	画方	組紙	桃太郎ノ話ニ由リ日本一ノ黍団子ヲ画カシメシニ皆悦テ円ヲ画キタリ之ニ央リヲ附ケテ桃トナセシ□□□	
3	14	火	談話	画方	遊戯	※記録なし	

図4-14　11月12日

図4-15　2月16日

第4章　愛珠幼稚園の保育記録からみる図画教育　131

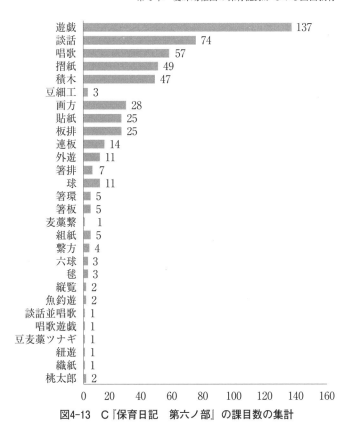

図4-13　C『保育日記　第六ノ部』の課目数の集計

われ6番目である。

② 「日誌」部分を分析していくと、年間を通して「随意」がある。「随意。第一二旗ヲカキマスト云ヒタリ」[27]とあるように園児が「随意」の際に旗を描いたという記述もあった。また日誌部分の未記入も多く12回分あった。

③ 「風船玉」[28]「犬小屋（図4-15）」[29]といった幼児にとって身近なものを題材にして描いている。また保育者が記録した絵を見ると、円形や直線を使用した簡易な絵であることがわかった。また説明はなかったが、花の図（図4-14）もあった。

④「桃太郎ノ話ニ由リ日本一ノ黍団子ヲ画カシメシニ皆悦テ円ヲ画キタリ之ニ央リヲ附ケテ桃トナセシ」[30]とあり、談話で取り扱っていた桃太郎の話を「画方」に関連付けて円形の黍団子の絵や桃を描いていたことがわかった。備品目録である『愛珠』[31]をみると、『日本昔噺・第壹編　桃太郎』[32]『修身童話・第壹巻桃太郎』[33]『家庭唱歌・第一編桃太郎』[34]を所蔵してお

図4-16　D『保育日記　第壹ノ部』

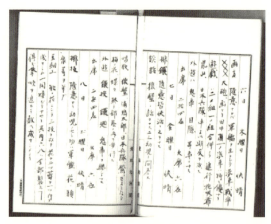

図4-17　4月6日

りそれらを使用していた可能性がある。

4．D『保育日記　第壹ノ部』

D『保育日記　第壹ノ部』（図4-16）は明治38（1905）年4月1日〜明治39（1906）年2月29日まで記され、そのうち231日分の記録がある。筆跡が異なっているため複数の保育者が記録したと推測される。5歳児の組にあたり、ほぼ毎日「会集」がありその後に課目が1〜4課目ある（図4-17）。B・Cとは異なり、「予定」という言葉がない。そこで全体の記述内容を読み解くと、

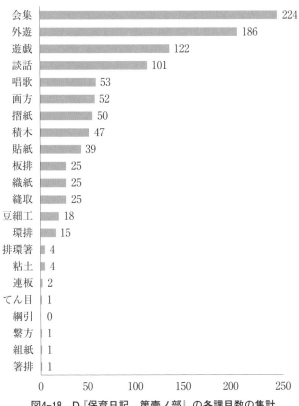

図4-18　D『保育日記　第壹ノ部』の各課目数の集計

表4-4 「画方」のあった日付および日誌部分の記述

月	日	課目				日誌
4	6	画方	遊戯	外遊		随意ナレバ軍艦ヲ主トシテ汽車、戦争、(図4-19) 大砲、画ケリ田中眞一ノ汽車ハ特ニ優ナリ
4	18	会集	画方	織紙	遊戯	外遊	山吹ノ枝ヲ示シ花ノ色葉ノ色ヲ問ヒ次ニ花ノ形葉ノ形ヲ問ヒ又花ノ数葉ノ数ヲ問ヒ、花ノ形ヲ画ケル人ト問シニ大抵ハ圓ノ中ニ點ウチタリ。又葉ノ形ヲ画カシメタルニ (図4-20) ノ形ヲ画ケリ。又花ト葉ヲ画キ枝ヲツケテ画キシモノ三名アリ。多クハ (図4-21) ナリ。
4	24	会集	積木	画方	遊戯		前回様
4	28	会集	画方	談話	唱歌		多数ハ軍艦ヲ画キニ三人汽車ヲ画キタリ
5	4	会集	画方	縫取	遊戯	外遊	今日ハ次ノ時間ニ縫取ヲナサン為ニ其下図ヲ画カシメタリ。後ハ随意。
5	10	会集	談話	画方	唱歌	外遊	玩弄物ノ藤輪ニケ見セシメ各自ニ画シム。例スレバ (図4-22) (図4-23) 弄ノ如キモノ多シ

図4-19　4月6日

図4-21　4月18日

図4-20　4月18日

第4章　愛珠幼稚園の保育記録からみる図画教育　　135

5	12	会集	縫取	画方	唱歌	外遊	随意　本日ハ随意ナレバ前時ノ際ニナセシ縫取ヲ画イタルモノ家屋ノ形状ヲ画クモノ。其形體ヲ類別ナシ難ケレバ是ヲ略ス
5	13	会集	画方	豆細工	外遊		随意　本日ハ談話ガ順序フレトモ幼児ノ望ニ従ヒ画方ヲナス。次時ハ豆細工机ナレバ總児童ニ画カシメタルガ結果良点ト見受ケラル。餘時ハ随意ニス。
5	17	会集	談話	画方	遊戯		幼児一同ニ園旗ヲ永シテ之ヲ画カシム。成績ノ良好ニシテ或ル者ハ、我能達ニホコリテ先生ノ大板盤ニ画クモノアリタリ
5	24	画方	談話	遊戯	外遊		箸二本ヲ與ヘテ各自ニ画カシム。例ヘバ（図4-24）等ノ如キモノ。
5	31	会集	画方	唱歌			随意ニナセシトコロ皆軍艦ヲ画キ海軍ノ大捷ヲ言ヒ合ヒテ萬歳ヲ唱ヘ喜ビタリ
6	6	会集	画方	積木	唱歌		昨日ノ談話ニ基キテ提燈行列花火等ヲ画ケリ
6	8	会集	画方	遊戯	遊戯	外遊	随意ヲナス
6	14	会集	画方	遊戯	貼紙		随意
6	17	会集	摺紙	画方	外遊		随意ヲナサシメタルニ前日ヨリノ降雨ニツキ河ノ水量益タル故ハ其様ヲアラワシタリ。又雨ノ降リ居ル様ヲ画ケルアリ。又金魚水等ヲ画キシモ見受タリ。
6	23	会集	談話	画方	遊戯		随意

図4-22　5月10日

図4-24　5月24日

図4-23　5月10日

6	28	会集	積木	画方	遊戯	外遊	随意ヲナサシム
6	30	会集	環排	画方	遊戯	外遊	以上全前
7	3	会集	談話	画方	遊戯	外遊	本日ハ摺紙ノ予定ナレトモ幼児ノ望ニ従ヒ随意ニ画カシム。就中軍艦ノモノ夛キヲ見ル。
7	5	会集	画方	積木	遊戯	外遊	随意　就中軍艦夛ク其□山紋形ノモノ少ニアルヲ見ル。
7	11	会集	織紙	画方		外遊	随意ヲナシタルガ本日ハ軍艦電車馬車ヲ画クモノ多カリキ
7	20	会集	画方	遊戯		外遊	各幼児ノ画キタルヲ見レバ大抵ハ神輿或ハ天狗ノ乗馬等ノミ。
7	24	会集	画方	遊戯		外遊	随意ヲナス。軍艦御神輿ヲ画ケルノミ。
7	25	会集	画方	唱歌		外遊	随意ヲナシタルニ舟或ハ水ニ水鳥ノ泳クヲ画ケルヲ見ル
9	12	会集	談話	画方			前ノ時間ニ自分ノ東京旅行ノ話ヲナセシヲ以テ五六ノ幼児ハ富士山ヲ画キシヲ以テ□ニ汽車ヲ画カシム
9	20	会集	画方	唱歌		外遊	戦争ノ状況及山形ヲ画ク
9	27	会集	画方	談話	遊戯	外遊	随意
10	4	会集	織紙	遊戯	画方	外遊	随意　本日ノ思考ハ電車ヲ画クモノ夛カリキ
10	11	会集	談話	画方	遊戯	外遊	随意　汽車及馬ヲ画クモノ多シ
10	18	会集	談話	遊戯	画方	外遊	随意
10	25	会集	画方	遊戯	帖簿貼	外遊	随意　幼児ノ思考ハ多ク英国ノ旗ヲ家屋ノ屋根ニ揚ケタルヲ画クモノ過半ニシテ□ハ軍艦ノ沈没ナリキ
11	1	会集	画方	遊戯		外遊	随意　幼児ノ思考ハ大抵英国ノ旗ヲ画ケルモノ。又ハ軍艦ヲ画ケルモノナリキ
11	8	会集	画方	遊戯	唱歌	外遊	随意
11	15	会集	画方	板排	遊戯	外遊	随意　但翌日縫取ノ準備ノ為井ノ字ノ変形ヲ作ラシム
11	21	会集	織紙	画方	唱歌	外遊	随意
11	22	会集	談話	画方	摺紙	外遊	本日ハ幼児ノ意ニ応ジテ蜜柑柿ジヤボーテンヲ随意ニ画カシム
11	28	会集	談話	画方	唱歌	外遊	玩具ヲ各自ニ画カシム

12	1	会集	板排	画方	唱歌	外遊	本日ハ白紙ト鉛筆トヲ与ヘテ随意ニ画カシム
12	6	会集	談話	画方	遊戯	外遊	随意ノ□皆一致シテ凱旋ノ様子ヲ画クノ見ル
12	14	会集	貼紙	画方	遊戯	外遊	思考ハ歹ク軍艦ナリキ
12	20	会集	画方	縫取	遊戯	外遊	全前
1	10	会集	積木	画方	遊戯		全前
1	16	会集	積木	画方	唱歌	外遊	白紙ヲ與ヘテ凱旋ヲ画カシム
1	17	会集	画方	談話	遊戯	外遊	幼児ノ望ニ従ヒ各自ニ軍艦ヲ画カシム
1	25	会集	画方	貼紙	唱歌	外遊	昨日ハ近年稀ナレル大雪ナレバ本日ニナリテ其模様ヲ画カシム
1	30	会集	談話	画方	遊戯	外遊	幼児ノ思考ハ軍艦汽船ノミナリキ
2	7	会集	談話	画方	遊戯	外遊	石盤ニテ画キシ□節分ノ模様及草木ヲ画クモノ等ナリキ
2	12	会集	談話	画方	遊戯	外遊	昨日ノ紀元節ノ様ヲ一ノ白紙ヲ與ヘテ一々画カシム
2	14	会集	画方	唱歌		外遊	此時間随意ニ画カシメタレバ絵画ノ都合ニヨリ両時間ヲ□ス
2	19	会集	談話	画方	遊戯	外遊	画洋紙ヲ與ヘテ随意ニ画カシム
2	21	会集	積木	画方	遊戯	外遊	積木ト同一ナルモノヲ画ク
2	23	会集	環排	画方	遊戯	外遊	随意　電車軍艦ノ思考者歹カリキ

保育後に記述されたことがわかった。それぞれの課目の内容が図や文章によって記述されている。図画である「画方」がある日付を抽出し、「日誌」部分を解読したものが表4-4である。

①課目を集計すると図4-18になり、年間で「会集」は224回、「外遊」は186回、「遊嬉」は122回、「談話」は101回、「唱歌」は53回、「画方」は52回行われ6番目である。

②道具については「石盤」[35]や「白紙」[36]「鉛筆」[37]「画洋紙」[38]を使用していた。

③年間を通じて「随意」を行っていたことがわかる。子どもにとって身近なもの又は戦争に関するものが多く「軍艦」や「戦争」（図4-19）「大砲」「凱

138

旋」を描いたという記述が14回ある。

④手技の課目である「縫取」[39]や「箸」（図4-24）と「画方」を関連付けた記
　録があった。

⑤「山吹ノ枝」を示して花や葉の色などを聞いてから、葉を描かせたり
　（図4-20）、花を描かせたりしていた。（図4-21）また、「玩弄物ノ藤輪」を
　見せて描かせる（図4-22、図4-23）といったこともしており、実物を使用し
　ていた。

5．E『保育日記　第六ノ部』

　E『保育日記　第六ノ部』（図4-25）は明治38（1905）年4月1日〜明治39
（1906）年3月31日まで記され、そのうち258日分の記録がある。筆跡が異な
っているため複数の保育者が記録したと推測される。全体の記述内容より、
Dと同じく保育後の記録されていたことがわかった。それぞれの課目の内容
が図や文章によって記述されている（図4-26）。

　日誌の記入の仕方であるが、日付、曜日、天候を書いた後に、課目名とそ
の内容を一つ一つ記述している。3歳児の組にあたり、ほぼ毎日はじめに
「会集」がある。その後に課目が1〜3課目行っている。それぞれの課目の
内容が図や文章で毎回丁寧に記録されている。

　図画である「画方」がある日付を抽出し、「日誌」部分を解読したものが
表4-5である。

①課目を集計（図4-27）すると年間で「会集」は248回、「遊嬉」は159回、
　「摺紙」は52回、「積木」は47回、「唱歌」は41回、「板排」は30回、「貼紙」
　は30回、「画方」は27回行われ8番目である。

②道具として「石盤」[40]を使用している。

③「赤キ円キ実ノ沢山ナリタルコトヲ話シ小サキ円ヲ画カシム」[41]とあり、
　身近な自然物を手本とし円形を描かせている。「花」（図4-30）や「柳」
　（図4-31）を描いた様子も記述されているが、これらについては自然物を見

第4章　愛珠幼稚園の保育記録からみる図画教育　　139

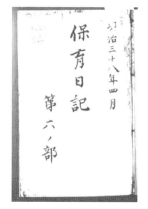

図4-25　E『保育日記 第六ノ部』表紙

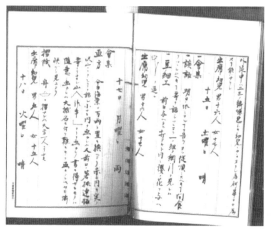

図4-26　4月15日

せていたかは不明である。

④「随意」（図4-32）が多く、描画内容を詳細に記している。「鳩、亀、雪、鰯、家、人、旗、竹馬、兵隊」[42]「英国旗、風船、国旗、海軍旗、雪、猫、狸」[43]とあるように幼児にとって身近なものと戦争に関連したものを描いていることがわかった。

⑤「前時ニ標本室ニテ見覚アルモノカ、帽子、金魚、ダルマ、琴、段梯子、

図4-27　E『保育日記　第六ノ部』の各課目数の集計

第4章 愛珠幼稚園の保育記録からみる図画教育　　141

表4-5　「画方」のあった日付および日誌部分の記述

月	日	課目			日誌
4	17	会集	画方	摺紙	今日海□ヲ万両ト置キ換エタリ。赤キ円キ実ノ沢山ナリタルコトヲ話シ小サキ円ヲ画カシム。又前日ノ箸輪連板等ニテナセシ山（図4-28）汽車（図4-29）ナトヲ画カシメ書キ得サシモノハ随意ニ画カシム。大抵名モ付ケ難キモノヲ画キタレトモサモ愉快ゲニ見エタリ。
4	27	会集	画方	板排	万両ノ実ノ落チタルモノアリシテ以テ之ヲ幼児ニ分チ与ヘ后ニ石盤ヲ配ラシメ先ニ円キモノヲ画キ兄ヨト云ヒシニ大小ノ差ハアレトモ大概円ヲ画キタリ。幼児等ノ何トモ名ノ附カヌモノヲ書キチラシテ悦フ様ヲ見テ如何ニ簡単ナルモノニテモ見取図写生画ノ如キハ未タ適セサルモノト思ヒタリ。
5	12	会集	遊戯	画方	久振リニテナセシ為カ非常ニ嬉ヒテ手ヲ空シクナシオルモノ一人モナカリシ。汽車旗オ月サンナト画キタリ。
5	18	会集	画方	麦藁繋	朝雨降リシヲ以テ雨ヲ画カシメ消シテ日ヲ画カシム。長円ナルアリ、半円ナルアリ、楕円ナルアリ。然レトモカカザルモノハナカリシ。
5	30	会集	板排	画方	花ヲ画カシメシニ（図4-30）此ノ如キモノヲ画キタルモノ四五人アリ。他ニ画キ□サリシ
6	16	会集	遊戯	画方	随意ニ画カシム。雨降リヲ画キタルモノ最多カリシ。

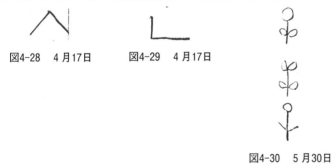

図4-28　4月17日　　図4-29　4月17日

図4-30　5月30日

7	4	会集	唱歌	画方	平ナル長四角ノ板ヲ見セテ画カシム。注意シテ画キシモノ六人アリ。其外ハ電信柱、汽車、旗、金魚ノオマンヲ食ベテイルモノナド画ケリ。新入ノ橋本トヨ子ハ帰リタシト度々云ヒ居レバ紫ノ毬ヲ貸シテ遊バシム
7	12	会集	貼紙	画方	随意ヲナサシム。今日ノ中最モ多キハ雨ナリトイフモノヲ多ク画ケリ。タメニ夕立ノ唱歌□遊ビ等ノ唱歌ヲナス
7	21	会集	縦覧	画方	前時ニ標本室ニテ見覚アルモノカ、帽子、金魚、ダルマ、琴、段梯子、軍艦等如何ニモ嬉シゲニ画キ遊ブサマニ見ヘタリ
9	20	会集	画方	唱歌	北垣□太郎、吉川ヨシ子ニ石盤ノオクバリヲナサシム。随意ヲオ画ナサント云ヒケレバ各自種々ノモノヲ画ク。一同嬉ビテ遊ブ。
9	29	会集	縦覧	画方	縦覧室ニテオクバシテオ礼ヲシタ。柳ヲオ画キナサレト云ヒシニ各自共（図4-31）ノ風、柳ノ形ヲ画キタク後ハ随意ニ遊ブ。
10	5	会集	環排	画方	唱歌	随意ヲナス幼児ノ中昨日ノオ稽古ヲ画キマスト（図4-32）ヲ画クモノ多シ。
10	13	会集	遊戯	画方	随意ヲナス。各自共ニ嬉ビテ、顔、袴、箱ノ引出ヲ画キマシタト写生写然トシテイヘリ。其外各自ノ望ミヲアラハシタリオ歌、天長節、バス、君ガ代等
10	20	会集	唱歌	画方	随意ヲナサシム
11	9	会集	縦覧	画方	随意ヲナス。前ノ時間ト見覚エアルモノヲ画クモノ多シ。全体ニ蜜柑ハ画ケリ。又、琴、軍艦、旗、団扇、柳、松茸等ヲ画キタルモノモアリ。
11	21	会集	積木	画方	随意ヲ画カシム。今日ハ少々寒キ為メ幼児ハ雪ノ降ルヲ画クモノ多シ。就テハ是□ニ家庭ニ於テ楽シミトセシ事ヲ話シタリ。
11	30	会集	板箸排	画方	遊戯	随意ヲナサシム。男児ハ浪、雨、雪、馬、象、電車、等ヲ画ク。女児ハ琴、達摩、蜜柑、松茸ヲ画ケリ。

図4-31　9月29日

図4-32　10月5日

12	7	会集	唱歌	環箸	画方	随意ヲナサシム。本日、雨天ノ為ノ雨ヲ画クモノ多シ。又前ノ時間ニ排ベタル汽車、踏□ヲ画キシモノアリタリ。
12	19	会集	積木	縦覧	画方	随意。幼児ノ画キシモノ、旗、大分部ナリ。
1	12	会集	遊戯	箸排	画方	梅ノ花ヲ示セシニ画クモノ三四児ナリ。其外ハ随意。
1	26	会集	遊戯	環排	画方	随意ヲナサシム。鳩、亀、雪、鰍、家、人、旗、竹馬、兵隊ナト悦コビテ画ケリ。
2	9	会集	遊戯	環排	画方	今日ハ一、二ノ組ノオ稽古、縫取、織紙ノ作ヲ各幼児ニ與ヘタリ。コレヲ見テ画キモノ七名、其外恵比須サマ、鉄道、亀、雨、雪等モ画キタリ。
2	16	会集	遊戯	縦覧	画方	随意ヲナス幼児ノ画キシモノ英国旗、風船、国旗、海軍旗、雪、猫、狸等画ケリ。
2	23	会集	遊戯	積木	画方	随意ヲナサシム。幼児ノ画キシモノ木、石筆、鼠、旗、雨、達摩、等ナリ。
3	2	会集	遊戯	積木	画方	随意ヲナサシム。石盤、石筆、旗、雪、雨、猿、人、船等画カケリ。
3	7	会集	遊戯	板排	画方	折節雪降リケレバ幼児ハ皆雪ヲ画ケリ。燈籠、達摩、兎、餅、亀等ナリ。
3	15	会集	縦覧	積木	画方	或幼児ノ手毬ヲ示シテ画カシム皆ヨク画ケリ後、随意ニ鹿、杖、旗取、十露盤等モ画ケリ。

軍艦等」[44]とあるように、課目「縦覧」の後に「画方」を行うことが5回あり、幼児が縦覧室[45]（標本室）で見たものを描いたことがわかる。

⑥「箸輪連板」[46]（図4-28、4-29）を使用し関連付けて描かせているのは初回の1回だけである。手技の他課目との関連はほとんど見られない。

6．F『保育日記　第六ノ部』

F『保育日記　第六ノ部』（図4-33）には明治39（1906）年4月1日〜明治40（1907）年3月30日まで記され、そのうち258日分の記録がある。筆跡が異なっているため複数の保育者が記録したと推測される。全体の記述内容より、D・Eと同じく保育後に記述したことがわかった。3歳児の組にあたり、

図4-33　F『保育日記　第六ノ部』

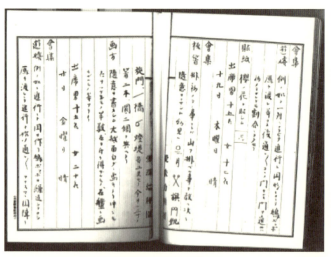

図4-34　4月19日

第4章　愛珠幼稚園の保育記録からみる図画教育　145

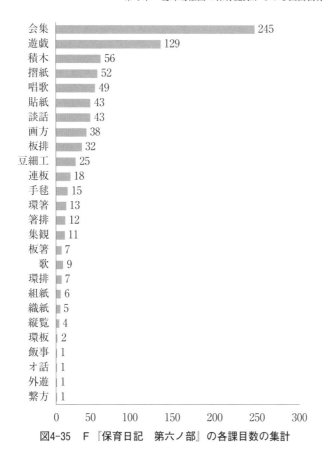

図4-35　F『保育日記　第六ノ部』の各課目数の集計

ほぼ毎日「会集」がありその後に課目が1〜3課目ある（図4-34）。それぞれの課目の内容が図や文章で記録されている。図画である「画方」がある日付を抽出し、「日誌」部分を解読したものが表4-6である。

①課目を集計（図4-35）すると年間で「会集」は245回、「遊嬉」は129回、「積木」は56回、「摺紙」は52回、「唱歌」は49回、「貼紙」は43回、「談話」は43回、「画方」は38回行われ、8番目である。

②道具として「石盤」[47]「黒板」[48]「鉛筆」[49]を使用している。「絵具」[50]という

表4-6 「画方」のあった日付および日誌部分の記述

月	日	課目			日誌
4	19	会集	板箸	画方	随意ヲ書カシム。大抵面白ゲニ画キタリ中ニモ名ヲツケシモノ半数、名ヲ付ケ得ザルモノ石盤ニ画カザルモノ等アリタリ。
5	4	会集	遊戯	画方	随意ヲナサシム。幼児ノ画キシモノ、門、雨、雪、兵隊、巡航船、山、人形、河、汽車、旗等ニシテ皆面白ク画ケリ。他ノ幼児モ可ナリ。興ハアリタルサマニ見エタリ。
5	18	会集	遊戯	画方	随意ヲセシニ円ヲ沢山画キテシヤボント云ヒテ遊ベリ。其外何レモ雨、人、門、等モ画キタリ。
6	5	会集	積木	画方	昨日ノ苺ハオ円ドノ位デスカ書キテ見ナサレト云ヒケレバ少サキ円ヲ画キ、蜜柑ハ大キイデスト又大円ヲ画キタリ。後随意ヲセシ□団子、荷ノ船、旗、フキモノ、蛙、ランプ、風船、軍艦、花、金柑等画キタリ。
6	14	会集	唱歌	画方	今日ハ岩井ノ宅ヨリ、ダイハクレンヲ一枝頂キテ部屋ニ置キ居タレバ、其花ノ大キサヲ書カセタリ。皆円ヲ画キ中ニハ宅ノ花モカキマシタナド奥ガリテ、遊ブ後、随意ヲナサシメタルニ竹ノ箸、旗、針、氷、人、兵隊、等モ書キタリ。
6	22	会集	遊戯	画方	随意ヲナサシム。オ茶入、雨、傘、ボート、章魚、梯子、軍艦、カバン、オ饅、川魚等ヲ書キタリ。幼児ノ多クハ雨ナリ。
6	29	会集	遊戯	画方	随意ヲナス。時計、汽車、弓、鳶、兵隊、カバン、鯉幟、魚釣、ボート等自分ニ名ヲツケテ画ケリ。折柄、雨降リケレバ一同雨ヲ書ケリ。
7	6	会集	遊戯	画方	随意ヲナサシム。或児、桃ノデキマシタト喜ビタルタメ標本ノ桃、枇杷、林檎ヲホシテ食事ノ時ノ注意ヲ話ス。一同ノ画キシモノハ水電月山旗魚、雨、鹿、蛙、圓等ナリ。
7	12	会集	箸排	画方	小梅ノ実ノ多ク枝ニ結ビタルヲ示シ幼児ノ知レル事ヲ話サシメ実ノ形ヲ画カセシニ皆面白ク書キタリ。中ニモ（図4-36）ノ如ク画キタルアリ。後、随意ヲナサシム。梯子、船、旗、段々、桃、鯛、鳩、聯隊、旗等画キタリ。

図4-36　7月12日

7	26	会集	箸排	画方		随意ヲナサシム。団扇、サーベル、月、旗、煙草、盆等画キタリ。ヨッテ之等ヲ黒板ニ自ラ画カシメシニ、吾モ吾モト来リテ書キタリ。併形ヲ作ルハ不充分ナリ。
9	13		板箸	画方		随意ヲナス。月、三日月、橋、汽車、狸、井戸、サーベル、旗、兵隊等画ケリ。
9	20	会集	連板	画方		摺紙ヲ示シテ方形ヲ画カシメ菊ノ花ヲ示シテ円ノ大小ヲ画カシム。次ニ随意ヲセシニ琴、車両、障子、月、□、橋、旗、汽車、桃、軍艦、蟹等其他種々面白ク画キタリ。
9	27	会集	縦覧	画方		今日ハ博覧会ヲシマセウト云ヘバ、鯛、電車、ランプ、戸、旗、幟、山、月、人、松、鳥居、軍艦、オ日様、住吉反橋、草、梯子、中ノ島等画ク。
10	4	会集	手毬	画方	集観	随意ヲナサシム。今日ハ花活ニ薄萩、水引草等アレバ、幼児ハオ月見ノ花デスト之ヲ画クモノ多ク随テオ月サマヲ画モノモ多シ。其他、花、桃、雨、達磨、実、□、旗、鉄砲ヲ画キタリ。
10	11	会集	縦覧	画方	集観	標本室ニテ視タルモノ何ナリト画ク様命ゼシニ鳩、汽車、鯛、蟹、樹、電車、琴、章魚、等其他雑ナリ。
10	19	会集	遊戯	画方	歌	随意、桃、鯛、風セン、汽車、扇、月、茶碗、□□、花等画ク。
10	25	会集	談話	画方	唱歌	随意、琴、手毬、亀、山、船、鯰、魚、鯨、旗、芝居、松茸等画ケリ。
11	1	会集	手毬	画方	オ歌	随意ナレバ手毬、梯子、花、松茸、月水、人、オ宮ノ鳥居、橋等画ケリ。
11	8	会集	連板	画方	唱歌	部屋ニ菊ノ花ヲ挿シアレバ此花ヲ画カシム。注意セシモノハ大小ノ区別シテ書ケリ。或児手毬ヲ書キタレバ菊ノ花ノ数ダケ五個ヲ書セリ。随意ハ五重塔、魚、蛤、手毬、蛙、軍艦、海、雨等ナリ。
11	15	会集	箸排	画方	歌	随意ヲナサシム。種々ナルモノヲ画キタレド主ナルモノハ軍艦、瓜、魚、梨、乳壜、電車ノ種々等ナリ。

11	22	会集	手毬	画方	唱歌	随意ヲナス。(図4-37) 電信柱、(図4-38) 茶入、(図4-39) 船、(図4-40) 人、鉄砲、大砲ノ種々、魚ノ種々、靴等画ケリ。
11	27	会集	積木	画方	談話	昨日、学校ニ行テ見タモノ、面白カツタモノヲ画セリ。兵隊サンノ帽子、□、庭ノ旗及ビ提燈、博覧会、電燈、水瓜、オテグリ、船、達磨、汽車、輪、オ遊ビノ人、魚、ボート競走、五重塔、着物、花ノ種々、軍艦、赤白ノ大キナ玉等画キタリ。
12	5	会集	遊戯	画方	手毬	随意ヲナサシム。種々ナルモノヲ書キタレバ鉛筆ヲ与ヘ紙ニ画カシム。
12	12	会集	遊戯	画方	貼紙	随意。蛙、轍、ボート、大砲、独楽、魚、オ城、兵隊、花、将校ノ帽子等ナス。
12	19	会集	遊戯	画方	貼紙	随意ナレバ旗、ラッパ、門、電気、扇、琴、手毬ノ種々、等画ク、或児先生ノ顔ヲ書キマスト云ヒケレバ一同興ガリテ画キタリ。粗、密ノ差アリテ面白シ。
1	9	会集	遊戯	画方	貼紙	オ正月ニ遊ビタルコトニツキ暫クオ話ナシ面白カッタモノヲ書キナサント云ヘバ、旗ヲ多ク画キタリ。其外風セン、手毬、大達磨、熨斗、大将ノ帽子、軍艦、汽車等ヲ画ク。之ニツキオ話ノアルモノハナサシメタリ。
1	16	会集	遊戯	画方	貼紙	今日部屋ニ松、梅ノ鉢植ヲ置キタレバ、松及ビ梅ノ花ヲヲ画クモノ多シ。手毬、弓矢、満艦飾ヲ施シタル軍艦、山ニ日ノ出、ボート、其外種々ナモノヲ各児興味ヲ持チテ画キタリ。

図4-37　11月22日

図4-38　11月22日

図4-39　11月22日

図4-40　11月22日

第 4 章 愛珠幼稚園の保育記録からみる図画教育　　149

1	23	会集	遊戯	画方	貼紙	随意ヲナサシム。是マデニ多ク異ラズ全体ニ楽シク画キタリ。
2	1	会集	遊戯	談話	画方	益々趣味ヲ以テ種々ナルモノヲ画ケリナカニモ汽車、自転車、帆カケ船、軍艦、公園、達磨、魚、雀等ハ割方精密ニ画キタリ。
2	6	会集	遊戯	画方	貼紙	鉛筆ヲ與ヘ第一回オ遊戯会ニ面白ク見タル事ヲ画カシメタリ。之ヲ目的トシテ書キシモノ半数位ニテ他ハ種々ノ方面ニ渡リテアラハシタリ
2	13	会集	遊戯	画方	貼紙	雪遊ビノ事ヲ画カシム。山、大小ノ達磨、□、燈籠、家、手毬、大鯨等皆雪ニ関係ノ話シヲナシツツ書キタリ。
2	20	会集	遊戯	画方	貼紙	標本ヲ示シテ□ノ部分ヲ画カシム。大抵、耳、目、体ヲ画ケリ。殊ニ耳□ハ悉ク二個ノソレラシキモノヲ書キテ□□□□ノ歌ヲ自ラ歌ヒタリ。暫クノ後随意ヲ画カシム。
2	27	会集	遊戯	画方	貼紙	旗ヲ画カシメシニ何レモ楽シミテ種々形ヲナス後随意ヲナス
3	6	会集	遊戯	画方	貼紙	貼紙ニ（図4-41）ヲナスタメオ稽古トシテ画カシム後随意ヲセシニ猿ノ家、蟹ノ家、オムスビ、桃、柿、蟹、山等モ画キシモノアリ。
3	13	会集	遊戯	画方	貼紙	幼児ノ中玉ウケヲ持チ居タリ。之ヲ示シテ画カシム。普通円ト□シ長キ四角ヲ書キタリ。夫レヨリ随意ヲセシメ梯子、海ニ魚、シヤボン入、柳ノ花火、猿、蟹、達磨等カケリ。
3	21	会集	唱歌	談話	画方	部屋ニ挿シアル子コ柳、桃ノ花、ヲ画カシメオ円ヲ大小色マゼニテ五個ヲ画キ之ヲ書カシム後随意種々画ケリ
3	27	会集	談話	画方	貼紙	或花ノ貼紙ヲ示シテ画カシメ、随意ヲセシニ絵具（図4-42）、糵子（図4-43）、半鐘、反橋、梯子、饅頭等画ケリ。
3	28	会集	唱歌	画方	集観	オ雛様ノオ道具ヲ画カシム

図4-41　3月6日

図4-42　3月27日

図4-43　3月27日

記述もあるが、あわせて挿絵（図4-42）も描かれているため「絵具」を使用したのか「絵具」自体を描いたのか不明である。

③年間を通して「随意」に描かせることが多く、「電信柱」（図4-37）、「茶入」（図4-38）「船」（図4-39）「人」（図4-40）といった子どもにとって身近なものや、戦争に関するものを描いている。

④「ダイハクレン」[51]「小梅ノ実ノ多ク枝」[52]（図4-36）「松、梅ノ鉢植」[53]「部屋ニ挿シアル子コ柳、桃ノ花」[54]といった自然物の実物を示して描かせている。

⑤手技の他課目である「摺紙」[55]や「貼紙」[56]（図4-43）を使用し描かせることがあったが、ごくわずかである。逆に「貼紙」のために「オ稽古」として図画を行わせること（図4-41）もあった。

⑥「縦覧」を行った後に「画方」を行い「標本室ニテ視タルモノ」[57]を描かせたり、「標本ヲ示シテ」[58]描かせるという記述があり縦覧室（標本室）の標本を使用していたことがわかった。

7．G『保育日記　第四ノ部』

　明治40（1907）年4月1日〜明治41（1908）年3月31日まで記され、そのうち259日分の記録がある。筆跡が異なっているため複数の保育者が記録したと推測される。4歳児の組にあたり、ほぼ毎日「会集」がありその後に課目が1〜3課目ある。全体の記述内容より、D・E・Fと同じく保育後に記述したことがわかった。それぞれの課目の内容が図や文章で記録されている。図画である「画方」がある日付を抽出し、「日誌」部分を解読したものが表4-7である。

①課目を集計（図4-44）すると年間で「遊嬉」は119回、「談話」は115回、「摺紙」は104回、「唱歌」は70回、「積木」は46回、「画方」は39回行われ6番目である。

②手技の他課目である「箸環排」[59]などを使用し描き方を示したり、「輪」

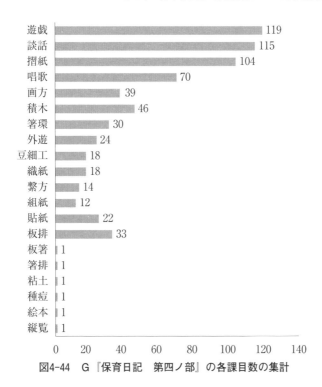

図4-44　G『保育日記　第四ノ部』の各課目数の集計

や（図4-45、図4-46）、「箸」[60]を使用している様子がみられた。「箸」から発展して「弁当」（図4-47）になる場合もあった。

③「紋形」と呼ばれるような垂直線・水平線・斜線を使用した図（図4-48、4-51）もみられた。

④ 4回目以降はほとんどが「随意」や「好ムモノヲ画カシム」とされ、幼児にとって身近なものを描いている。

⑤「鉛筆ニテ帳面」[61]に描かせていたという記述があり、道具として「鉛筆」を使用していたことがわかった。

⑥「団扇ヲ持チ来リ画カシム」[62]（図4-49、図4-50）、「ゴム毬ヲ見セテ実写セシメ」[63]（図4-54）、「梅ノ枝ノ写生」[64]（図4-55）という記述があり実物を見せ

表4-7 「画方」のあった日付および日誌部分の記述

月	日	課目			日誌
4	5	会集	談話	遊戯	画方	輪廻シノ輪ヲ見セ画キ見ント云ヒタルニ皆大ナル圓形ヲ画キタレバ輪ノ澤山有ルヲ画カムト小サク多ク画ケリ。喜ビ画キタレバ毬ニシマセウト云ヒタルニ一筋横ニ入レタルモ（図4-45）ヲ入レタルモ十ノ字ヲ画キタルモ（図4-46）ニ筋十字形ニ画キタルモ有キ後、随意ナレバ国旗、梯子、達磨、電車ノ複雑ナルヲ画ケル者一名（○○○○○）有キ始メテノ幼児ハ見居タルモノ多カリキ。
4	9	会集	箸環排	唱歌	画方	オ箸ヲ画カムト日ヒタルニハイヨク書キマスト皆ニ本ノ棒ヲ画キタリ。一名ノミ二筋ニナシ少シ太ク画キタリ。火箸ニセント丸ク上ニツケタリ。オ弁当ナリトテ（図4-47）ヲ画キタルモ多カリキ。
4	16	会集	箸環排	唱歌	画方	箸環排ニテナセシ亜鈴ヲ画キ国旗ヲモ画キタリ。後随意ニナス福井発左ノミニテ画キタレバ注意セリ。
4	23	会集	箸環排	唱歌	画方	随意ニ画カシム。汽車、花、市松、箸ニテナセシ紋、魚、舟ナド画ケリ。
5	2	会集	談話	唱歌	画方	随意ニナス。家、船、旗、茶碗ナド鼓ノ形ヲ画キタルモ有キ。
5	16	会集	談話	唱歌	画方	随意ニナス。
5	23	会集	談話	唱歌	画方	随意ヲナス。

図4-45　4月5日

図4-46　4月5日

図4-47　4月9日

第4章　愛珠幼稚園の保育記録からみる図画教育　　153

5	28	会集	箸環	唱歌	画方	好ムモノヲ画カシム。国旗多ク紋形（線ノ中ニ入レ（図4-48）モ色々有鯉幟、金魚、汽車、雨、船、植木鉢ニ花モ有キ
6	4	会集	積木	画方	唱歌	玩具ヲ随意ニ画カセタリ
6	7	会集	箸環	遊戯	画方	随意ヲナス。
6	18	会集	箸環	唱歌	画方	長四角ノ箱ヲ画キタリ。皆共ニ画キタリ箱ノ面ニ有ルモノヲ画キ居タルモ有キ。長四角ニ横筋ヲ入レ箪笥ニナセリ。火鉢ニモナス。
6	25	会集	箸環	唱歌	画方	随意
7	2	会集	画方	唱歌	摺紙	金魚ト水ヲ画キタリ。蝸牛ヲ画キタルモ有キ後、随意ニナセリ。
7	9	会集	箸環	唱歌	画方	随意多数。朝、箸排ニテナセシ提灯ヲ画キタリ。女児ノ家ヲ画キタルモ多カリキ。
7	24	会集	談話	画方		団扇ヲ持チ来リ画カシム。簡単ニ画キタル者多クノ中ノ模様ヲモ画キタルモノ四名（図4-49）有（図4-50）ヲ画キタルモ少数有キ。柄ヲ太ク見ユル様ヲ尋ネタルニ一名二筋ニシマセウト喜ビテ二筋ニ太イ柄ナリト画キシモ有。柄ヲ面白ク皆画キタリ。
9	18	会集	画方	組紙		随意
10	4	会集	外遊	板排	画方	旗ノ色々ヲ画キタルニ喜ビヨク画ケリ。一名棒ヲ太ク二筋ニシ画キタルモ有。日英同盟ナリトテ交ヘ画キタルモ有キ。
10	11	会集	外遊	画方	摺紙	好ムモノヲ画カシム
10	15	会集	箸環	唱歌	画方	好ムモノヲ画カシム

図4-48　5月28日　　　図4-49　7月24日　　　図4-50　7月24日

10	23	会集	積木	遊戯	画方	（図4-51）ヲ画キタリ。電車ヲ画キタルモ有キ。簡単ナル電車ヲ黒板ニ画キタルニ何処行ノ掛札ナキト日ヒタル者少数有キ。
10	29	会集	箸環	外遊	画方	好ムモノヲ画キタリ
11	5	会集	箸環	唱歌	画方	箸ニテナセシ勲章ヲ画キタリ
11	12	会集	箸環	唱歌	画方	運動会ニ見タルモノノ内、画ケルモノヲ画カシム
11	22	会集	画方	遊戯	談話	随意。昨日旗セシタメカ国旗ヲ多数画キタリ。家、自動車、電車、魚ノ形ナド。
11	27	会集	積木	遊戯	画方	雨ヲ画キタリ後随意
12	3	会集	箸環	画方	唱歌	好ムモノヲ画カシム
12	10	会集	箸環	唱歌	画方	好ムモノヲ画カシム
12	17	会集	箸環	唱歌	画方	箸排ニテナセシモノ黒板ニ有シヲ画キタリ。各国ノ旗多ク火鉢、舟、家、山ナド。
12	20	会集	板排	唱歌	画方	家トオ宮ヲ画ケリ。（図4-52）閉ヂタル所ナリトテ（図4-53）ヲ画キタルモ有。二階ヲ付ケタルモ有キ。後、電車、火鉢、船、塔、山、鏡餅、花、人ナド。
1	21	会集	箸環	唱歌	画方	随意。雪ヲ描カシメ次ニ達磨ヲ画カシム。
1	28	会集	談話	遊戯	画方	フランコヲ随意ニ描カシム。腰掛ヲ画クモアリ。人ノ乗リタル所ヲ描クモアリタリ。併シ輪廓サヘ描キ得サルモノアリタリ。

図4-51　10月23日

図4-52　12月20日　　　図4-53　12月20日

第4章　愛珠幼稚園の保育記録からみる図画教育　155

2	6	会集	談話	唱歌	画方	随意ニ描カシム。オ年越シノモノヲ画テコランナサイト云ヒシニ男児ノ大方ハソンナモノハ嫌イデスト云ヒタリ。
2	20	会集	画方	唱歌	談話	随意
2	25	会集	板排	唱歌	画方	随意
3	4	会集	画方	遊戯	織紙	ゴム毬ヲ見セテ実写セシメ次ニ箱ノ上ニノセテ描カシム。(図4-54) ナト描キタリ。
3	13	会集	談話	遊戯	画方	雪降リ、達磨、兎ナト描カシム。□内ガ衡ヲ持チ居リシニ付之ヲ見セテ画カシメシニオ方形出来タリ。
3	14	会集	談話	画方		鉛筆ニテ帳面ニ随意ニ描カシム
3	20	会集	画方	外遊	箸排	梅ノ枝ノ写生。梅ノ枝ノ真直ナルヲ貰ヒタレハ之ヲ示シ小枝二本ヲ描カシメ蕾ヲ附ケシム。大概描キタリ (図4-55) 色々描キタリ。
3	26	会集	画方	唱歌	談話	家、雨月曜日ノ摺紙ニ家ト籠ヲコシラヘタレハ之ヲ見セテ家ヲ描カシム。九□マテ描キタリ次ニ今日雨降リテスカラ雨ヲ降ラシテコラント云ヒ次ニ雨カヤミシタリト云ヒテ□ク□ハシメ随意ニ描カシム

図4-54　3月4日　　　図4-55　3月20日

て描かせていたことがわかる。

⑦「家」や「才宮」（図4-52、図4-53）という記述があり、「二階」を描いたり
扉が閉じている状態を描いている様子が見られた。

小括

　本章では、愛珠幼稚園の明治後期の保育記録を対象にして実際の図画表現
について分析を行った。保育記録の分析をまとめると以下となる。

①明治37年から41年までの保育記録である『保育日記』の分析により、図画
である「画方」はほとんどが「随意」で行われた。

②「随意」において幼児は身近にあるものを題材として描いていた。また明
治37（1904）年4月から明治40（1907）年3月までの保育記録において
「随意」で戦争に関連するものを描いており、日露戦争の影響によるもの
と考えられる。

③保育項目の「談話」にあたる桃太郎の話や、他の手技課目と関連付けて
「画方」を行うという指導法も行っていた。

④自然物の実物を手本として示したり、縦覧室（標本室）の標本を示したり
しながら描かせていた。

⑤道具については、「石盤」「白紙」「鉛筆」「画洋紙」「黒板」といったもの
を使用していた。

　以上より、第2章においてとりあげた明治後期の文献で述べられていたよ
うに、「随意」に描かせることを実際の幼稚園でも行っていたことがわかっ
た。

　縦覧室（標本室）の標本等を手本として描かせるという記述が保育記録に
見られたが、倉橋・新庄による『日本幼稚園史』によれば縦覧室は東京女子
師範学校附属幼稚園の開設当初より設置されていたものであり、幼稚園の中
で「最も美麗な室」であったという[65]。東京女子師範学校附属幼稚園では

縦覧室の陳列棚に幼児の製作品や動物の標本、その他諸種の玩具などを並べていた。床には絨毯が敷きつめられ、外国人の参観もたびたびあり、参観人と幼児の観賞用としていたという。幼児は絵を鑑賞したり、幼児の機嫌が悪くなった時に連れていくということもしていたそうである。縦覧室には「幼稚遊嬉の図、衣食住の図（十二枚）」[66]などが額にして掲げられていたというのだが、大阪府立模範幼稚園が設立する際にこれらの絵を模写し掲げており、後に愛珠幼稚園にわたることとなった[67]。そのような経緯を考えれば愛珠幼稚園は東京女子師範学校附属幼稚園を手本として縦覧室の標本等も設置していたのだろう。

　保育記録から縦覧室（標本室）の標本等や自然物などの実物を手本として描かせるという実物主義がみられ、恩物中心主義への批判から見出されたものだろうと考える。

　また幼児教育といえども日露戦争と無縁ではいられず、国家主義思想の影響がみられた。二見は愛珠幼稚園の「談話」の分析より「儒教的倫理の忠君の対象として天皇が位置づけられ、天皇への敬慕と国家に奉仕する兵士への憧れが、談話を通して幼児に語られている」[68]としている。桃太郎の「談話」と「画方」を関連づけて行っていたという保育記録を考慮すると、戦争に関する「談話」の影響も看過できないものがある。それについては次章の描画作品の分析も含め考察したい。

　注
　１）本稿に掲載されている図版は大阪市教育センター愛珠文庫所蔵の複写であるが、愛珠幼稚園山口園長のご尽力により愛珠幼稚園で所蔵している原画も調査した。
　２）永井理恵子『近代日本幼稚園建築史研究－教育実践を支えた園舎と地域』学文社、2005
　３）福原昌恵「草創期幼稚園における唱歌遊戯［２］愛珠幼稚園における保育を中心に」『新潟大学教育学部紀要　人文・社会科学編』新潟大学、第33号(2)、1992、pp.99-111

4）福原昌恵「1897年の愛珠幼稚園における保育内容：唱歌遊戯を中心として」『新潟大学教育学部紀要　人文・社会科学編』新潟大学、第34号(1)、1992、pp. 33-46

5）湯川嘉津美『日本幼稚園成立史の研究』風間書房、2001

6）二見素雅子「日露戦争前後の幼稚園教育における国家主義思想の影響─愛珠幼稚園における保育内容および保育方法の変化を通して」『神学と人文』大阪キリスト教短期大学、第46集、2006、pp. 65-78

7）清原みさ子『手技の歴史：フレーベルの「恩物」と「作業」の受容とその後の理論的、実践的展開』新読書社、2014

8）永井、前掲、p. 270

9）大阪市立愛珠幼稚園百周年記念事業委員会編『愛珠幼稚園百年史』大阪市立愛珠幼稚園百周年記念事業委員会、1980、p. 56

10）倉橋惣三・新庄よしこ共著『日本幼稚園史』フレーベル館、1956、p. 139

11）日本保育学会編『日本幼児保育史』第1巻、フレーベル館、2010、p. 127

12）大阪市立愛珠幼稚園百周年記念事業委員会編『愛珠幼稚園百年史』大阪市立愛珠幼稚園百周年記念事業委員会、1980、p. 34

13）その後、明治16（1883）年には園舎狭溢のため今橋三丁目に移転し、明治34（1901）年に北浜に移転し現在に至っている。

14）朝日新聞、明治十三年六月三日、第四百四号

15）「愛珠幼稚園志留弁」（1886）は入園ごとに父兄に配布していた冊子である。

16）複数の保育者によって記録されているため名称の統一がされていない。例えば「遊戯」と「遊嬉」が混在している。

17）本章において課目の集計をする際には「遊戯」と「遊嬉」というように明らかに同じものを記録している場合にはそれを合算した。

18）愛珠幼稚園『保育日記　第壹ノ部』大阪市教育センター愛珠文庫所蔵、1904年11月4日、

19）同、1904年4月13日

20）同、1904年4月20日

21）同、1904年5月4日

22）同、1904年5月11日

23）同、1905年1月16日

24）同、1904年6月22日

25）同、1904年9月13日

26）同、1905年3月18日

第4章　愛珠幼稚園の保育記録からみる図画教育　　159

27) 愛珠幼稚園『保育日記　第六ノ部』大阪市教育センター愛珠文庫所蔵、1904年
　　4月7日

28) 同、1904年5月13日

29) 同、1905年2月16日

30) 同、1905年3月3日

31) 愛珠幼稚園編『愛珠』愛珠会、1968

32) 巖谷季雄『日本昔噺・第壹編　桃太郎』博文館、1896

33) 樋口勘次郎編『修身童話・第壹巻桃太郎』開発社、1899

34) 木村小舟作歌・田村虎藏作曲『家庭唱歌・第一編桃太郎』文武堂、1901

35) 愛珠幼稚園『保育日記　第壹ノ部』大阪市教育センター愛珠文庫所蔵、1906年
　　2月7日

36) 同、1905年12月1日、1906年1月16日、1906年2月12日

37) 同、1905年12月1日

38) 同、1906年2月19日

39) 同、1905年5月4日、1905年5月12日、1905年11月15日

40) 愛珠幼稚園『保育日記　第六ノ部』大阪市教育センター愛珠文庫所蔵、1905年
　　4月27日、9月20日

41) 同、1905年4月27日

42) 同、1906年1月26日

43) 同、1906年2月16日

44) 同、1905年11月9日

45) 縦覧室（標本室）は第2園舎から設置され、現在の第3園舎にも設置された。

46) 同、1905年4月17日

47) 愛珠幼稚園『保育日記　第壹ノ部』大阪市教育センター愛珠文庫所蔵、1906年
　　4月19日

48) 同、1906年7月26日

49) 同、1907年2月6日

50) 同、1907年3月27日

51) 同、1906年6月14日

52) 同、1906年7月12日

53) 同、1907年1月16日

54) 同、1907年3月21日

55) 同、1906年9月20日

56）同、1907年 3 月27日

57）同、1906年10月11日

58）同、1907年 2 月20日

59）同、1907年 4 月16日

60）同、1907年 4 月 9 日

61）同、1908年 3 月14日

62）同、1907年 7 月24日

63）同、1908年 3 月 4 日

64）同、1908年 3 月20日

65）倉橋・新庄、前掲、p.59

66）倉橋・新庄による『日本幼稚園史』（p.63）には「幼稚遊嬉の図（口絵参照）」
　　とあり、口絵より「幼稚遊嬉の図」は大阪市立愛珠幼稚園所蔵の「幼稚園に於け
　　る鳩巣（家鳩）の遊戯」をさしていると考える。また「衣食住の図（十二枚）」に
　　ついては60～62ページにわたり愛珠幼稚園所蔵の 6 枚の図が掲載されている。

67）倉橋・新庄、前掲、pp.59-64

68）二見、前掲、p.76

第5章　愛珠幼稚園の描画作品にみる図画教育

第1節　明治後期の幼児の図画作品

1．愛珠幼稚園の図画作品

　本章の目的は、明治期の幼稚園で実際に行われた図画について幼児の図画作品の分析を行い明らかにすることである。第4章において全国に先駆けて設立された幼稚園の一つであり明治13（1880）年に開設された愛珠幼稚園（現・大阪市立愛珠幼稚園）の保育記録を分析し、当時の幼稚園で実際に行われた図画について明らかにした。

　愛珠幼稚園には明治期に描かれた希少な幼児の図画作品集も現存している。1つは明治36（1903）年3月1日〜7月31日まで大阪で開催された第五回内国勧業博覧会に関連のある「第五回内国勧業博覧会記念帖」であり、もう一つは第4章で対象とした保育記録と同時期に描かれたと推測する図画作品「日露戦争記念帖」である。本章は、愛珠幼稚園の描画作品を分析することによって明治後期の幼稚園で行われていた図画の実際を明らかにする。

2．愛珠幼稚園の「画方」作品

　愛珠幼稚園には明治期に実際に描かれた希少な幼児の描画作品が「第五回内国勧業博覧会記念帖」として52作品、「日露戦争記念帖」として27作品現存している。第五回内国勧業博覧会は明治36（1903）年3月1日〜7月31日まで大阪で開催された博覧会である。日露戦争は明治37（1904）年2月の開戦から翌明治38（1905）年8月のポーツマス講和会議までの18ヶ月にわたり日本とロシアとの間で戦われた戦争であり、保育記録と重なる期間がある。

第2節 「第五回内国勧業博覧会記念帖」

1. 愛珠幼稚園と博覧会

　第五回内国勧業博覧会（以下、第五回内国博とする）は明治36（1903）年3月1日〜7月31日まで大阪で開催された博覧会である（図5-1）。

　第五回内国博の会場敷地は約32万平方メートルであり、農業、林業、水産、工業、機械、教育、美術、通運、動物、水族の10館が建っていた。これに加え台湾館、英、独、米、仏、露ほか18カ国の製品が展示された参考館、外国の商社による5館の特設館を建設した（図5-2）。

　それまでの内国勧業博覧会では行われていなかった夜間開場が実施され、全館にイルミネーションが点灯された。また余興として舟すべり（ウォーターシュート）、メリーゴーラウンド、パノラマ世界1周館、不思議館、大曲馬など外来の娯楽施設もあった。『風俗画報』では第269号（図5-3）、第275号（図5-4）を臨時増刊とし、第五回内国勧業博覧会を特集した。

　吉見俊哉は『博覧会の政治学』において、それまでの内国博覧会があくまで文明開化や殖産興業のためのものであり見世物性、娯楽性を極力排除していく方針であったのに対し、第五回内国博では積極的に見世物的な要素を取り入れ会場に数多くの遊戯施設を設置し大衆の興味を惹き付けていったとしている[1]。

　明治期には「博覧会」が各地で催されることとなるが、「博覧会」と愛珠幼稚園はどのような関係にあったのだろうか。所蔵品目録である『愛珠』において「博覧会」と付いている明治期の文書を抽出すると表5-1の43点になる。これより明治16（1883）年に開催された京都府博覧会や明治22（1889）年の第3回内国勧業博覧会に出品していたことがわかった。しかし、「出品取消」（No.33）があるように、第五回内国博ではどのような経緯か不明だが愛珠幼稚園からの出品はなかったようである。

第5章　愛珠幼稚園の描画作品にみる図画教育　　163

図5-1　「明治三六年之大阪」

図5-2　「会場内の見どころを描いた絵ビラ」

図5-3　『風俗画報』第269号　　　　図5-4　『風俗画報』第275号

表5-1 「博覧会」と付いている文書

No.	文書名	年月日（西暦）	備考
1	第190号　京都博覧会社員物品係中村氏から出品物・陳列等御苦労に対する挨拶状　愛珠幼稚園監事　瀧山　宛	明治16.04.03(1883)	
2	京都府博覧会褒状	明治16.06.08(1883)	
3	府公立博覧会場に出品を依頼する東区学務掛通達学丙第93号	明治17.02.20(1884)	
4	博覧会出品関係書類（幼稚園幼児成績物解説書・出品附言）	明治17.03(1884)	
5	明治17年第9次　奈良大仏殿博覧会褒状（贈与證）	明治17.05.28(1884)	
6	米国万国博覧会出品品目に関する府学務課通達	明治17.09.11(1884)	
7	奈良博覧会社に於て第10次大会開催に際し裁縫生徒の手芸品及び当園の作品出品に関する東区学務掛通達学丙第13号	明治18.01.12(1885)	
8	奈良博覧会及び出品規則	明治18.04(1885)	単冊
9	奈良博覧会愛敬女学出品目録（付女紅科生徒製造品出品明細表）	明治18.04.18(1885)	
10	奈良博覧会愛珠幼稚園出品目録（付幼児用机・椅子製造解説書）	明治18.04.18(1885)	
11	第3回内国勧業博覧会出品願　監事　高橋季三郎　府知事宛（付裁可書・解説書・幼児成績物解説書明治16年京都府博覧	明治22.08.29(1889)	
12	（付裁可書・解説書・幼児成績物解説書明治16年京都府博覧会・明治18年奈良博覧会資料）	明治22.08.29(1889)	
13	第3回内国勧業博覧会出品送状	明治22.11.01(1889)	二通あり
14	第3回内国勧業博覧会出品物返還願	明治22.11.22(1889)	
15	北区幼稚園より博覧会出品通知状	明治25.03.24(1892)	
16	船場幼稚園より万国博覧会通知状	明治25.04.01(1892)	
17	船場幼稚園よりコロンブス博覧会通知状	明治25.05.03(1892)	
18	船場幼稚園よりコロンブス博覧会出品調製打合せ通知状	明治25.06.08(1892)	
19	百済幼稚園よりコロンブス博覧会出品費用割当てに関する通知状	明治25.07.27(1892)	
20	百済幼稚園よりコロンブス博覧会出品物・幼児製作物府学務課へ引渡済通知状	明治25.09.14(1892)	
21	第5回内国勧業博覧会出品見込数・分類別回答依頼に関する東区照会学乙第24号	明治35.05.22(1902)	
22	学乙第24号　第5回内国勧業博覧会出品見込数提出を催促する東区学務課照会	明治35.05.29(1902)	

第5章　愛珠幼稚園の描画作品にみる図画教育　165

23	学乙第24号に依る第5回内国勧業博覧会出品見込数に関する回答書	明治35.05.30(1902)	
24	第5回内国勧業博覧会出品取消に関する添付願書及び目録	明治35.06.25(1902)	印刷物
25	第5回内国勧業博覧会記念帖（幼児描画作品）	明治35.06.25(1902)	単冊
26	第5回内国勧業博覧会資料に関する大阪市保育会依頼状（付当園一覧表）	明治35.10.31(1902)	印刷物
27	第5回内国勧業博覧会出品願出に対する府内務部長通達内第1778号（付資料）	明治35.11.18(1902)	
28	第5回内国勧業博覧会出品願出書取消を求める回答書府内務部宛	明治35.11.24(1902)	
29	第5回内国勧業博覧会出品願（付出品目録）	明治35.11.25(1902)	
30	第5回内国勧業博覧会出品目録代価変更に関する東区申進（付印刷物資料）	明治36.01.13(1903)	
31	第5回内国勧業博覧会会場出入呈示用写真撮影に関する東区申進	明治36.01.24(1903)	印刷物
32	保姆　佐藤トヨノ出頭を命ずる東区学務課通知	明治36.01.26(1903)	
33	第5回内国勧業博覧会出品取消に関する東区通達	明治36.01.28(1903)	ペン書
34	小松宮殿下薨去に際し学校心得方に関する東区申進学乙第50号	明治36.02.19(1903)	
35	第5回内国勧業博覧会会期中国旗掲揚祝意に関する東区通牒学乙第59号	明治36.03.03(1903)	
36	物品寄附（博覧会記念写真帖100冊）願出受領に関する東区長通知学第392号　　三和市蔵宛	明治36.12.16(1903)	
37	物品寄附（博覧会記念写真帖100冊）願出受領に関する東区長通知学第392号　　西田仲右衛門宛	明治36.12.16(1903)	
38	こども博覧会の唱歌印刷物　区内校園配布に関する東区連絡学乙第453号	明治39.09.26(1906)	
39	府立博物場内開催のこども博覧会第1回講話会聴講券配布方に関する東区連絡学乙第463号	明治39.10.03(1906)	
40	京都市保育会主催の京都こども博覧会の出品依頼に関する東区照会学乙第581号	明治39.10.18(1906)	
41	帝国教育会内全国教育家大集会に於ての東京勧業博覧会観覧のための観覧宿舎設置に関する東区移牒学乙第179号	明治40.04.10(1907)	
42	博覧会美術館出品の図画成績物品提出に関する東区学務課長通知	明治42.02.10(1909)	ペン書
43	第2回大阪こども博覧会感謝状	明治44.03.16(1911)	

図画である「画方」の保育記録をみていくと、『保育日記　第六ノ部』の明治39（1906）年9月27日の記述には、「今日は博覧会をしませうと云へば、鯛、電車、ランプ、戸、旗、幟、山、月、人、松、鳥居、軍艦、お日様、住吉反橋、草、梯子、中ノ島□□画く」とあり、「博覧会をしましょう」という保育者の呼びかけによって「鯛、電車、ランプ、戸、旗、幟、山、月、人、松、鳥居、軍艦、お日様、住吉反橋、草、梯子」といったものを幼児がイメージし描くことができたことがわかる。これは「博覧会」のイメージを愛珠幼稚園に通園していた園児は共有していたことを示している。また同じく明治39（1906）年11月27日の記述には「昨日、学校に行て見たもの、面白かつたものを画せり。兵隊さんの帽子、□、庭の旗及び提燈、博覧会、電燈、水瓜、おてぐり、船、達磨、汽車、輪、お遊びの人、魚、ボート競走、五重塔、着物、花の種々、軍艦、赤白の大きな玉等画きたり」とあり、愛珠幼稚園では明治39（1906）年には「博覧会」という言葉が幼児に定着しており、「画方」では題材として扱われていたことがわかった。

2．「第五回内国勧業博覧会記念帖」の分析

　「第五回内国勧業博覧会記念帖」（図5-5）は和綴じの帳面に白紙で描かれた描画作品が51枚貼付されている。白紙のサイズについては、No.1からNo.45までは14.3×19.5cm、No.46は12.6×12.6cm、No.47は10.0×14.2cm、No.48は14.3×14.3cm、No.49及び50は12.6×12.8cm、No.51は14.3×19.5cmとなっている。愛珠幼稚園で原画を確認したところ、No.46〜51の6点はNo.1〜No.45の紙質と微妙に異なっていた。またNo.46以外の50作品は黒の鉛筆を使用していたが、No.46のみ赤と青の2色の色鉛筆を使用していることを確認した。

　「第五回内国勧業博覧会記念帖」を描かれた内容、場所、人物描写、基底線、余興という観点で分析すると表5-2になり、内容は以下となる。

　①正門の建物を描いた作品が最も多く、全51作品中、21作品（作品No.1、

図5-5 「第五回内国勧業博覧会記念帖」表紙

2、3、4、5、6、7、9、10、11、12、13、15、17、19、20、41、45、47、48、51）に描かれている（表5-2）。会場の建築設計は博覧会建築のパイオニアであった久留正道によるもので、正門は中央頂上にドームを造り、入口の3か所をアーケード型にしたルネサンス風のデザインであった（図5-7）。会場を施工したのは大林組である。『風俗画報』によれば「博覧会場に入る正面の門にして、木造塔形、百五十二坪□、天井はペンキ塗にして唐草模様を画き、中央に長さ十五尺、直径十二尺の三重燭光二十七箇の電燈」[2]）が設置されていたという。

　作品には正門のドーム状の屋根とアーチになっている門が印象的なファサードが描かれている（図5-6）。複数の人物を小さく描いている絵もありスケール感を表現しようとしていることがわかる。ほとんどが建物を正面から描いた構図である。

　②ウォーターシュートが全51作品中、10作品（作品 No.1、9、10、26、29、30、32、39、49、50）に描かれている（表5-2）。舟すべり（ウォーターシュート）は高さ20メートルの櫓から水しぶきをあげて茶臼岳の池へ滑り落ちるもので

表5-2 「第五回内国勧業博覧会記念帖」の分析

No.	描かれた内容	場所	人物描写	基底線	余興
1	正門と複数の建物・人物、ウォーターシュートが描かれている。	正門	あり	なし	あり
2	正門のみが描かれている。	正門	なし	なし	
3	正門のみが描かれている。	正門	なし	なし	
4	正門と複数の人物が描かれている。	正門	あり	なし	
5	左に正門、中央に噴水や人物が描かれている。	正門・噴水	あり	なし	
6	正門と人物らしきものが描かれている。	正門	あり	なし	
7	正門と建物が描かれている。	正門	なし	なし	
8	建物が描かれている。	屋外	なし	なし	
9	正門と複数の建物・人物、ウォーターシュートが描かれている。	正門	あり	あり	あり
10	正門と建物・人物、噴水、ウォーターシュートが描かれている。	屋外	あり	なし	あり
11	正門のみが描かれている。	正門	なし	なし	
12	正門と多くの人物が描かれている。	正門	あり	なし	
13	正門が点線で描かれ、電飾を表現している。	正門	なし	なし	あり
14	複数の建物が描かれ、レントゲン描法で人物が描かれている。	屋外	あり	あり	
15	正門らしい建物と人物が描かれている。建物に小さな円が数多く描かれており電飾を表現していると思われる。	屋外	あり	なし	あり
16	建物がレントゲン描法で描かれ、室内の照明や棚が描かれている。建物に小さな円が数多く描かれており電飾を表現していると思われる。	屋外	なし	なし	あり
17	正門らしい建物と人物が描かれている。建物に小さな円が数多く描かれており電飾を表現していると思われる。	屋外	あり	なし	あり
18	建物と人物が描かれている。建物に小さな円が数多く描かれており電飾を表現していると思われる。	屋外	あり	なし	あり
19	正門と建物が描かれている。	屋外	なし	なし	
20	建物と人物が描かれている。建物に小さな円が数多く描かれており電飾を表現していると思われる。	屋外	あり	あり	あり
21	建物の外観を細部まで描いている。	屋外	なし	なし	

22	噴水が描かれている。	屋外	なし	なし	
23	建物の外観を細部まで描いている。	屋外	なし	なし	
24	噴水と建物を描いている。	屋外	なし	なし	
25	建物の外観を描いている。	屋外	なし	なし	
26	建物とウォーターシュートが描かれている。	屋外	あり	なし	あり
27	メリーゴーランドのようなものが描かれている。	屋外	あり	なし	あり
28	建物が描かれている。	屋外	なし	なし	
29	建物とウォーターシュートが描かれている。	屋外	あり	なし	あり
30	ウォーターシュートが描かれている。	ウォーターシュート	あり	なし	あり
31	建物と噴水が描かれている。	屋外	あり	なし	
32	ウォーターシュートが描かれている。	ウォーターシュート	あり	なし	あり
33	煙突から煙を吹きあげ走っている蒸気機関車が描かれている。	屋外	あり	なし	
34	建物と人物が描かれている。	屋外	あり	なし	
35	車輪としかけのようなものが描かれている。	屋外	なし	なし	
36	建物が描かれている。	屋外	なし	なし	
37	建物が描かれている。	屋外	なし	なし	
38	建物が描かれている。	屋外	なし	なし	
39	ウォーターシュートが描かれている。	ウォーターシュート	なし	なし	あり
40	建物が描かれている。	屋外	なし	なし	
41	正門と建物が描かれている。	屋外	なし	なし	
42	建物が描かれている。	屋外	なし	なし	
43	煙突から煙を吹きあげている機関車が描かれている。	機関車	なし	あり	
44	中央に縦長の建物が描かれており、エレベーターがあった大林高塔ではないかと思われる。	大林高塔	なし	あり	あり
45	正門が大きく描かれ、その周辺等に細かい点描や小さな丸が描かれ、電飾を表している。	正門	なし	あり	あり
46	升目のように区切られその中に魚が描かれている。上部には照明が1つ描かれている。	水族館	なし	なし	

47	正門が描かれ「大阪」の文字が大きく描かれている。人間も複数描かれている。	正門	あり	なし		
48	正門のようなものが描かれる。建物の周辺等に細かい点描が描かれ、電飾を表している。	正門	なし	なし	あり	
49	ウォーターシュートに船が2艘流れている様子。	ウォーターシュート	なし	なし	あり	
50	ウォーターシュートに船が1艘描かれている。国旗を大きく3つ描いている。	ウォーターシュート	あり	あり	あり	
51	正門が中心に描かれている。ドーム状の屋根の陰影もあり、天井部分の奥行きも描かれている。	正門	なし	あり		

図5-6　作品 No.2

図5-7　「第五回内国勧業博覧会真景」

あり、日本名を「飛艇戯」、「舟すべり」といった。『風俗画報』では以下のように説明している。

　　場内余興の中にて、装置の広大にして、趣向の斬新なるは、ウォーター、シュートなるべし。これは場内工業館の東北部より陸橋を架し、茶臼山に設けたり。乗客を小艇に載せて、高さ四尺の屋上より、長さ三百十四尺の斜面の軌道を走らせて、池中に墜せば艇は乱波飛沫の間に没して、暫時、その形を失ふ、須□にして波収より静まるや、艇は依然として水面に在り、艇中の客は、衣袂を濡らすことなくして、徐ろに岸に着するを得べきなり。真に壮快の戯たり、艇は一隻八人乗とし、毎隻、海軍服を着せる艇掌一人

宛乗込ませ、その眺望台を以て停車場に充てたり、又引上げには十馬力の電気を使用し、降下五秒、引上四十秒、即ち一昇降五分間の割合なり。入場料金十銭、乗艇者よりは入場料の外に、一回銭づつ徴収し居れり[3]）。

描画作品には人物が描かれているものもあり、ウォーターシュートに幼児が強い興味を持って描いている様子がわかる（図5-8）。構図については『風俗画報』（図5-9）や「第五回内国勧業博覧会記念写真帳」（図5-10）のように斜めから見た構図ではなく、真横から見たウォーターシュートを描いている作品がほとんどである。傾斜をつけ、高い場所からすべり落ちる様を描いている。

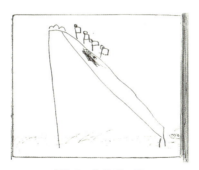

図5-8　作品 No. 32

図5-9　「大曲馬、台湾芝居、ウォーターシュート」

図5-10　「ウォーターシュート」

③電飾で光り輝いている様子が全51作品中、8作品（作品 No.13、15、16、17、18、20、45、48）に描かれている。

博覧会の会場は「連日午後五時を以て、各館の入口を閉」じていたが、「日曜日及び大祭日には、夜間電燈を点じて、各館の外部を装飾し、観客の入場を許可」[4]しイルミネーションを観覧できるようになっていた。子どもたちは保護者らに連れられ夜間にも来場していたのだろう。

点描や点線で電飾を表現している作品（図5-11）や、小さな円をいくつも連ね光り輝く電球を描いている作品（図5-12）があった。また当時の写真（図5-13）と比較した場合、建物のアーチ部分等にそって電飾が等間隔で取り付けられていたことがわかった。よって小さな円や点線でライトアップされた様子を描いたことがわかった。月を描いている作品（作品 No.15、17）もあ

図5-11　作品 No.13

図5-12　作品 No.15

図5-13　『〔第五回〕内国勧業博覧会』
正門夜景

り、イルミネーションの印象が子どもの記憶に強く残ったことがわかる。

④蒸気機関車を描いた作品が2作品（作品 No.33、43）ある（図5-14）。機関車については通運館にあったものを描いたのではないだろうか。『風俗画報』によれば、機関車は「鉄道作業局の第五百五十号と山陽鉄道会社の第百八号の二台にして、北門を入るや忽ち眼前に聳ゆるが故に何人も之を見通すことを得ず、本館中最大の物品」[5]であったという。

⑤魚が描かれ水族館のようにみえる作品（作品 No.46）がある（図5-15）。第三回内国勧業博覧会では東京湾に生息する魚を水槽に展示し、第四回内国勧業博覧会では鰻や鯉、鮒などを見せた。第五回内国博では堺大浜に水族館が整備された。これは2階建ての本建築で下から眺める天井水槽や養魚場もあり、閉会後は堺博物館として親しまれたという（図5-16）。

この作品は唯一、赤と青の色鉛筆を使用している作品である。愛珠幼稚園で現物を確認したところ紙質も違っていることから、堺の水族館を見た時の印象を家庭で描いて愛珠幼稚園に持参したのかもしれない。

⑥高い塔が描かれた作品が8作品（作品 No.19、29、31、37、38、41、42、44）ある（図5-17）。大林組が出展した「大林高塔」であろう。電動の昇降機が装置され、大阪で最初のエレベーターとなる（図5-19）。高台に造られ高さ45メートルの展望塔からは四国や大阪市内が一望できたという。『風俗画報』

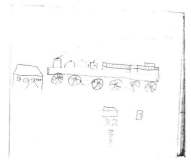

図5-14　作品 No.33

図5-15　作品 No.46

図5-16 「堺水族館」

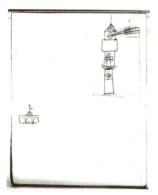

図5-17 作品 No. 41

図5-18 「大林エレベーター」

図5-19 大林高塔

には大林高塔のエレベーターに乗ろうと多くの人が押し寄せ、高台から外の景色を眺めている絵が掲載されている（図5-18）。

作品 No.41（図5-17）では人間がエレベーターに乗って移動しているように描かれており、大林高塔と推測される。レントゲン画法で表現されており、園児が実際にエレベーターに乗った時の様子を描いているのだろう。

⑦メリーゴーランドと推測される作品（作品 No.27）がある（図5-20）。

メリーゴーランドは「快回機」とされ、「木馬に跨がり、愉快に回転する機械」であり、「馬車は四名づつを乗せて、四頭の木馬之を曳き、之に連りて二列に四十頭の鞍馬」があった。「五分間を費やして場内を一周する」もので「其間絶えず美妙の音楽」が流れていたという[6]。

⑦作品 No.21（図5-21）ではレントゲン画法が見られることから、これは実際に幼児が体験した事を描いた作品であると推測される。作品 No.21は城のような特徴的な建物が描かれており、愛知県の売店と推測される（図5-22）。

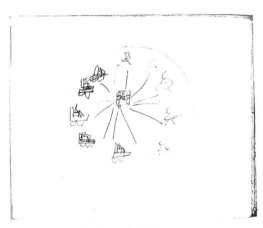

図5-20　作品 No.27

図5-21 作品 No.21

図5-22 愛知県 売店

第3節 「日露戦争記念帖」

1.「日露戦争記念帖」の分析

　「日露戦争記念帖」(図5-23) は和綴じの帳面に、白紙に描かれた27作品が収められている。12.6センチ四方の正方形の白紙に鉛筆で描かれている。それらを描かれた場所、人物描写、内容のタイプ、基底線の有無、遠近法の有無の5つの観点から分類すると表5-3となる。

　2作品を除いた25作品が軍艦を中心に描かれており海上での様子を描いている。人物描写があるものは6作品のみであり、すべて表情がない。これは

図5-23 「日露戦争記念帖」表紙

第5章 愛珠幼稚園の描画作品にみる図画教育　177

表5-3　「日露戦争記念帖」の分析

作品 No.	描かれた場所	人物描写	タイプ	基底線	遠近法
1	海		A交戦中	不明	なし
2	陸	あり	A交戦中	不明	なし
3	陸	あり	A交戦中	不明	あり
4	海	あり	A交戦中・B軍艦片側	不明	なし
5	海		A交戦中・B軍艦片側	1	あり
6	海		B軍艦片側	不明	なし
7	海		B軍艦片側	不明	なし
8	海	あり	C軍艦中心	不明	なし
9	海		B軍艦片側・D軍艦斜め	1	あり
10	海		C軍艦中心	1	あり
11	海		A交戦中・B軍艦片側	1	なし
12	海		A交戦中・B軍艦片側	1	あり
13	海		C軍艦中心	不明	なし
14	海		C軍艦中心	不明	なし
15	海		A交戦中・D軍艦斜め	不明	あり
16	海	あり	C軍艦中心	不明	なし
17	海		A交戦中	不明	なし
18	海		B軍艦片側	不明	なし
19	海	あり	不明	不明	なし
20	海		B軍艦片側	2	あり
21	海		A交戦中・B軍艦片側	不明	なし
22	海		C軍艦中心	1	なし
23	海		A交戦中	不明	なし
24	海		A交戦中・B軍艦片側	不明	なし
25	海		A交戦中	不明	なし
26	海		A交戦中・B軍艦片側	不明	なし
27	海		C軍艦中心	不明	なし

不特定の人物を描いているからだと推測される。7作品にははっきりと基底線が出現している。また遠近感を表現した描画も7作品あり、それらを総合して考えると5歳児の作品である可能性が高い。

描かれた内容から「A交戦中」、「B軍艦片側」、「C軍艦中心」、「D軍艦斜め配置」の4つに分類したが、それらの組み合わせもある。

①「A交戦中」の描画

全27作品中、14作品が交戦している様子を描いている。作品 No.25 (図5-24) では画面全体に複数の軍艦が交戦している状態を描いており、激しく鉛筆を走らせ攻撃している様子を表現している。画面のいろいろな場所に複数の軍艦を描くため、遠近感などは見られない。

②「B軍艦片側」の描画

全27作品中、12作品が軍艦の一部分を描く構図をとっている。

画面の左下または右下に軍艦が描かれ、意図的に軍艦の全体を描かず一部分のみ描いているタイプである。白紙のサイズが12.6cm四方と小さいため結果的に一部分になった作品もあるだろうが、作品をみると側面の一部だけ

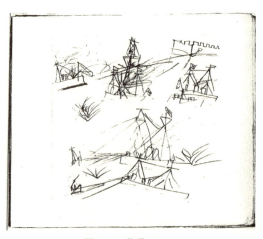

図5-24　作品 No.25

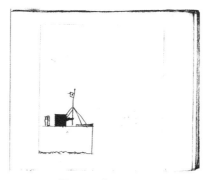

図5-25　作品 No. 7

図5-26　作品 No. 11

意図的に描いていたようにもみえる（図5-25）。

　また作品 No. 11（図5-26）のように「A交戦中・B軍艦片側」のタイプでは、海面を表す基底線が出現し、右下に砲撃する軍艦があり左下に沈んでいく軍艦が描かれている。それぞれの旗の模様も描き分けられており、日本の軍艦が砲撃していることがわかる。

　③「C軍艦中心」の描画

　全27作品中、7作品が「C軍艦中心」の作品である。画面全体に大きな1つの軍艦又は複数の軍艦が細部まで丁寧に描かれている。軍艦を詳細に描く

ための所蔵資料を調査すると、『愛珠　参』の「第二類教具」として「日清戦争パノラマ」[7]、「第五類掛図」[8]として「日露戦争記念掛図」[9]、「日露戦争記念陸海軍諸将写真」[10]と記載されており、現物は確認できないが日清・日露戦争に関連する図版を愛珠幼稚園で保有していたことがわかった。

「C軍艦中心」の作品では軍艦そのものを描いており、交戦している状態の作品はない。作品No.13（図5-27）では5つの軍艦の一つ一つの特徴を捉えて描かれており、描き分けがなされている。「朝日」「高千」の文字もあり、当時の軍艦である朝日と高千穂を描いたのではないかと推測する。このように一つ一つの軍艦を区別して描くことができるほど、作品No.13を描いた幼児は軍艦に強い興味を持っていたということだろう。

図5-28は女子高等師範学校附属幼稚園の写真であり園庭で幼児と保姆が何かを囲んで見ている様子である。写真の中心部を拡大してみると軍艦の模型を見ていることがわかる（図5-29）。女子高等師範学校附属幼稚園では幼児が軍艦の模型という立体物を通して、軍艦の細かなディティールに気づく機会があったのかもしれない。

図5-27　作品No.13

第5章　愛珠幼稚園の描画作品にみる図画教育　　181

図5-28　女子高等師範学校附属幼稚園の写真

図5-29　写真（図5-28）の一部を拡大

④「D軍艦斜め配置」の描画

全27作品中、2作品が「D軍艦斜め配置」の構図となっている。

作品 No. 9（図5-30）のように、画面下部に大きな軍艦の一部を、画面上部に複数の小さな軍艦を斜めに配置し描いている。これによって遠近感が強調される描き方になっている。作品 No. 9 は画面全体を海面としているため基底線は存在しない。作品数は2作品であり少ないが、特徴的な構図を使っ

図5-30　作品 No.9

て遠近感を表現している。

小括

　本章では、愛珠幼稚園の明治後期の描画作品を対象にして明治後期の実際の図画表現について調査を行った。
　描画作品「第五回内国勧業博覧会記念帖」の分析より以下の知見を得た。
①「第五回内国勧業博覧会記念帖」は52枚があるが、1作品のみ色鉛筆を使って描かれている。
②正門を描いた作品が最も多いが、それ以外はウォーターシュートやイルミネーション、水族館、大林高搭、メリーゴーランドなどの余興を描いたものが多い。
　描画作品「日露戦争記念帖」の分析より以下の知見を得た。
①「日露戦争記念帖」では白紙に鉛筆で軍艦が描かれ、半分以上が交戦中の絵を描いていた。
②軍艦そのものを丁寧に描いている作品もあり、幼児が軍艦そのものの形体

に強い興味をもち描いていたことがわかった。また戦争に関連する図版を愛珠幼稚園で保有していたことがわかった。

③軍艦の片側だけを描く構図や、遠方に斜めに複数の軍艦を配置し遠近感を表現するといった特徴的な構図がみられた。

④ディティールの細かさや基底線・遠近法の有無を総合して考えると５歳児の作品である可能性が高い。

以上より、「第五回内国勧業博覧会記念帖」では正門という特徴的なデザインのものや、余興といった娯楽性の高いものに幼児が注目し描いていたことがわかった。これらは第五回内国博の特徴といえるものであり、大人のみならず幼児をも惹きつけていたことがわかった。

また幼児教育といえども日露戦争と無縁ではいられず、幼児の描画表現も国家主義思想の影響がみられた。「日露戦争記念帖」の軍艦のディティールの描き方から、幼児が戦争に対して憧れや強い興味を抱いていたことは明らかである。自然物などの実物や縦覧室（標本室）の標本等を手本として描かせるという実物主義をとっていたことが第４章で明らかになったが、戦争についても同じように愛珠幼稚園で掛図等を所蔵していることが判明し、これらを図画で使用していたのだろう。

軍艦それぞれの特徴を描き分けることは幼児にとって容易なことではない。日清戦争以降「戦争錦絵」や多色刷石版画が多く出版されており[11]、これらの印刷物や写真、雑誌などを通して軍艦のディティールや遠近法的表現についての知識を得ていたと推測する。

注
1）吉見俊哉『博覧会の政治学　まなざしの近代』中央公論社、1992、pp. 146-152
2）『風俗画報』第269号、東陽堂、1903、pp. 16-17
3）同、p. 36
4）同、pp. 17-18
5）同、p. 23

6）同、p. 35

7）愛珠幼稚園編『愛珠　参』愛珠会、1969、p. 5

8）同、p. 21

9）「東京造画館発行、15枚1組のものであるが現存するものは13枚である」と註が付されている。

10）「明治三十七年二月詔書を含む、日露戦争記念社発行」と註が付されている。

11）川崎市市民ミュージアム編『日清・日露戦争とメディア』川崎市市民ミュージアム、2014、p. 13

第6章　幼稚園の図画教育で使用された教具

第1節　明治期の幼稚園で使用された教具

1．幼稚園で使用された教具

　第4章において明治13（1880）年に開設された愛珠幼稚園（現・大阪市立愛珠幼稚園）の保育記録を分析し、当時の幼稚園で実際に行われた図画表現を明らかにした。愛珠幼稚園の明治37（1904）年4月4日〜明治38（1905）年3月25日までの保育記録である『保育日記　第壹ノ部』に「談話ノ参考書絵画ヲ見セテ我好ム所ヲ画カシム」[1]（傍点筆者）という記録があった。その記述から保育項目の一つである談話と図画を関連させ談話で使用される「参考書絵画」を見せて描かせていたことがわかった。しかしながら「参考書絵画」が談話の掛図をさすのか談話の本の挿絵をさすのか詳述されていないため不明であった。また愛珠幼稚園では縦覧室（標本室）の標本いわゆる庶物を使用し図画を行っていたことがわかった。

　第3章では『婦人と子ども』誌上において、池田とよにより東京女子高等師範学校附属幼稚園の「掛図」については「取り換え」を行うほど所蔵し利用していたことが示唆された。第1章で示したように、現存はしないが多くの掛図を保有し園児の目に触れるように掲示されていたことが写真により明らかとなった。掛図や標本は庶物（博物理解）で使用されるだけではなく、図画を行う際の教材の一つとなったと考えられる。そこで本章では、図画を行う際に使用されたと推察される各地の幼稚園の教具類について分析を行う。

　本章で分析する対象園は、明治18（1885）年10月に土浦西小学校（現・土浦小学校）附属幼稚園として開園した土浦市立幼稚園（以下「土浦幼稚園」とす

る）、明治17（1884）年 8 月に開園した京都府加佐郡舞鶴町立舞鶴幼稚園（現・舞鶴市立舞鶴幼稚園、以下「舞鶴幼稚園」とする）、明治20（1887）年 4 月に開園した開智学校附属松本幼稚園（現・松本市松本幼稚園、以下「松本幼稚園」とする）の 3 園とする。 3 園は明治初期に開園した公立の幼稚園であり、現在も保育を行っている。

2．幼稚園の掛図と絵画

掛図とは、学校の教室において黒板や壁面に掲げて教授の際に用いた大判の絵図や表などを指す。西洋では「ウォール・ピクチャー」とも呼ばれ18〜19世紀には多くの地図と博物図が一斉教育の授業と感覚教育の導入に使用された[2]。西洋の掛図が明治期に日本にも導入され、それを模倣した掛図がつくられることになるのだが、掛図は使用するたびに損傷がすすみたいていのものは大型であるため保管が難しく破棄されてしまった。そのため現存する掛図はそれほど多くはない。「元来は厚手和紙の一枚物であったが、授業での掲示を考えてか、関連ある内容のものを二枚ずつ背中合わせに貼り合わせて全体として厚くし、かつ上部に竹または細板各二枚をもって補強するとともにそれに吊り紐を結ぶ」という方法や「一枚ずつ掛け軸風のりっぱな装幀をほどこし、掲示と収蔵との便を図る」といった方法をとり各学校で加工していたという[3]。

日本で掛図がつくられたのは明治 6 （1873）年のことである。米国で初等教育用に刊行されていた各種の chart を模して、東京師範学校が28枚の掛図を作成した。明治 7 （1874）年に児童用教科書および掛図の多くが改版され、それを機に編集・刊行者名が「東京師範学校」から「文部省」に改められることとなる。

上記の大判の掛図のほかに、明治初期の就学前児童向けの錦絵として《文部省発行錦絵》が発行された。文部省は明治 6 （1873）年10月 7 日に次のように布達した。

第6章　幼稚園の図画教育で使用された教具　　187

　　幼童家庭ノ教育ヲ助ル為メニ、今般当省ニ於テ各種ノ絵画玩具ヲ製造セ
　シメ、之ヲ以テ幼稚坐臥ノ際遊戯ノ具ニ換ヘハ、他日小学就業ノ階梯トモ
　相成其功少カラサルヘク、依テ即今刻成ノ画四十七種製造ノ器二品ヲ班布
　ス。此余猶漸次製造ニ及フヘク入用ノ向モ之レアラハ、当省製本所ニ於テ
　払下候条、此旨布達候事。

　すなわち「幼童」の家庭教育に用いる教材として絵画や玩具を頒布すると
いうものであり、これらの絵画には「文部省製本所」という朱印が付された。
これはそれまでの掛図のほぼ半分程度の大きさのものであり、「幼童」対象
とはいうもののかなり高度な内容のものである。佐藤は「机上あるいは床面
において観るのにふさわしいものと考えられるので、厳密な意味での「掛
図」とみることができない」とし、『教育の文化史』において「幼童用の絵
・
画」（傍点筆者）に分類し論じている。
　1870年代後半から民間において類似の掛図出版が開始されており[4]、本章
で対象とする掛図は民間によるものである。

第2節　土浦幼稚園の豊富な掛図

1．土浦幼稚園の開設

　土浦幼稚園は明治18（1885）年に土浦西小学校（現・土浦小学校）附属幼稚
園として開園した[5]。当時の幼稚園は公私立合わせても全国で30園程度であ
ったことを考えると初期の開設といえる。
　明治18（1885）年1月18日に土浦西小学校の校長坂本祐一郎が東京女子師
範学校付属幼稚園を視察し、土浦町戸長小林渉、学務委員の奥井敬、中村邦
敬、菅喜惣平との間で協議を繰り返し、当時の茨城県では初めて開設される
ことになる[6]。明治18（1885）年9月15日の仮開園には30名の募集のところ、
6名の入園しかなかった。しかし明治20（1887）年には幼児60名と急増し、

一室増築を行っている。

土浦幼稚園にはフレーベルの恩物をはじめ教具、玩具、掛図、記録類など貴重な資料が残されており、現在は土浦市立博物館に寄託されている[7]。また土浦幼稚園には幼稚園用の貴重な掛図があり、図画に使用されたと推測される掛図も現存している。

土浦幼稚園では明治期にどのような図画教育を行っていたのか保育記録や描画作品が現存していないため不明である。しかしながら土浦幼稚園には明治期の備品目録である『幼稚園図書器械名簿』が3点現存している。『幼稚園図書器械名簿』は恩物玩具・図書・器械・玩具の四項目に分けて収集した物品を記録したものであり、『幼稚園図書器械名簿』（明治三〇年七月改）によれば「恩物玩具目録」の項目に「幼稚園第十恩物　画方」とあり、図画は第十恩物の「画方」として行われていたことがわかる。

2. 土浦幼稚園の掛図

土浦幼稚園で所蔵している掛図のうち、図画に使用されたと推測される掛図は《幼稚園動物掛図》《幼稚園掛図》《幼稚園手技掛図》の3種類である。

（1）《幼稚園動物掛図》

《幼稚園動物掛図》は64.6×45.2cmの大きさのものであり、明治22（1889）年9月10日に小林新兵衛により発行されたものである。図案は山岡鐡作によるものであり、発行者は小林新兵衛、印刷者は下村初太郎であった。土浦幼稚園では8枚現存しており表と裏に動物が描かれている。描かれた動物は「猫」（図6-1）「鼠」（図6-2）「馬」（図6-3）「熊」（図6-4）「牛」「狐」「蝙蝠」「虎」「羊」「犬」「兎」「鹿」「豚」「狸」「猿」の15種類である。いずれも保存状態が良好ではなく印刷部分が剥がれてしまっているが、《幼稚園動物掛図》の使用頻度が高かったためかもしれない。「猿」の裏面には奥付（図6-5）が記載されており、「幼稚園用出版書目」という広告がある。それ

第6章　幼稚園の図画教育で使用された教具　　189

図6-1　猫

図6-2　鼠

図6-3　馬

図6-4　熊

190

図6-5 猿の裏面 奥付

図6-6 『幼稚園掛図動物図話
（家庭用獣類部）』表紙

によれば《幼稚園動物掛図》のシリーズとして「鳥類之部」「魚類之部」「虫類之部」「家庭用動物図話」を近いうちに発行する予定だったようだ。

　《幼稚園動物掛図》に使用方法については不明であったが、筆者は説明書の調査を行い、国立国会図書館で所蔵している『幼稚園掛図動物図話（家庭用獣類部）』[8]（図6-6）が《幼稚園動物掛図》の説明書であることを特定した。『幼稚園掛図動物図話（家庭用獣類部）』においても《幼稚園動物掛図》と同様の15種類の動物について解説されている。巻末には「売捌書」として「茨木市土浦及水戸　柳旦堂」とあり、土浦で『幼稚園掛図動物図話（家庭用獣類部）』の入手が可能だったことがわかる。

　『幼稚園掛図動物図話（家庭用獣類部）』では「猫」については以下のように説明している。

　猫ハ猛獣の一種にして地球上到る所人の家に飼養ふ者なり。其の容貌ハ至つて美麗なるものにて毛色ハ白、黒、茶、斑等あり。其内白黒茶の三色一匹の猫に揃ひたるときは称へて三毛と云ひ人々甚だ之を愛す。猫の瞳ハ他の獣類と異なりて書の間は補足縮まり夜に入れば愈々丸くなり其の目の力も益々鋭くなるなり。四肢の先にハ釣の如き曲りたる鋭き爪あれども平常ハかくして見せず食物ハ肉類を好み又穀物をも食ふ。
（性質）性質ハ猛獰ものなれども平時は至つて柔順なるものなり。然れども一度び怒りしとき又は鼠を見出したるときハ彼の鋭き爪を立て一時に攫み付くなり。又寒気及び水を嫌ひ常に肉類を嗜む。特に鼠は最も好物なり。
（常習）猫ハ水及び寒気を嫌ふゆえに春の間は太陽の光熱ある所に臥して身を温ため冬に至れば常に臥床に入らんことを貪ぼる。年中数度児を産むものなり。
（効用）猫ハ至つて鼠を食ふことを好むを以て人々之れを家に飼ひ養ふて鼠を捕らしめ又其の皮は乾し曝して三粒の胴張に用ゆるものなり。また身には電気を有するゆえに雨風の変を知るために船中には欠くべからざる獣

192

なり[9]。

　すなわち「猫」について簡単な説明をした後に、生物としての習性である「（性質）」と日常の動作である「（常習）」、人間にとって有益な「（効用）」を解説している。この掛図を使用する際に、「（性質）」「（常習）」「（効用）」の３つの説明文を利用することで動物の知識を総合的に教授するという意図がうかがえる。図画に関する記載はなく、図画に使用していたかは不明である。

　掛図の「猫」を見ると、赤い紐の首輪をした２匹の三毛猫が描かれている。右手前の猫は後ろ向きで座り、左手奥の猫は目を閉じて左前足を前に出し座っている。掛図の「猫」を見ても、博物学的な視点で描かれているのではなく、人間とともに暮らす「猫」の自然な動作が描かれており、猫の後姿からどんな表情なのか想像させているようにも見える。このような描き方は「猫」以外の動物の掛図も同様であり、日常のしぐさが描かれている。

（２）《幼稚園掛図》

　《幼稚園掛図（第二）雀のお宿（図6-8）》《幼稚園掛図（第三）浦島太郎（図6-9）》《幼稚園掛図（第四）兎と亀（図6-10）》は55.4×70.5センチの大きさのものであり、明治37（1904）年11月13日に天真堂の中川藤八により発行されたものである。土浦幼稚園には３枚現存している。掛図の右上には「（談話唱歌手技兼用）」と記されている。

　愛珠幼稚園による『愛珠　参』[10]によれば、「第五類掛図」[11]として「幼稚園掛図第三・浦島太郎」、「幼稚園掛図第四・兎と亀」、「幼稚園掛図第五・軍人と看護婦」、「幼稚園掛図第六・朝顔」の記載がある。註には「明治三十七年十一月天真堂発行、以下四点ともに談話、唱歌、手技兼用」とある。『愛珠　参』には「幼稚園掛図第三・浦島太郎」の写真も掲載されており、土浦幼稚園と同一の掛図を愛珠幼稚園でも所蔵していることを確認した。

　《幼稚園掛図》の使用方法についても不明であったが、筆者は解説書の調

第 6 章　幼稚園の図画教育で使用された教具　193

査を行い国立国会図書館で所蔵している『児童教育に於ける絵画の価値（幼稚園掛図の説明）』[12]（図6-7）が解説書であることを特定した。『児童教育に於ける絵画の価値（幼稚園掛図の説明）』は天真堂編輯部編なるもので、第一章は「総説」、第二章は「各説」として（一）金太郎、（二）舌切雀、（三）浦島太郎、（四）兎と亀、（五）兵卒と看護婦、（六）朝顔について説明しており、本来は 6 種類であったことがわかった。土浦幼稚園所蔵の掛図は（二）舌切雀、（三）浦島太郎、（四）兎と亀である。愛珠幼稚園で所蔵している掛図は（三）浦島太郎、（四）兎と亀、（五）兵卒と看護婦、（六）朝顔である。また『児童教育に於ける絵画の価値（幼稚園掛図の説明）』の巻末には《幼稚園掛図》の広告があり、《幼稚園掛図》には予め説明書が添付され販売されていたことがわかった。

図6-7　『児童教育に於ける絵画の価値（幼稚園掛図の説明）』

「総説」をまとめると、「幼稚園幼児を保育するに、談話は最も必要なる科目」であり、「談話によりて幼児の道徳的感情を育成し、日常庶物に関する智識を啓発」する。そこで「編者は先づ目下我多数幼稚園に於て用いらるる談話数種」を選択し「幼稚園掛図の書題」とした。次に「幼稚園の手技は、目下主としてフレーベル氏創設定の二十恩物、及び之に若干の改更を加へたるもの」を用いており、「活動性を満足せしめ、無為閑散に陥るを防ぎ、観察、注意の力を涵養し、想像力を養成し、美の嗜好を助長し、且眼と手との練習」をするために「談話科に用ふる画題を第三恩物の第一積木に画き、手技と談話との連絡」によって談話の目的を達成させるものである。また「幼稚園の唱歌に絵画を示す」ことで「直覚的、具体的のもの」にする。すなわち《幼稚園掛図》は「児童に掛図を示して唱歌を歌は」せ、「又手技の前或は手技の後に於て唱歌を歌」って、「深き興味を起し感念を確実」にすることを目的としている[13]。

第二章「各説」の（二）舌切雀、（三）浦島太郎、（四）兎と亀について見ていく。各々について「甲　修身としては」「乙　庶物としては」「唱歌」の3項目について述べられている。それぞれを下記に記す。

（二）舌切雀

甲　修身としては

（1）糊を嘗めることにより徒ら事を戒む、（2）老爺の慈悲深きことによりて博愛を知らしむ、（3）雀の饗応及び贈り物によりて報恩を知らしむ、（4）慾婆の葛籠によりて因果の道理を知らしむ、（5）来客を饗応するときの児童心得を知らしむ、

乙　庶物としては

（1）竹と雀との關係、（2）竹の性質、種類、効用、（3）雀の性質、効用、害、（4）田舎の生活及び其趣味等を知らしむ、

第 6 章　幼稚園の図画教育で使用された教具　　195

図6-8　《幼稚園掛図　舌切雀》

　唱歌を談話の間に挟むも興味あることにして、また修身と庶物とは相混じて談話するも宜しく、或いは第一日に修身の目的を達し第二日に庶物を授くるも不可なし。
　絵入積木は掛図に真似て児童をして随意に其絵を組立てしめ、又舌雀を組立てよと命じたる後に掛図を示すも可なり。

●舌切雀の唱歌（譜は進め々々に同じ）
一、雀々れ宿はどこじや、　　　　ちゅんちゅんちゅんちゅんちゅんちゅんこちらでござる
　　おぢさんよく入つしやい、　　ごちそう致しませう
　　れ茶にお菓子お土産につ□ち、左様なら帰りませうご機嫌宜しう
　　来年の春にまたまた参りせう、

　以上より、（二）舌切雀の説明において、手技としては「絵入積木」を使用し「掛図」を「真似」し「随意に其絵を組立て」ることとしているが、「絵入積木」が現存しないためどのようなものか不明である。掛図を見ると

老爺が雀を探し出す様子のようで、「修身」の「(2) 老爺の慈悲深きことによりて博愛を知らしむ」の場面のように見える。図画で使用する方法については述べられていない。

(三) 浦島太郎 (図6-9)

甲 修身としては

(1) 亀を救ふことに因て動物保護（博愛）の必要を知らしむ、(2) 亀の浦島を迎ふることによりて報恩を知らしむ、(3) 龍宮に抵れることによりて善行に善酬あることを知らしむ、

乙 庶物としては

(1) 亀の性質、種類、効用、(2) 鯛、鮪、比眼魚、鰹、鯖等、標本又は絵書によりて名□を知らしむ、(3) 仮想の龍宮同上、(4) 珊瑚、硨磲、真珠、瑠璃等同上、(5) 釣の事を説く、(6) 乙姫、玉手箱、白髪の如きは幼稚園幼児に詳説せさるを可とす。

図を示して唱歌を一二回歌はしめ後談話を試む、魚類の標本は予め教壇の引出に入置き談話の順によりて取出して児童に示し、又児童をして手づから標本を持ち、詳細に観察せしむ、若し幼稚園の庭池に魚類を放養しあらば談話を之に転じ、又魚舗の□物の二三を持来りて示すも妙なり。

絵入積木は児童の最も興味を関するものにして箱に入れたる儘浦島の唱歌を歌はしめ置き、今の唱歌の絵を積木によりて組立てよと命ずる□興味却々深し、談話、手技、唱歌の順序は一定せす。

●浦島太郎の唱歌 （譜は幼年唱歌にあり）

一、昔し昔し浦島は、　　　　子どものなぶる亀を見て、
　　あわれと思ひかひとりて、　深きふちへぞはなちける
二、或日大きな亀が来て、　　もうしもうし浦島さん、

第 6 章　幼稚園の図画教育で使用された教具　　197

図6-9 《幼稚園掛図　浦島太郎》

　　り　ゆうぐうと云ふはよい所、　そこへ案内致しませう
三、浦島太郎は亀にのり、　　　　波の上やら海の底、
　　たひしびひらめかつをさば、　むらがるなかをばわけていで
四、見れば驚くからもんや、　　　珊瑚のはしらやしやこのやね、
　　しんじ□やるりでかざりたて、夜るも輝くをくごてん
五、れとひめさまのおきに入り、　浦島太郎は三年を、
　　りゆうぐうとやうでくらすうち、わがやこひしくなりにけり
六、かへりで見ればいへもなく、これはふしぎとたまてばこ、
　　ひらけば白きけむりたち、　　しらがのちぢとなりにけり

　以上より、（三）浦島太郎の説明において「魚類の標本」を使用し「観察」させ、幼稚園の池に魚類があれば実物を示すことも推奨している。
　手技としては（二）舌切雀と同様で「絵入積木」を使用し「組立て」ることとしており図画で使用する方法については述べられていない。掛図をみると浦島太郎が亀の背に乗って、竜宮城に向かう様子が描かれている。

（四）兎と亀（図6-10）

甲　修身としては

（1）勤勉と堅忍時久とを教ふ、（2）自慢と怠慢とを戒む、（3）無謀の競争を為さべらしむ、

乙　庶物としては

（1）兎の性質、種類、効用、（2）亀の性質、種類、効用、（3）小山、池、各草木に就て知らしむ、

掛図によりて談話、唱歌、積木を授くること前諸図の例に異るなく、又此図に因みて競争を試むるも興味なきに非ず、運用の妙は保母其人手腕にあり。

●兎と亀の唱歌（譜は幼年唱歌にあり）

一、もしもし亀よ亀さんよ、　　世界の中にお前ほど、
　　歩みのろい者はない、　　　どうしてそんなにのろいのか
二、何をおっしゃる兎さん　　　そんならあまへとかけくらべ、

図6-10　《幼稚園掛図　兎と亀》

向ふの小山のふもとまで、　　どちらが先にかけつくか

三、どんなに亀がいそいでも、　　どうせばんまでかかるだろ、

　　ここらで一寸ひとねむり、　　ぐうぐうぐうぐうぐうぐうぐう

四、これはね過ぎたしくじつた、　ぴよんぴよんぴよんぴよんぴよんぴよん

　　ぴよん、

　　あんまりおそい兎さん、　　　さつきのじまんはどうしたの

　以上より、（四）兎と亀の説明において、手技としては（二）舌切雀（三）浦島太郎と同様、「積木」を使用することとしており図画で使用する方法については述べられていない。掛図を見ると右上で亀が２足で立ち上がり喜んでおり、左下には兎がぐっすりと寝ている様子が描かれている。

　総合して考えると、《幼稚園掛図（第二）雀のお宿》《幼稚園掛図（第三）浦島太郎》《幼稚園掛図（第四）兎と亀》の右上には「（談話唱歌手技兼用）」と記されてはいるが、解説書である『児童教育に於ける絵画の価値（幼稚園掛図の説明）』を参照すると手技として「積木」をさしており、図画に使用するとは記されていない。しかし掛図の絵を一つ一つみていくと、描写が巧みであり背景の樹木や草花、海などの絵画的表現にも力を入れていることがわかる。手掛けた画家は明らかになっていないが、「総説」で述べられているように「想像力を養成し、美の嗜好を助長」するものとして十分に優れているものと言える。

（３）《幼稚園手技掛図》

　土浦幼稚園には東京造画館が明治期に発行した《幼稚園手技掛図》が11枚現存している（表6-1）。これらは76.2×54.2cm の大型の掛図であり土浦幼稚園にのみ現存している貴重な掛図である。カラー印刷の紙が貼付されており厚手の掛図となっている。手技が片面に２～３個描かれており、図画はNo.6 《幼稚園手技掛図　箸環　画キ方》（図6-11）および No.11《幼稚園手

表6-1　土浦幼稚園所蔵の《幼稚園手技掛図》

No.	表題〔サイズ〕	作成者
1	幼稚園手技掛図　摺紙　豆細工　南京豆繋ぎ方〔76.2×54.2〕	画作印刷兼発行 塚本岩三郎
2	幼稚園手技掛図　組紙　剪紙　織紙　粘土細工〔76.2×54.2〕	画作印刷兼発行 塚本岩三郎
3	幼稚園手技掛図　積木　排板〔76.2×54.2〕	画作印刷兼発行 塚本岩三郎
4	幼稚園手技掛図　箸環　繍紙〔76.2×54.2〕	画作印刷兼発行 塚本岩三郎
5	幼稚園手技掛図　積木　排板〔76.2×54.2〕	画作印刷兼発行 塚本岩三郎
6	幼稚園手技掛図　箸環　画キ方〔76.2×54.2〕	画作印刷兼発行 塚本岩三郎
7	幼稚園手技掛図　剪紙　織紙　粘土細工　組紙〔76.2×54.2〕	画作印刷兼発行 塚本岩三郎
8	幼稚園手技掛図　摺紙　豆細工　繋キ方〔76.2×54.2〕	画作印刷兼発行 塚本岩三郎
9	幼稚園手技掛図　紐置　繋キ方〔76.2×54.2〕	画作印刷兼発行 塚本岩三郎
10	幼稚園手技掛図　摺紙　豆細工〔76.2×54.2〕	画作印刷兼発行 塚本岩三郎
11	幼稚園手技掛図　箸環　剪紙　画キ方〔76.2×54.2〕	画作印刷兼発行 塚本岩三郎

技掛図　箸環　剪紙　画キ方》（図6-12）に掲載されている。《幼稚園手技掛図》について解説書の調査を行ったが不明である。

　No.6《幼稚園手技掛図　箸環　画キ方》の掛図の「画キ方」には縦横の罫線を利用した「ランプ」、白紙部分に「コマ」「机」「標札」「汽車」の5点の図がペンで描かれている（図6-13）。いずれも幼児にとって身近な題材である。同じ面に描かれている「箸環」の図と比較すると、「画キ方」の「汽車」（図6-15）と「箸環」の「汽車」（図6-16）の向きは違っているがフォルムが似ていることがわかった。第2章で述べた『幼稚園保育法』にも汽車の図は掲

第 6 章　幼稚園の図画教育で使用された教具　　201

図6-11　No.6《幼稚園手技掛図
箸環　画キ方》

図6-12　No.11《幼稚園手技掛図
箸環　剪紙　画キ方》

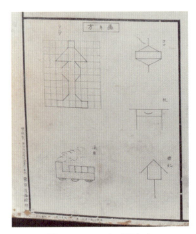

図6-13　No.6　画キ方

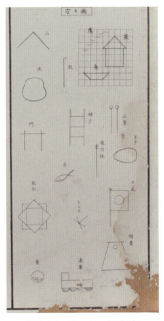

図6-14　No.11　画キ方

載されており題材としてよく使用されていたことがわかる。また「画キ方」の「机」（図6-17）と「箸環」の「机」（図6-18）も取っ手の数が1個から2個に増えただけで図形の構造がほとんど同様であることが確認できた。第3章で述べた『婦人と子ども』の池田とよの図版にも机や汽車がある。子どもたちにとっては身近なものであり描かれたのだろう。

　No.11《幼稚園手技掛図　箸環　剪紙　画キ方》の掛図の「画キ方」には縦横の罫線を利用した「家」「舟」が描かれており左上に「鷹」が描かれている（図6-14）。白紙部分には「山」「杖」「池」「火箸」「梯子」「門」「卵」「電信柱」「魚」「日ノ丸」「トンボ」「紋形」「踏台」「汽車」「栗」があり、合わせて18点がペンで描かれている。いずれも幼児にとって身近な題材である。同じ面に描かれている「箸環」および「剪紙」の図と比較すると、題材名は異なるが「画キ方」の「日ノ丸」（図6-19）と「剪紙」の「国旗」（図6-20）、「箸環」の「国旗」（図6-21）の図形の構造がほとんど同じであることが確認できた。また「画キ方」の「山」（図6-22）と「剪紙」の「山」（図6-23）の図形の構造はほぼ同じであり、「箸環」の「山ニ月」（図6-24）は「画キ方」の「山」（図6-22）に丸い小さな環の月を追加した図形となっている。加えて「画キ方」の「踏台」（図6-25）と「剪紙」の「踏台」（図6-26）、「箸環」の「踏台」（図6-27）の図形の構造がほとんど同様であることが確認できた。また「画キ方」の「トンボ」（図6-28）と「箸環」の「トンボ」（図6-29）の図形を比較すると、頭部の有無という違いはあるが構造がほとんど同じである。「画キ方」の「門」（図6-30）と「箸環」の「門」（図6-31）、「画キ方」の「梯子」（図6-32）と「箸環」の「梯子」（図6-33）、「画キ方」の「舟」（図6-34）と「剪紙」の「舟」（図6-35）、「画キ方」の「家」（図6-36）と「剪紙」の「家」（図6-37）もほぼ同じ図形である。特に「舟」にいたっては「画キ方」「剪紙」ともに縦横の線を使用しているため図形のプロポーションが同一であることがわかる。「画キ方」の「紋形」（図6-38）と「剪紙」の「紋形」（図6-39）を比較すると「画キ方」には最背面に重なる正方形の線が追加されているが、

第6章　幼稚園の図画教育で使用された教具　203

図6-15　No.6　画キ方
「汽車」

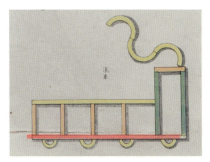

図6-16　No.6　箸環
「汽車」

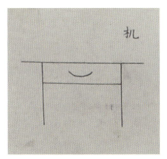

図6-17　No.6　画キ方
「机」

図6-18　No.6　箸環
「机」

図6-19　No.11　画キ方
「日ノ丸」

図6-20　No.11　剪紙
「国旗」

図6-21　No.11　箸環
「国旗」

 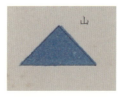 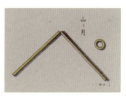

図6-22　No. 11　画キ方「山」　　図6-23　No. 11　剪紙「山」　　図6-24　No. 11　箸環「山ニ月」

図6-25　No. 11　画キ方「踏台」　　図6-26　No. 11　剪紙「踏台」　　図6-27　No. 11　箸環「踏台」

図6-28　No. 11　画キ方「トンボ」　　図6-29　No. 11　箸環「トンボ」

第 6 章　幼稚園の図画教育で使用された教具　　205

図6-30　No.11 画キ方
　　　　「門」

図6-31　No.11 箸環
　　　　「門」

図6-32　No.11 画キ方
　　　　「梯子」

図6-33　No.11 箸環
　　　　「梯子」

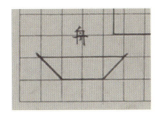

図6-34　No.11 画キ方
　　　　「舟」

図6-35　No.11 剪紙
　　　　「舟」

図6-36 No.11 画キ方
「家」

図6-37 No.11 剪紙
「家」

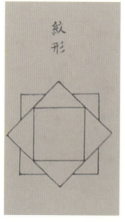

図6-38 No.11 画キ方
「紋形」

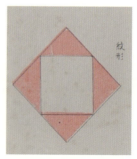

図6-39 No.11 剪紙
「紋形」

それ以外はほとんど同じである。

　以上より、《幼稚園手技掛図》には縦横の罫線を利用した図と白紙に描かれた図が併記して提示されていることがわかった。また題材は幼児にとって身近なものであり、同じ面に描かれた他の手技との連携を図っていたのである。

第3節　地域の画家と舞鶴幼稚園

1．舞鶴幼稚園の開設

　前述したように日本で初めて幼稚園が開設されたのは明治9（1876）年のことである。明治16（1883）年度における官公私立幼稚園数はわずかに11園、園児数は544人であったが、明治18（1885）年には幼稚園数30園、幼児数1893名と著しい増加をみせる。舞鶴町でもこの思潮を鑑み、明治17（1884）年8月に明倫校内に幼稚科を設置する。これは全国でも「第十一位にあり誠に府下に於ても創立第二位」であり、「地方幼児保育史上特筆すべきこと」であった。

　舞鶴幼稚園の沿革についてはこれまで舞鶴幼稚園史である『百年のあゆみ』[14]で概略が示されたのみであり詳細に記述されたものがないため、『舞鶴町立幼稚園沿革史　その一』[15]を中心に辿っていく。

　舞鶴幼稚園設立の経緯であるが、『舞鶴幼稚園沿革史　その一』では明治17（1884）年2月の文部省発布の保育要旨に基づき、明倫校長であった河村真六が舞鶴町と相図り「明治十七年八月明倫校内に幼稚科を設置」し、「福尾幾久女史を保育の任に当たらせた」とある。

　明倫校（現在の舞鶴市立明倫小学校）とは元来、細川藤孝（幽斎・1535-1610）を開祖とする丹後田辺藩[16]の藩校であり学問所であったが、正確な設立年は明らかではない。『明倫百年史』[17]によれば、第三代藩主・牧野英成（1671-1741）の時に、川村久八・杉本剛斎藩士二人が学事を担当することになり、それが明倫館のはじまりだと伝えられている。天保年間（1781-1788）の際に初めて城内に「明倫斎」という学問所を開き、文久年間（1861-1863）に学舎を増改築し、改めて「明倫館」と名付けた。

　「明倫館」で行われた学科は、当初は漢学が主であったが、安政年間より洋学、医学、算術、習字、習礼の五科が加わり藩士の子弟が通っていたとい

う。明治維新となり明治4（1871）年廃藩置県が実施されるに及んで旧藩学問所である明倫館も閉鎖されてしまう。しかし明治5（1872）年8月の「学制」発布にともない、京都府の小学校を模範とし明治6（1873）年4月13日に小学「明倫校」として開校する。教科は読書、習字、算術の三教科であった。

舞鶴幼稚園の創設日について、『舞鶴明倫校沿革史』では「明治十七年十一月　校内に幼稚科を置き幼児の保育を創む」と記されており、「明治十七年八月」とした『舞鶴幼稚園沿革史　その一』との違いがみられる。この相違について『明倫百年史』では「明治十七年八月に、明倫校内に幼稚科を設けることに決定し、設置認可の申請し、その認可をうけて、同年十一月に保育を開始したのではあるまいか」と推察している。

また保姆であった福尾については『日本幼稚園史』によると舞鶴幼稚園は「最初の主任福尾幾久氏は氏原鍈によつて保育の初歩を授けられた」[18]としており、氏原の教えを受けていたことがわかる。氏原は大阪府費で東京女子師範学校附属幼稚園へ保育見習いに行き、大阪の幼稚園教育界の発展に尽力した人物である[19]。よって舞鶴幼稚園でも東京女子師範学校附属幼稚園の保育内容や目的を模範として行われていたと推察する。明治18（1885）年10月15日、明倫校御真影奉安庫の北部に開誘室（保育室）が竣工し移転する。

明治19（1886）年3月、園庭に山及び池を築造する。当時の幼稚園の写真資料は現存しないが、梅堂による「創立当時の思い出」[20]という絵が『明倫百年史』に掲載されている。園庭には小さな山や池らしきもの、ブランコが描かれ当時の様子を記す貴重な資料となっている。

明治23（1890）年9月には保育児童が増加し、「明倫校裁縫室を借り保育する」ほど盛況となり、明治24（1891）年に遊戯室を建築しオルガン大鏡等を設置した。創立当時の唱歌には琴や拍子木を用いたが、「秋のうた」「民草」「家鳩」「君が恵み」等の歌詞はいずれも高尚で幼児は意味を理解できないという状況だったという。

明治26（1893）年、幼稚科を舞鶴幼稚園と改名する。保育科目は「修身、唱歌、玩具手芸、遊嬉」とし、保育年限を3年、定員を150名、一の組、二の組とし、さらに甲乙に分け保姆は6名となった。修身科は婦女の鏡、名士伝等によって訓話を行っていた。「玩具手芸はフレーベル恩物数種を課し」、遊嬉は手遊びと称して風車、蓮花、西洋鬼等を行った。

明治29（1896）年8月、未曾有の大洪水によって舞鶴町全域が水没する。十数名の死亡者がでる惨事であったが町民は教育の必要性に対する理解を深め、翌30（1897）年に「幼稚定員を二百名とし保姆を七名に増員する等」の発展を遂げていくこととなる。また同年、佐久間園長が退職し中川美尚が園長となる。中川が園長として就任以来、「保育の改善を企図し参考図書庶物標本の備付等あらゆる施設」（傍点筆者）に配慮し、「当時の幼稚園としては其の完備稀に見る所」であったとまで述べている。これら「参考図書庶物標本」については後述する。

『明倫百年史』には明治31（1898）年から「父兄懇談会」「父母ノ会」と称して父兄が学校に参集するようになったと記されており、「幼稚園・尋常・高等生徒成績品展覧」が行われ幼児の成績品も展示された[21]。小学と幼稚園の行事を連携して行っていたのだろう。

明治33（1900）年、小学校令の改正がなされたが舞鶴幼稚園の保育内容の発展は遅々として進まなかった。しかし入園児童は増加、保姆も増員となった。小学校令施行規則に基づき保育要項を定め、保育科目は遊戯、唱歌、談話、手技となる[22]。

明治35（1902）年に開誘室が狭隘となり高等小学校の一部を借り受ける。尋常小学校と高等小学校の中間地点に増築を行い、翌36（1903）年3月1日、移転する。これによって「遊戯室を中央に東部を第一と称し一二三の甲組」を入れ、「西部を第二と称し一二三の乙組」という配置となった。明治35（1902）年には「母の会が創立」され、保育の研究が進んでいく。明治37（1904）年4月、保育要旨を改め「保育日誌[23]」に依れば会集、修身、庶物、

板排、箸排、環排、豆細工、紙折、摺紙、繋き方、石盤、遊戯、唱歌、積木等」となる。すべて一定の時間割に定める保育は今日の保育と比較し、「常に知的陶冶に傾き幼児本来の創造的活動性は殆と顧みられさる状態」にあったという。その後、保育研究が進むに従ってその弊害を認め、明治44（1911）年に細密な規定を省略することとなる。

明治40（1907）年度より保育年下は従前どおり3年とし、収容定員も150名となる。日露戦争後、初等教育を始め多くは進展したが、「幼稚保育の不振」は続いていったと沿革史では結んでいる。

2．舞鶴幼稚園の保育内容

舞鶴幼稚園には前述した大洪水のため開設時の保育科目を記述した書類が存在しない。そこで京都府が明治17（1884）年に布達した「小学校附属幼稚保育科規則」[24]を参考とし保育内容をみていく。

小学校附属幼稚保育科規則第三条によれば、保育科は「二組」に分け「年齢満四年以上五年未満ノ者」を「二ノ組」とし、「満五年以上六年未満ノ者」を「一ノ組」とし、年齢によって2つの組に分けられていた。

第七条によれば、保育時間は「一日四時間ヲ超」さないようにし、「毎科ノ時間」は「三十分」を過ぎないようにとされていた。

第八条に保育科目が下記のように示された。

　　保育科目ハ修身ノ話、史誌ノ話、庶物ノ話、木ノ積立、板排ヘ、箸排ヘ、骨牌、画キ方、数ヘ方、書キ方、読ミ方、唱歌及ヒ遊嬉トス。但、土地ノ状況ニ依リ、科目ヲ斟酌スルコトヲ得、此場合ニ於テハ府知事ヘ伺出ヘシ。

上記のように、保育科目は13課目とされ、第九条の「保育ノ要旨」には13課目それぞれの内容が記述された。図画にあたる「画キ方」の要旨では「画キ方ハ幼児ノ好ミニ任セ、石盤等ニ画カシメ或ハ簡単ナル実物ヲ示シテ之ヲ

第6章　幼稚園の図画教育で使用された教具　　211

表6-2　保育課程表

課目	二ノ組	一ノ組
修身ノ話	2	2
史誌ノ話	1	2
庶物ノ話	2	2
木ノ積立	4	3
板排ヘ	2	2
箸排ヘ	2	2
骨牌	2	3
画キ方	2	3
数ヘ方	1	3
書キ方	0	4
読ミ方	0	4
唱歌	6	6
遊嬉	12	12
計	36	48

画カシムモノトス」と示された。よって「幼児ノ好ミ」に任せて描かせるという方法をとり、石盤を使用し、「実物ヲ示シ」て描かせるという実物主義がとられていたと考える。

　第十条には保育課程表が示され、それをまとめると表6-2となる。数字は「毎週ノ度数ヲ示スモノ」である。保育課程表（表6-2）より、遊嬉と唱歌に大きく時間を割いていた事がわかる。舞鶴幼稚園の調査においては明治期の保育記録や描画作品、石盤や石筆が発見されていないため、舞鶴幼稚園の図画教育がどのように行われていたのか明らかにはされていない。

3．舞鶴幼稚園の掛図・絵画
(1) 舞鶴幼稚園の掛図・絵画とは

『舞鶴幼稚園沿革史 その一』によれば、明治30（1897）年に中川美尚が園長として就任以来、「保育の改善を企図し参考図書庶物標本の備付等あらゆる施設」に配慮していたことが記されている。その充実ぶりについて「当時の幼稚園としては其の完備稀に見る所」とまで記述している。それらは沿革史を編纂した昭和5（1930）年当時においては全く使用に堪えないものだったが、編纂にあたった山崎は「本園発展の歴史を物語る唯一の遺物」であり、その歴史的価値を高く評価している。

現時点までの調査では「参考図書」および「標本」は発見できないが、複数の印刷された掛図や肉筆（手描き）の掛図、絵画を発見することができた。明治期の幼稚園で使用していたと思われる肉筆（手描き）の掛図や絵は他園ではほとんどみられず希少な教具である。

(2) 舞鶴幼稚園に現存する印刷された掛図

明治期に印刷された掛図は3点でありすべて掛軸となっている。
《大日本帝国一等戦闘艦敷島真図》（裏書きは「敷島艦真図」）（図6-40）およ

図6-40 《大日本帝国一等戦闘艦敷島真図》

第6章　幼稚園の図画教育で使用された教具　213

図6-41　掛図《動物標本画　黒猩々之図》

び《高貴御行列図（明治元年御東上）》は東京造画館によるもので明治33（1900）年に印刷されたものである。いずれも65.2×81.0cmの大きさである。

　掛図が印刷された明治33（1900）年は軍事力増強に猛進していった時期であり、明治34（1901）年には舞鶴鎮守府が開庁している[25]。印刷所が「東京造画館」ということからおそらく全国規模で流通したものだろう。

　《動物標本画　黒猩々之図》（図6-41）も明治33（1900）年に印刷された掛図であるが東京の学報社によるものである。96.2×68.0cmの大きさの石版による掛図である。この掛図は下部に「アルフレット、レーマン著」「目黒辰太郎模写」とあり、第1章でふれた奈良女子大学が所蔵している《黒猩々之図》と同じ掛図であることを確認した。印刷技術の発展によって細部まで写実的に描かれており、単純な線で表現された土浦幼稚園で所蔵の《幼稚園動物掛図》とは全く異なる表現である。

　3軸とも「京都府加佐郡舞鶴幼稚園」の印影がある。この園名を用いたの

は、明治26（1893）年から昭和13（1938）年までであるから、この間に購入されたことは間違いなかろう。また《動物標本画　黒猩々之図》の裏書きには「明治三十四年買求　動物標本　黒猩々」と記されており、3軸とも同時期である明治34（1901）年に購入されたと特定する。

（3）肉筆（手描き）の掛図

　舞鶴幼稚園には肉筆（手描き）の掛図が現存している。それらを①《桃太郎》の掛図、②《1日の生活の様子》の絵、③《明治三十四年六月》の掛図、④唱歌用掛図、⑤動物絵画の5つに分類し述べていく。

①《桃太郎》の掛図（図6-42）

　《桃太郎》の掛図として11軸の掛図が発見された。93.4×59.2cmの大きさで掛軸状のものであり、すべて肉筆の掛図であるが作者は不明である。舞鶴市郷土資料館で製作された解説文[26]によれば「絵本のない時代によみきかせとして活用されていた」とある。裏書の標題は下記のとおりである。

　　桃太郎　第一　婆川ニ於テ桃ヲ拾フ画
　　桃太郎　第二　爺ノ家ニ帰リタル画
　　桃太郎　第三　桃ノ中ヨリ生シ出タル画
　　桃太郎　第四　太郎ノ握飯ヲ食フ画
　　桃太郎　第五　太郎大将トナリテ遊フ画
　　桃太郎　第六　太郎鬼ガ嶌ニ門出ノ画
　　桃太郎　第七　雉モ従ハンコトヲ願フ画
　　桃太郎　第八　太郎鉄門ヲ望ム画
　　桃太郎　第九　太郎ノ命ニ従ヒ先登スル画
　　桃太郎　第十　太郎ノ鬼ヲ平ゲシ画
　　桃太郎　第十一　太郎凱旋爺婆出向ノ画（図6-42）

第6章　幼稚園の図画教育で使用された教具　215

図6-42 《桃太郎　第十一　太郎凱旋
爺婆出向ノ画》

　上記より「桃太郎」の代表的な11場面を抽出し掛軸状の掛図にしたことがわかる。和紙に墨で描かれ彩色されたものである。《桃太郎　第十一　太郎凱旋爺婆出向ノ画》の樹木や岩、人物の筆致より日本画家の手になるものであると推測されるが、作者は不明である。前述した印刷された掛図同様、「京都府加佐郡舞鶴幼稚園」の印があることから、明治26（1893）年から昭和13（1938）年までに製作されたものだと推察する。

　『桃太郎』は明治27（1894）年に「日本昔噺」の第一編として刊行された。巌谷小波によるこのシリーズは「伝承昔噺を、近代的な児童読みものとして再編成した最初のもの」[27]とされている。明治29（1896）年に東京女子高等師範学校編なる『昔話桃太郎』[28]が作成されている。皇后陛下が行啓にならねれ金一封を賜った。そこで絵本『昔話桃太郎』を作成して園児と職員に配布したという[29]。12場面であり折本に仕立てられ、「詞書き」がつけられている。

第4章の愛珠幼稚園の保育記録の分析で述べたように桃太郎は「談話」として愛珠幼稚園でも行われていた。明治37（1904）年4月4日〜明治38（1905）年3月25日までの記録である「保育日記　第六ノ部」では、談話で取り扱っていた桃太郎の話を「画方」に関連付けて円形の黍団子の絵や桃を描いていたことがわかっている[30]。舞鶴幼稚園においても桃太郎の掛図を談話だけでなく「図画」を行う際にも活用していた可能性がある。

② 《1日の生活の様子》の絵

　《1日の生活の様子》は6枚の絵画である。これも桃太郎と同様、肉筆（手描き）の絵であるが掛け軸にはなっておらず、後年、四つ切の画用紙に貼付したようである。《1日の生活の様子》は基本的な生活習慣を身につけたり、行儀作法を学ぶ際に使用されていたようである。作者や製作年を示す印影等はないが、登場人物の服装などから明治期に製作され所蔵された可能性がある。

　1枚目は《顔洗い》の場面であり、兄が顔を洗い妹が兄の着物の袖と手ぬぐいを持っている。2枚目は《朝の挨拶》の場面であり、兄妹が父母に朝の挨拶をしている。3枚目は《朝食》の場面であり、父母と兄妹4人が正座し机を囲んで朝食をとっている。4枚目は《お見送り》の場面であり、学校に行く洋服を着た兄と着物を着た姉を見送る妹が描かれている。5枚目は《帰宅》の場面であり、母に帰宅の挨拶をする姉とおやつを食べている妹が描かれている。6枚目は《就寝》の場面であり、父母に就寝の挨拶をする妹が描かれている。以上、6枚の絵画の内容から考えると図画に使用されていたとは考えにくい。

③ 《明治三十四年六月》の掛図

　《明治三十四年六月》と裏書きされた掛図が《第一》から《第九》まで9軸現存している。これも肉筆で掛軸のものであるが、作者は不明である。前

述した掛図同様、「京都府加佐郡舞鶴幼稚園」の印影がある。

裏書きの標題は「明治三十四年六月」であり、続けて下記のように記されている。

第一　暁ニ烏雀ノ□ツ画[31]（図6-43）
第二　児童ノ自分ニ帯ヲシムル画
第三　児童ノ盥ニ水ヲ□□画
第四　児童ノ顔ヲ洗フ画
第五　児童ノ朝起キ父母ニ挨拶スル画
第六　父子共ニ食事画
第七　児童ノ連立チ出園スル画
第八　児童ノタノ□遊戯スル画
第九　児童ノ玩具ノ弄ブ画

掛図には「明治三十四年六月」と全てに記されており、前述した掛図《明治三十四年買求　動物標本　黒猩々》を考慮すると「明治三十四年六月」に購入した可能性が高いと推測される。

《第一　暁ニ烏雀ノ□ツ画》（図6-43）は舞鶴幼稚園で歌われている歌に関係している。明治32（1899）年に入園した卒園生によれば「からすがかあかあないている。…中略…と言ううたとゆうぎを、幼稚園に入った時に教えられました」[32]と述懐している。歌の歌詞は下記である。

からすは　カアカア　鳴いている
雀は　ちゅんちゅん　鳴いている
障子が明るくなってきた
早く起きぬと遅くなる

図6-43 《明治三十四年六月
　　　　第一　暁ニ烏雀ノ□ツ画》

図6-44 《明治三十四年六月
　　　　第七　児童ノ連立チ出園スル画》

図6-45 《明治三十四年六月
　　　　第八　児童ノタノ□遊戯スル画》

図6-46 《明治三十四年六月
　　　　第九　児童ノ玩具ノ弄ブ画》

《第一　暁ニ烏雀ノ□ツ画》は歌詞の1・2フレーズ目に対応しており、飛んでいる雀と鳴いている烏が描かれている。

　《第二　児童ノ自分ニ帯ヲシムル画》は男児が着物の帯を締める様子が描かれている。《第三　児童ノ盥ニ水ヲ□□画》は顔を洗うため盥に水をくんでいる様子が描かれている。《第四　児童ノ顔ヲ洗フ画》は顔を洗っている様子である。前述した②《1日の生活の様子》の《顔洗い》と動作は違うが左側に盥が描かれており、構図が似ている。

　《第五　児童ノ朝起キ父母ニ挨拶スル画》は父母に手をついて朝の挨拶をする様子である。これも②《1日の生活の様子》の《朝の挨拶》の場面と構図が似ている。子どもが2人から1人と減っているが、母親が二本線の模様が入っている帯を締めている点は同じである。

　《第六　父子共ニ食事画》では、父母と子どもの3人で朝食をとっている様子が描かれている。これに関しても②《1日の生活の様子》の《朝食》と構図が似ている。掛図を比較してみると子どもが2人から1人と減り、父母と子どもの座っている場所が入れ替わっている点が異なる。

　《第七　児童ノ連立チ出園スル画》（図6-44）は、年上の男児に手を引かれ幼稚園に向かう年下の子どもが描かれている。奥にいる赤い帯の女児は着物を着ているが、手前の子ども2人は着物に靴を履いている。《第八　児童ノタノ□遊戯スル画》（図6-45）は、7人の児童が連なって踊っている様子が描かれている。洋服を着た男児1名と和服を着た男女児6名が「遊戯」をしている様子である。

　《第九　児童ノ玩具ノ弄ブ画》（図6-46）は、洋服を着た男児が椅子に座り縦横線の引かれた恩物机の上にある積木を積んでいる様子が描かれている。前述したように京都府が布達した「小学校附属幼稚保育科規則」では「木ノ積立」である積木を重視しており、そのため「木ノ積立」を行っている様子が描かれたのかもしれない。

以上より、《明治三十四年六月》の掛図については、前述した《1日の生活の様子》と内容が重複する掛図が4枚あるが、どちらが先に描かれたのか不明である。ただし《明治三十四年六月》の掛図では単なる幼児の1日の様子だけではなく、幼稚園に他の子どもと「連立」って「出園」し、「遊戯」をし、教具である「玩具」の「木ノ積立」（積木）をおこなっている掛図が含まれており、「幼稚園に通う子どもの1日の様子」を描いているといえる。よって、当時の舞鶴幼稚園に通う子どもの様子を描いている可能性もある。いずれにしても掛図の内容から図画に使用していたかは不明である。

④《唱歌用掛図》

　3段の木箱に納められた《唱歌用掛図》が全20軸発見された。85.8×59.8cmの大きさで、これも肉筆（手書き）で掛軸であるが、作者は不明である。裏書きの標題をまとめると表6-3になる。

　上段が6軸しか現存しないが木箱から推察すると全21軸であったのではないかと推察する。いずれも《桃太郎》の掛図同様、細かな描写がなされており日本画家の手になるものだろうが作者は不明である。

　前述したように、明治26（1893）年、幼稚科を舞鶴幼稚園と改名後、保育科目は「修身、唱歌、玩具手芸、遊嬉」となり遊嬉は手遊びと称して風車、蓮花、西洋鬼等を行ったとされている。上段《蓮□ノ花ノ絵》（図6-47）では子どもたちが蕾のように中心に集まっている様子が描かれそれに応じて下部の蓮華も蕾のまま描かれている。中段《1の分　蓮花ノ絵》（図6-48）では子どもたちが手を繋いで環になり花が咲いた様子を示しており、下部の蓮華も咲いている様子が描かれている。掛図を示して蓮華の唱歌と遊戯を行っていたのではないだろうか。

　また上段《軍艦ノ絵》および下段《軍□□□ノ絵》を見ると、《大日本帝国一等戦闘艦敷島真図》同様、戦争の影響が感じられる。

表6-3 《唱歌用掛図》

段	裏書の標題
上段 6幅	唱歌用掛図　浦嶋太郎ノ絵
	唱歌用掛図　雪やこんこノ絵
	唱歌用掛図　蓮□ノ花ノ絵
	唱歌用掛図　軍艦ノ絵
	唱歌用掛図　2の分　菊ノ花ノ絵
	唱歌用掛図　白□□□ノ絵
中段 7幅	唱歌用掛図　カリカリノ絵
	唱歌用掛図　□□□山ノ絵
	唱歌用掛図　さようならノ絵
	唱歌用掛図　箱庭ノ絵
	唱歌用掛図　1の分　蓮花ノ絵
	唱歌用掛図　お月様ノ絵
	唱歌用掛図　蝶々ノ絵
下段 7幅	唱歌用掛図　軍□□□ノ絵
	唱歌用掛図　ほたるノ絵
	唱歌用掛図　籠□ノ絵
	唱歌用掛図　花売買ノ絵
	唱歌用掛図　水遊びノ絵
	唱歌用掛図　椿の花ノ絵
	唱歌用掛図　風車ノ絵

⑤動物絵画

　動物を描いた肉筆（手描き）の絵画が8点現存している。描かれている動物は《雄鶏》《狼》《猿》《駝鳥》《虎》《雉》《鳩図》《ライオンとねずみ》（図6-49）である。これらの動物絵画は掛軸のように表装されておらず、一部は紙の周囲に損傷があるため保育室に掲示されていたと考えられる。

図6-47　唱歌用掛図
　　　　上段《蓮□ノ花ノ絵》

図6-48　唱歌用掛図
　　　　中段《１の分　蓮花ノ絵》

図6-49　《ライオンとねずみ》

《雄鶏》は48.5×67.8cm の大きさで、今井玉廉の手によるものである。今井は明治30（1897）年に明倫校で祝辞を読んでおり、舞鶴出身の画家である。「雄鶏」には「京都府加佐郡舞鶴明倫尋常小学校」の印影があり、「京都市盲啞院卒業生　玉廉」と記されている。現在は舞鶴幼稚園に所蔵されているが、本来は「京都府加佐郡舞鶴明倫尋常小学校」の所蔵品だったのだろう。

　また落款より《ライオンとねずみ》および《鳩図》を描いた作者は藤山鶴城（藤山復雄）であることが明らかとなった。《ライオンとねずみ》《鳩図》を描いた藤山鶴城（藤山復雄）は明治3（1870）年に旧田辺藩士族として舞鶴町に生まれた。四条・円山派の幸野楳嶺、野村文挙に師事し、明治25（1892）年京都画学校を卒業し日本美術協会会員として活躍した[33]。

　藤山は父方の菩提寺である舞鶴市の天香山・桂林寺[34]（曹洞宗）に4枚の障壁画を描いており、現存している。障壁画の一部にはねずみも描かれており、描き方に関して《ライオンとねずみ》との共通点もみられた。同じく舞鶴市にある妙法寺の障壁画《鷹図・牡丹孔雀図》[35]も藤山の手になるものである。妙法寺は藤山の母方の菩提寺となっており、明治期から昭和期にかけて藤山が描いた多くの障壁画を見ることができる。両寺の資料調査では藤山が障壁画を描いた経緯についてははっきり示されていない。また舞鶴幼稚園に藤山の絵画が現存する経緯については、それを記した資料が発見できないため不明である。ただ舞鶴の2つの菩提寺や幼稚園に絵が残されていることを考慮すれば、京都画学校で学んだ藤山が故郷の舞鶴に寄与したいという心情があったことは確かだろう。

第4節　松本幼稚園の模型

1．松本幼稚園の開設

　信州では室町中期に寺子屋が創設され、幕末信州の寺子屋は1341を数えたという。この数字は全国第一位の普及率であった。明治9（1876）年の長野

県の就学率は63.2パーセントであり、これも全国第一位であった[36]。このような教育地域である長野県・松本市に満を持して明治20（1887）年4月1日、開智学校附属松本幼稚園（以下、「松本幼稚園」とする）が設立された。開園時には109名の園児が入園したという[37]。松本幼稚園も東京女子師範学校附属幼稚園を手本としつつ、保育要旨では智育・体育・徳育の三分野の調和的発達の必要性が説かれ、開発主義教授の教育思想に立脚した幼稚園として開設される[38]。

　創立当初の規則では、第三條に「本園ノ課業」として「会集、修身ノ話、二十種恩物使用、遊戯、唱歌、数ヘ方、読ミ方、書方、庶物問答」と示されている。よって図画は「二十種恩物使用」に含まれており、「開智学校附属松本幼稚園課業程度表」[39]には「画書方」とされ、一年には行われず二年から配当されていた。明治21（1888）年には松本大火により保育棟を消失し、開智学校の校舎を借り受け、松本尋常高等小学校男子部、女子部と移転する。

　長野県では明治23年頃から幼稚園教育に対する批判があらわれはじめる。長野県附属小学校幼稚園はわずか2年6か月で廃止されることとなった。資金の問題、幼稚園への入園が特権階級と考えられていたこと等が批判の対象となった。しかし、松本幼稚園では開設されるまで3年かけて教員自身の手によって準備がなされており、地域住民の教育への関心の高さから地域の問題とはならなかったという。

　明治32（1899）年に片端に移転し園舎が独立することとなる。明治34（1901）年には「開智学校附属松本幼稚園」から「町立松本幼稚園」となる。明治36（1903）年に規則を改正し、保育の課目は「談話、手技、唱歌、遊戯」となった。明治40（1907）年には松本町の市制実施にともない「松本市立松本幼稚園」となるのであった。

2．松本幼稚園の描画作品と『保育日誌』

　松本幼稚園には明治40年代の幼児の描画作品が30作品現存している。正方

第6章　幼稚園の図画教育で使用された教具　225

形の白紙に鉛筆で描かれたもので、6枚を一組にしてまとめている。裏面に描いた幼児の名前と年齢が書かれており、5歳児の作品であることがわかっている。裏面の名前順に No.1 から No.30 までの番号をふると、作品 No.1 から12および作品 No.19 から No.24 は自由な内容で描かれており、作品 No.5 では軍人（図6-50）、作品 No.8 では軍艦（図6-51）などが描かれている。作品 No.13 から18は山を描いている。山の形状から富士山と思われる図もある（図6-52、図6-53）。作品 No.14（図6-53）は山の稜線の描き方に特徴があり、手本を見て描いたと思われる。作品 No.25 から30は動物をテーマとして描いている（図6-54、図6-55）。4本の足の描き方から本物の動物や標本などを参

図6-50　作品 No. 5

図6-51　作品 No. 8

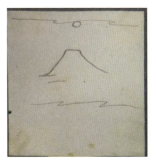

図6-52　作品 No. 13

図6-53　作品 No. 14

図6-54 作品 No. 25

図6-55 作品 No. 29

考にした可能性もある。

　明治後期の保育記録は、明治35年以降の『保育日誌』をみることによりその内容を知ることができる。清原みさ子は松本幼稚園の『保育日誌』の分析を行っており、明治35、37、38、39年度のすべてで図画は「画方」として行っており、明治37年度以降に「画方」がよく行われていると述べている[40]。明治38年二之組の『保育日誌』によれば5月9日に「画方」を行っている。「月に雲を自由に画かしむ」として、円を月にみたて、それに描き加える方法をとっている。愛珠幼稚園の保育記録の分析では「随意」という言葉で表現されていたが、松本幼稚園では「自由」という言葉を使用している。この「自由」という言葉は、松本幼稚園ではほかの手技にも使用されており、題目を与えて自由に制作をさせる場合と、材料だけを与えて自由に作らせ子どもの工夫をみる場合の2つを意味する[41]。清原の分析によれば、明治37、38、39年度には「自由」な時間が比較的多く含まれており、特に「画方」では30〜50％近くが「自由」だったという[42]。よって明治40年代の描画作品の多くは「自由」に描かれた可能性が高い。

3．松本幼稚園の庶物の模型

「庶物」というのは日常家具や生物（鳥類・獣類）、草、木、花等を実物や標本、あるいは絵図により問答で取り扱うものであった。それにより観察力や注意力を養っていった。第1章でとりあげた《幼稚保育之図》の第2段目の左側の保姆（図1-58）は鳩の標本または剥製らしきものを右手に載せて園児に示していた。この場合は「はと」と字を書く様子が描かれており、字を学ぶ「書き方」で使用されていたが、第4章の愛珠幼稚園の保育記録の分析より、図画においても標本等の使用が明らかとなった。

松本幼稚園の保育科目[43]によれば、「庶物」の問答では「智識ノ門戸タル五官ヲ練習」する際に「其特性、特効ヨリ構造ノ如何及ビ名称等」を知るため「必ズ実物又ハ正当ナル図画」（傍点筆者）を用いることとしている。「実物」またはそれに近い「図画」ということはより写実的なものを求めていたのだろう。

松本幼稚園で「大正～昭和時代」[44]の野菜果物模型が現存していることは土浦市立博物館で2010年に行われた展覧会「幼児教育コトハジメ：マチの学び舎、土浦幼稚園」において展示され既知のことであった[45]。しかし動物模型については『松本市立松本幼稚園百年史』の巻頭に一部（ゾウ、イヌ、ヤギ、ネズミ、クマ）がモノクロ写真で採録された他はすべてが初出の資料であり、幼稚園の庶物の実態を解明する上で極めて有力な資料であるといえる。これらの模型については、明治期のものと考えられる資料もあるため後述する。

「野菜果物模型」（図6-56）については表6-4の項目のように「松本幼稚園移管資料目録」[46]に記載されているが、実物を確認したところ、しろうり2点・まくわうり2点が不明である。芯材には新聞紙等が使用され、表面は石膏のような素材で野菜果物のテクスチュアを表現している。かぼちゃの皮には石膏のような素材によって凹凸がついている（図6-57）。また本うりの模型はすべすべした凹凸のないテクスチュアになっており、皮のつややかさがう

表6-4 「松本幼稚園移管資料目録」より野菜果物模型を抜粋・加筆

	野菜果物模型	個数	備考
1	かぼちゃ	2	
2	本うり	2	
3	さつまいも	2	
4	かぶ	2	
5	くり	2	
6	だいこん	1	
7	なす	1	
8	きゅうり	2	
9	しろうり	2	実物不明
10	まくわうり	2	実物不明
11	ビワ	2	
12	なた豆	2	
13	いちじく	1	
14	バナナ	6	
15	かき	2	
16	みかん	1	
17	もも	1	
18	りんご	2	
19	ゆず	1	
20	すもも	2	

りらしさを表現している（図6-58）。またサツマイモの模型が2本あり、比較してみるとほぼ同じ形体であることがわかった（図6-59）。型を使用して模型を製作し、表面の根の部分のみ漆喰や石膏のような素材で後付けしていたのだろう。いずれも松本幼稚園の保育科目でいう「正当ナル図画」であり、写実的な表現を用いていた庶物であることがわかる。

第 6 章　幼稚園の図画教育で使用された教具　　229

図6-56　野菜果物模型

図6-57　かぼちゃ

図6-58　本うり

図6-59　さつまいも

表6-5　動物模型

	動物模型　庶物	個数
1	象	1
2	ライオン	1
3	ラクダ	1
4	クマ	1
5	ヤギ	1
6	イノシシ	1
7	ネズミ	1
8	イヌ	1
9	ウシ	1
10	オオカミ	1
11	ヒツジ	1
12	シカ	1

　動物模型についてはこれも表6-5の項目のように「松本幼稚園移管資料目録」[47]に記載されており、象、ライオン、ラクダ、クマ、ヤギ、イノシシ、ネズミ、イヌ、ウシ、オオカミ、ヒツジ、シカの12種類の動物すべてを確認した（図6-60）。前述したように、このうちライオン、ラクダ、イノシシ、ウシ、オオカミ、ヒツジ、シカの7種類の動物模型は初出のものである。

　動物模型を見ていくと、ゾウの皮膚の皺についても紙に細かな皺を寄せ精巧に作られていることがわかる（図6-61）。ちりめん和紙のような紙を使用したのかもしれない。ラクダをみると毛並みのような縦線があるように見える（図6-62）。これは和紙をちぎって貼り付けているためであり、和紙の毛羽立った様がラクダの体毛にみえるよう工夫されている。芯材が頑丈なもので作られているせいか、模型の一つ一つに重みがあり安定感がある。　植物模型については学校法人木の花幼稚園（金沢市）が所蔵しているフレーベル館の大正10年頃のカタログ『幼稚園家庭用　保育用品目録』（図6-63）「標本模型」

第6章　幼稚園の図画教育で使用された教具　231

図6-60　動物模型

図6-61　象

として「植物類」(図6-64) が掲載され、フレーベル館でも大正期に庶物の植物模型の販売が行われていたことが指摘されている[48]。他のページには「動物類」(図6-65、図6-66) も掲載されていることを確認している。「動物類二十種一組金拾円」とカタログの上部に記されており、20種類を1セットにして10円で販売していた。同様に植物類は25種類を1セットにして5円で販

図6-62　ラクダ

図6-63　フレーベル館の大正期のカタログ

第 6 章　幼稚園の図画教育で使用された教具　　233

図6-64　「植物類」

図6-65　「動物類」

図6-66　「動物類　続き」

図6-67　備品台帳

売していた。松本幼稚園の動物の模型とフレーベル館のカタログを比較すると「動物類」においても重複している動物模型があることがわかった。

　松本幼稚園の模型の購入先は不明だが、『備品台帳（明治36年度以前のものか）』[49]（図6-67）より、「動物之部」「果物之部」という項目があることを確認した。「果物之部」と表6-4の項目を比較すると、20種類中10種類（かぼちゃ、本うり、さつまいも、なす、きゅうり、ビワ、かき、みかん、もも、ゆず）が重複している。「動物之部」と表6-5の項目を比較すると、12種類中4種類（象、ネズミ、イヌ、シカ）が重複していた。以上より植物模型および動物模型は明治期に購入され所蔵されていた可能性がある。

　第4章の愛珠幼稚園の保育記録の分析で述べたように、愛珠幼稚園では縦覧室（標本室）の標本等を手本として描かせていた。明治38（1905）年4月1日～明治39（1906）年3月31日まで記された「保育日記　第六ノ部」では「縦覧」の後に「画方」を行うことが5回あり、「前時ニ標本室ニテ見覚アルモノカ、帽子、金魚、ダルマ、琴、段梯子、軍艦等」[50]とあるように幼児が縦覧室[51]（標本室）で見たものを描いたことがわかった。明治39（1906）年4月1日～明治40（1907）年3月30日まで記された「保育日記　第六ノ部」においても、「縦覧」を行った後に「画方」を行い「標本室ニテ視タルモ

ノ」[52]を描かせたり、「標本ヲ示シテ」[53]描かせるという記述があり縦覧室（標本室）の標本を使用していたことがわかった。よって松本幼稚園においても図画を行う際に植物・動物の模型を使用していた可能性がある。

4．松本幼稚園の図画に関する研究内容

　明治後期の松本幼稚園では、独自の保育を創造していくために様々な研究にのりだしていた。それらは下記7つに大別される[54]。

①幼児の智識・思想・嗜好・観察・感覚の実態を明治38（1905）年から明治　45（1912）年まで調査したまとめ「幼児研究」

②幼児の気質の面と家庭環境の違いから調査考察された「幼児の研究」

③幼児研究の基礎的研究ともいうべき「幼児の個性及び其取扱法」

④「玩具の研究」

⑤「尋常科一学年児童成績」幼稚園経過児童の追跡調査

⑥「童話の研究」

⑦「教材研究」

　松本幼稚園には『画方研究』（図6-68）があり、その内容から⑦「教材研究」に該当すると考えられる。『画方研究』は明治44（1911）年のものであり、「第七」から「第七十一」まで59種類の図が毛筆で描かれている[55]。図にはほとんどのものに題目が付されている。（表6-6）

　『積木、画方、紐置、箸鐶排、粘土細工、麦藁細工』（図6-70）も『画方研究』と同様に明治44（1911）年に描かれた教材研究の資料である。「画キ方」として「第一」から「第六十九」として69種類の図が毛筆で描かれ、図に題目が付けられている（表6-7）。『画方研究』と『積木、画方、紐置、箸鐶排、粘土細工、麦藁細工』の「画方」を比較してみると大部分の図が重複していることがわかった。

　また『画方研究』および『積木、画方、紐置、箸鐶排、粘土細工、麦藁細工』の何点かの図は『手技図形』で使用されていた図と同じものであること

表6-6 『画方研究』

番号	題目	番号	題目
第七	富士雲	第三十九	土瓶
第八	三角	第四十	瓶
第九	笠	第四十一	瓢
第十	月・雲	第四十二	茄子
第十三	提灯	第四十三	胡瓜
第十四	旗	第四十四	栗
第十五	机	第四十五	木葉
第十六	折本	第四十六	魚
第十七	本	第五十一	扇
第十八	本棚	第五十二	軍艦
第十九	机	第五十三	家
第二十	机	第五十四	題目なし
第二十一	門	第五十五	題目なし
第二十二	鳥居	第五十六	□袖
第二十三	家	第五十七	羽織
第二十四	蝋燭	第五十八	題目なし
第二十五	手燭	第五十九	題目なし
第二十六	船	第六十	梅花
第二十七	手桶	第六十一	蝶
第二十八	コップ	第六十二	兎
第二十九	茶碗	第六十三	亀
第三十	盃	第六十四	人
第三十一	三賽	第六十五	水草・鳥
第三十二	羽子板	第六十六	月・雁
第三十三	独楽	第六十七	題目なし
第三十四	帽子	第六十八	ボウト反橋
第三十五	題目なし	第六十九	山・日ノ出
第三十六	煙草盆	第七十	山・雨
第三十七	茶□	第七十一	濱辺
第三十八	茶碗		

表6-7 『積木、画方、紐置、箸鐶排、粘土細工、麦藁細工』の「画キ方」

番号	題目				
第一	鉄口	第二十六	船	第五十一	軍艦
第二	箸	第二十七	手桶	第五十二	紋形
第三	梯子	第二十八	コップ	第五十三	紋形
第四	四角	第二十九	茶碗	第五十四	紋形
第五	旗	第三十	□	第五十五	筒袖
第六	富士山	第三十一	三方	第五十六	羽織
第七	富士山・雪	第三十二	羽・羽子板	第五十七	紋形
第八	三角	第三十三	独楽	第五十八	梅花
第九	笠	第三十四	帽子	第五十九	蝶
第十	月・雪	第三十五	□形	第六十	兎
第十一	梨	第三十六	煙草盆	第六十一	亀
第十二	鏡	第三十七	茶台・茶碗	第六十二	題目なし
第十三	提灯	第三十八	団扇	第六十三	水鳥・水草
第十四	国旗	第三十九	土瓶	第六十四	月・雀
第十五	机	第四十	瓶	第六十五	釣船
第十六	折本	第四十一	瓢	第六十六	ボート船
第十七	本	第四十二	茄子	第六十七	山・日ノ出
第十八	本箱	第四十三	胡瓜	第六十八	山・雨
第十九	机	第四十四	栗	第六十九	濱辺
第二十	机	第四十五	魚		
第二十一	門	第四十六	包丁		
第二十二	鳥居	第四十七	紋形		
第二十三	家	第四十八	矢		
第二十四	蝋燭	第四十九	弓		
第二十五	手燭	第五十	扇子		

図6-68　第七　富士雲
　　　　第八　三角

図6-69　第十三　提灯
　　　　第十四　旗

図6-70　『積木、画方、紐置、箸鐶
排、粘土細工、麦藁細工』

図6-71　第十一　梨、第十二　鏡
　　　　第十三　提灯、第十四　国旗

がわかった（図6-69、図6-71）。よって松本幼稚園の「画方」の研究において
は、『手技図形』も参考にしていた可能性がある。

小括

　本章においては、これまであまり注目されてこなかった明治期の幼稚園の
図画教育で使用されたと推測する現存する掛図や絵画、庶物（標本）を分析
した。明らかになったことを下記にまとめる。
①土浦幼稚園所蔵《幼稚園動物掛図》の解説書が『幼稚園掛図動物図話（家
　庭用獣類部）』であることを確認した。解説書によって動物の知識を総合的

に教授するという意図がうかがえたが、図画に使用していたかは不明である。

②土浦幼稚園所蔵《幼稚園掛図（第二）雀のお宿》《幼稚園掛図（第三）浦島太郎》《幼稚園掛図（第四）兎と亀》の解説書が『児童教育に於ける絵画の価値（幼稚園掛図の説明）』であることを確認した。掛図の右上には「（談話唱歌手技兼用）」と記されてはいるが、図画で使用する方法については述べられていない。

③土浦幼稚園所蔵《幼稚園手技掛図》により、図画は No. 6《幼稚園手技掛図　箸環　画キ方》および No. 11《幼稚園手技掛図　箸環　剪紙　画キ方》に掲載されていることがわかった。縦横の罫線を利用した図と白紙に描かれた図を併記していることを確認した。また題材は幼児にとって身近なものであり、同じ面に描かれた他の手技との連携を図っていたことがわかった。

④舞鶴幼稚園では《桃太郎》の掛図、《1日の生活の様子》の掛図、《明治三十四年六月》作成の掛図、動物を描いた肉筆の絵画を所蔵していることがわかった。舞鶴市出身の藤山鶴城が描いた絵《ライオンとねずみ》《鳩図》が現存していることがわかった。

⑤松本幼稚園には庶物として野菜果物模型が現存していた。また現地調査により動物模型について新たに12種類の動物が発見された。それらは明治期に購入された可能性がある。

⑥松本幼稚園には明治40（1907）年代の幼児の描画作品が30作品現存しており、白紙に鉛筆で描かれていた。

⑦松本幼稚園には「教材研究」として明治44（1911）年に執筆された『画方研究』および『積木、画方、紐置、箸鐶排、粘土細工、麦藁細工』が現存しており、毛筆で描かれていた。それらは『手技図形』も参考にしていた。

以上より《幼稚園手技掛図》の「画キ方」には縦横の罫線を利用した図と白紙に描かれた図が併記されているが、これは当時の幼稚園の図画教育の実

情に合わせたものだと考えられる。また他の手技で行われた図形と「画方」
の図を関連させ図を提示しているが、愛珠幼稚園の『保育日記　第壹ノ部』
（明治37（1904）年4月4日～明治38（1905）年3月25日）では箸排べと関連させ
直線の組み合わせを描かせたり56）、「縫取」と「画方」を関連付けて行った
りしたという記録57）があり、他の手技の課目と図画を組み合わせる方法を
とることによって幼児にとって輪郭線を描くことが容易になるという利点が
あったと考えられる。

　「談話」とのかかわりについても土浦幼稚園所蔵《幼稚園掛図（第二）雀
のお宿》《幼稚園掛図（第三）浦島太郎》《幼稚園掛図（第四）兎と亀》や、
舞鶴幼稚園所蔵《桃太郎》の掛図があり、解説書には記述されていないがこ
れらが図画教育の際に使用されていた可能性は否定できない。

　庶物（標本）については松本幼稚園の現地調査によって、写実的な動物模
型を発見することができた。現存する松本幼稚園の描画作品では確認できな
かったが、図画を行う際に動物・野菜果物の模型を活用していた可能性はあ
る。

　舞鶴幼稚園において多くの肉筆の掛図や絵を発見することができた。明治
34年頃を中心に「参考図書庶物標本」の購入を行い「参考図書庶物標本」の
充実を図っていたのだろう。大洪水後の明治30年以降に保育の改善を企図し
「参考図書庶物標本の備付等あらゆる施設」を充実させたためであり、その
間、園長であった中川美尚の功績は極めて大きかったといえよう。舞鶴が要
塞地帯区域であったことも関係しているが、《大日本帝国一等戦闘艦敷島真
図》や「唱歌用掛図」の《軍艦ノ絵》および《軍□□□ノ絵》を見ると戦争
の影響が感じられる。愛珠幼稚園には幼児の描画作品である「日露戦争記念
帖」が現存しているが、舞鶴幼稚園でも幼児が戦争の絵を描いていた可能性
はあっただろう。《桃太郎》の掛図も発見されたが、明治後期には教育的修
正がなされ、保育目標として桃太郎主義を掲げる幼稚園も出てくる。裏書の
標題からはその一端を読み取ることができる。

舞鶴幼稚園には肉筆（手描き）の掛図が多く残されており、その一部が地域の日本画家の手によるものであったことを明らかにした。舞鶴幼稚園には描画作品や保育記録が存在しないため、図画教育への直接的な影響は不明であるが、幼児が手描きの掛図や絵を通して本物の絵画に触れる機会があったことは事実である。京都という土地柄もあるだろうが、地域出身の画家の作品を直接見ることにより、幼児の図画表現を形成する一助となっていたのだろう。

注

1）愛珠幼稚園『保育日記　第壹ノ部』大阪市教育センター愛珠文庫所蔵、1905年1月16日

2）石附実『教育博物館と明治の子ども』福村出版、1986、p. 130

3）佐藤秀夫「掛図の研究・序説」『教育の文化史3』阿吽社、2005、p. 220

4）同、p. 233

5）設立の経緯については是澤博昭による「簡易幼稚園の設立経緯とその実像－土浦幼稚園とその時代－」（『土浦市立博物館第20回特別展　幼稚園誕生』1998）に詳しい。

6）土浦市立博物館編『幼稚園誕生：土浦幼稚園と明治期の教育玩具』土浦市立博物館、1998、p. 20

7）土浦市立博物館に寄託されている資料については『土浦市史資料目録：17、土浦の古文書　土浦市右籾　宮本家文書：土浦市立土浦幼稚園所蔵資料』（土浦市古文書研究会編、2007）に掲載されている。

8）山岡鉄作『幼稚園掛図動物図話（家庭用獣類部）』小林新兵衛、1889

9）同、pp. 1-3

10）愛珠幼稚園編『愛珠　参』愛珠会、1969

11）同、p. 21

12）天真堂編輯部編『児童教育に於ける絵画の価値（幼稚園掛図の説明）』天真堂、1904

13）同、pp. 1-5

14）舞鶴幼稚園創立百周年記念事業実行委員会記念誌部『百年のあゆみ』舞鶴幼稚園創立百周年記念事業実行委員会、1984

15) 水谷源蔵・山崎ひさ編纂『舞鶴幼稚園沿革史　その一』舞鶴幼稚園、1930、未刊行

16) 丹後田辺藩とは京都府舞鶴市周辺を領有した譜代藩である。10代弼成のとき舞鶴藩と改称し、1871年（明治4）の廃藩置県で舞鶴藩となり、豊岡県を経て京都府に編入した。

17) 明倫百年誌編さん委員会編『明倫百年誌』明倫小学校百周年記念事業会、1973

18) 倉橋惣三・新庄よしこ共著『日本幼稚園史』フレーベル館、1956、p.146

19) 氏原鋹の経歴については守随香による「保育実践のパイオニア：氏原 鋹(1)」（『幼児の教育』第94巻第5号、1995、pp.40-45）および保育実践のパイオニア：氏原 鋹(2)」（『幼児の教育』第94巻第6号、1995、pp.48-55）に詳しい。

20) 明倫百年誌編さん委員会編、前掲、p.101

21) 同、pp.132-135

22) 舞鶴幼稚園創立百周年記念事業実行委員会記念誌部、前掲、p.19

23) 『舞鶴幼稚園沿革史　その一』には「保育日誌」という記述があるが、発見されていない。

24) 京都府総合資料館編『京都府百年の資料　五　教育編』京都府、1972、pp.141-142

25) 明治19（1886）年、海軍当局は鎮守府（海軍の役所）を舞鶴に設置することを決め、設置のために土地を買収し、明治34（1901）年に鎮守府が開庁した。同時に舞鶴は要塞地帯区域に指定され、日常生活においては様々な制限が加えられることになる。舞鶴市の東区域は軍港都市として繁栄し、西区域には舞鶴幼稚園があった。

26) 平成18年11月18日から12月17日まで舞鶴市郷土資料館で企画展「舞鶴幼稚園」が開催された。その際に作成されたキャプションの解説文である。

27) 滑川道夫『桃太郎像の変容』東京書籍、1981、p.62

28) 東京女子高等師範学校編『昔話桃太郎』お茶の水女子大学所蔵、1896

29) 滑川、前掲、pp.300-301

30) 愛珠幼稚園『保育日記　第六ノ部』大阪市教育センター愛珠文庫所蔵、1905年3月3日

31) 手書きで裏書きされているため、読み取りが不可能な部分は□で表した。

32) 舞鶴幼稚園創立百周年記念事業実行委員会記念誌部、前掲、p.35

33) 舞鶴市史編さん委員会編『舞鶴市史　現代編』舞鶴市、1988、p.1073

34) 『舞鶴の文化財』（舞鶴市教育委員会編、1986、p.107）によれば、天香山　桂林

寺（曹洞宗）は応永 8（1401）年、竺翁雄仙和尚開創と伝えられ、慶長 5（1600）年関ヶ原の戦で石田三成方が田辺城を包囲した時、同寺 6 世大渓和尚が弟子僧と共に籠城したことで有名である。

35）若杉準治監修『文化財丹後の錦　拾遺』京都府、1983、p. 30

36）長野県歴史館編『世界と地域を見つめた長野県教育』長野県歴史館、2002、p. 3

37）松本市立松本幼稚園百年誌刊行会編『松本市立松本幼稚園百年誌』松本市立松本幼稚園、1987、p. 140

38）同、pp. 174-178

39）同、p. 142

40）清原みさ子『手技の歴史』新読書社、2014、p. 197

41）松本市立松本幼稚園百年誌刊行会編、前掲、p. 277

42）清原、前掲、pp. 197-200

43）同、pp. 178-182

44）土浦市立博物館編『幼児教育コトハジメ：マチの学び舎、土浦幼稚園』土浦市立博物館、2010、p. 76

45）同、p. 44

46）松本幼稚園『松本幼稚園移管資料目録』旧開智学校所蔵、1992

47）同上

48）土浦市立博物館編、前掲、p. 71、76

49）松本幼稚園『備品台帳（明治36年度以前のものか）』旧開智学校所蔵

50）愛珠幼稚園『保育日記　第六ノ部』1905年11月 9 日

51）縦覧室（標本室）は第 2 園舎から設置され、現在の第 3 園舎にも設置された。

52）愛珠幼稚園『保育日記　第六ノ部』1906年10月11日

53）同、1907年 2 月20日

54）松本市立松本幼稚園百年誌刊行会編、前掲、pp. 290-291

55）「第十一」、「第十二」は欠けている。

56）愛珠幼稚園『保育日記　第壹ノ部』大阪市教育センター愛珠文庫所蔵、1904年11月 4 日、 4 月13日、 4 月20日

57）愛珠幼稚園『保育日記　第壹ノ部』大阪市教育センター愛珠文庫所蔵、1905年 5 月 4 日、 5 月12日、11月15日（上記引用とは別の保育記録である。）

終章　本研究の総括

　本研究は、明治期の幼稚園における図画表現の特質とその展開過程を、当時出版された幼稚園教育書、翻訳書、雑誌、保育記録、描画作品、各地の幼稚園で使用していた一次史料（教具）の分析を通して明らかにした。以下では、各章ごとの内容と図画表現の特質について述べる。

　第1章では明治のはじめから明治31年までに刊行され、図画についての記述がある『子育の巻』、『幼稚園』、『幼稚園記』、『幼稚園法二十遊嬉』、『幼稚保育編』、『幼稚園摘葉』などを対象とし図画の記述や図版を検討した。幼稚園発足にあたり外国書を翻訳し参考としていたため、『幼稚園』や『幼稚園記』は翻訳書である。図画はそれぞれ「図を引く業」「図画課」と訳されており、解説文だけでなく手本となる図版も原著とほぼ同一の図版を翻刻していた。『幼稚園記』では、ピタゴラスの定理の説明が主となっており幼児の発達にそぐわないものであった。明治10年の「東京女子師範学校附属幼稚園規則」においては、「図画」と位置付けられ、「保育時間表」によれば、第三ノ組、第二ノ組、第一ノ組のすべてで図画が行われていた。明治17年の保育課程改正により図画は石盤及び鉛筆によって行うことが定められた。当時の図画を行っている子どもの様子を知る手がかりとして、関信三纂輯なる『幼稚園法二十遊嬉』をみていくと石盤・石筆を使った図画法について説明され、挿絵からは幾何図法が読み取れる。予め引かれている線をたよりに「模写」することとし、「諸物の形」も「画写」し、習熟後に鉛筆を使用するよう記している。挿絵には石盤にハニカム構造の六角形の絵を描く子どもが描かれており、《二十遊戯嬉之図（模写）》にも構図は異なっているが同じように石盤にハニカム構造の絵を描く子どもが描かれていた。画家・武村耕靄による《幼稚保育之図》によって明治23年頃の女子高等師範学校附属幼稚園でおこ

なわれた「図画」の様子がよみとれた。《幼稚保育之図》では「図画」を行う際に罫線が引かれた石盤に石筆を使用し、「臨画教育」のように『幼稚園恩物図形』を手本として描いていた。また罫線のある黒板には保姆が描いた略画がみられ、これらの図の手本は『幼稚園記』の図版であった。また《幼稚保育之図》に描かれた保育室内には複数の掛図が描かれているが、東京女子師範学校附属幼稚園の設立当初の写真にも複数の掛図が掲示されていた。そのうち3点はドイツに現存する掛図であり、写実的な掛図をそのまま掲示していたのである。林吾一編纂による『幼稚保育編』では、道具として鉛筆を使用しその持ち方や線の引き方について述べている。中村五六による『幼稚園摘葉』では、「画方」は最も抽象界に近接し緊要の業であり、図画は最高の地位を占めると述べている。よって明治前期の幼稚園においてフレーベルの恩物教育が中心であり、図画は重要なものとして位置づけられていたことが示唆された。図画に関しては海外の幼稚園教育書から図版を手本として翻刻するだけでなく、掛図という視覚的な教材も海外から取り入れていたのである。

　第2章では、明治32年以降に刊行され図画についての記述がある『教育学書解説　フレーベル氏教育論』、『幼稚園保育法』、『手技図形』、『保育法』、『教育大辞書』、『幼児教育法』、『保育法教科書』を分析対象とし、図画の記述や図解について時系列でまとめ検討した。『教育学書解説　フレーベル氏教育論』では「正方形の網状の線をひいた石盤と石筆」を使って水平線、正方形、長方形、斜線の種々の練習をさせた後に、「線全体の随意の発表の時期に達する」としており、「随意」という言葉があらわれる。画き方は「感覚力、思想力を啓発し、手の筋肉を練磨し、且つ形体調和の知識と手の練習」を習得させる上で最も効果があると高く評価している。図集『手技図形』では、幼児期には難解な幾何図法はみられず、線の数が少なく直線の組み合わせや単純な曲線の組み合わせの図を多くとりあげていた。幼児の発達にふさわしい図が選択されていたことは画期的な出来事であった。また基本

形を描いた後に、線を描き加えたり、変形させたりするなど階梯式をとっていた。『手技図形』には、白紙に毛筆だがペンで描いているような図がみられ、図画教育の影響と推測される。『幼稚園保育法』では、道具に関して石盤・石筆だけでなく画用紙や色鉛筆、絵の具の使用をすすめており、積極的に道具を取り入れていくという意図がみえる。「画き方」として白紙にすべて毛筆で図版が描かれ、毛筆の線の始まりと終わりの部分の隙間を空けているため描き始めと描き終わりが理解しやすいものとなっている。「恩物を与へて全く随意に作業せしむる」こと、もしくは「一定の題目を与へて其方法を各幼児に一任する」というような方法が重視されなければならないとし、幼児の自発的な表現活動を評価する記述もみられた。中村五六による『保育法』では、恩物について、形式主義的な恩物の取扱いを批判的にとらえ「困難なる業」を課すことを誤りであるとしている。中村五六・和田実合著による『幼児教育法』では、保育の項目を４項目とし図画を手技としたものとは違い、遊戯つまり遊びを幼児の生活の中心に位置づけており、今日の幼児教育につながるものである。紙細工、粘土細工、画き方を室内作業中の三大遊戯と称しその中でも画き方を主位に置きたいと重視していた。

　第３章では明治後期に相次いで創刊された幼児教育雑誌『婦人と子ども』（後継『幼児の教育』）、『京阪神（三市）聯合保育会雑誌』、*Annual Report of the Kindergarten Union of Japan*、『児童研究』の４誌の記事を通覧し、そこで展開された図画論と図画教育関係者とのかかわりを明らかにした。『婦人と子ども』では、日本画家である野生司香雪、保姆の池田とよ、手工教育の藤五代策、心理学者の菅原教造、図画教育の赤津隆助と各分野の専門家が図画教育について論じ、講習会活動を通して関わっていたことがわかった。また女子高等師範学校附属幼稚園の保姆池田とよにより、幼稚園で実際に行われた「画方」が報告され、幼稚園で「画方」が随意で行われ掛図や略画を使用していたと述べていたのである。藤五代策により小学校の図画教育から得た方法が提示されていたが、当時の毛筆画の教科書から発想を得たものと

推測される方法もあり、幼児にふさわしいとは考えにくいものとなっていた。フレーベル会による夏季講習会では、のちに玉成保姆養成所の開設にもかかわる赤津隆助が黒板画の講師をつとめていた。赤津は幼児にとって身近なものの描法と練習を行い、「遊嬉・唱歌・談話」と黒板画との応用、手技と黒板画の応用を行うことで、黒板画と４つの保育科目「遊嬉・唱歌・談話・手技」との連携を図っていた。津守らは『幼稚園の歴史』の中で、『婦人と子ども』誌上において一部の識者が保育の現状を憂い、フレーベル式の形骸化した保育を批判し、改良の方向を指示するなどするが現場はこの啓蒙論を受け入れなかった。そこで保育界の改革を行うには啓蒙的理論だけでなく、実際に用いる材料つまり童話や唱歌、玩具を提供していたとしており、講習会活動もそれに該当するのではないかと考える。『京阪神（三市）聯合保育会雑誌』では「図画」についての記事は見当たらなかったが、J.K.U. 年報ではMabel Bacon による図画論が掲載され、恩物と図画を連携させたり、「会集」のテーマを図画法の題材にしていた。題材が見つけられない場合は「談話」や「唱歌」、何か好きなものや幼稚園に来るまでに見たものを描いたりしていたということから、図画の題材について自由に選択させていたと考えられる。『児童研究』ではヴントや倉橋惣三による児童画の発達論について展開されることとなる。

　第４章では全国に先駆けて設立された幼稚園の一つであり明治13（1880）年に開設された愛珠幼稚園（現・大阪市立愛珠幼稚園）の保育記録を分析し、当時の幼稚園で実際に行われた描画表現活動について明らかにした。明治37年から41年までの保育記録を分析することより、「石盤」「白紙」「鉛筆」「画洋紙」「黒板」といった道具を使用していたことがわかった。図画である「画方」には年間を通して「随意」があり「幼児ノ希望ニ従ヒテ随意ナル画ヲ書シム」というように自由に描かせていた。明治前期に行われた臨画教育や恩物中心の図画から脱却し、「随意」に描かせていたのである。「随意」では、「鳩、亀、雪、鰯、家、人、旗、竹馬、兵隊」「英国旗、風船、国旗、海

軍旗、雪、猫、狸」といった身近にあるものや戦争に関連するものを描いていた。これは日露戦争の影響によるものであり、幼児教育といえども日露戦争と無縁ではいられず国家主義思想の影響があったのだろう。保育記録より「画方」と他の手技課目である「箸排べ」「縫取」を関連させ、直線の組み合わせを描かせるという方法をとっており、形をとらえる際に利用していた。また保育項目の一つである「談話」と図画を関連させ談話で使用される「参考書絵画」を見せて描かせていた。たとえば「談話」で取り扱っていた桃太郎の話を「画方」に関連付けて円形の黍団子の絵や桃を描かせた記録があり、「談話」とのつながりも見出すことができた。ほかにも自然物の実物を手本として示したり、課目「縦覧」の後に「画方」を行ったり、縦覧室（標本室）の標本を示したりしながら描かせることもあった。自然物などの実物や縦覧室（標本室）の標本等を手本として描かせるという実物主義は、恩物中心主義への批判から見出されたものだと考える。

第5章では第4章において保育記録を分析した愛珠幼稚園の描画作品「第五回内国勧業博覧会記念帖」「日露戦争記念帖」の分析を行い、描画表現の実態を明らかにした。

描画作品「第五回内国勧業博覧会記念帖」は52枚があるが、1作品のみ色鉛筆を使って描かれているものがあり、実際に色鉛筆で描く可能性があったことが示された。正門を描いた作品が最も多いが、それ以外はウォーターシュートやイルミネーション、水族館、大林高搭、メリーゴーランドなどの余興を描いたものが多い。ルネサンス風の正門という特徴的なデザインのものや、余興といった娯楽性の高いものに幼児が惹かれ描いていたことがわかった。愛珠幼稚園では「画方」で「博覧会」を題材として扱っており、「博覧会」のイメージを共有するほどだったのだ。

描画作品「日露戦争記念帖」では白紙に鉛筆で軍艦が描かれ、半分以上が交戦中の絵を描いていた。軍艦の一部分だけを描く構図や、遠方に斜めに複数の戦艦を配置し遠近感を表現するといった特徴的な構図がみられ、何らか

の図版や絵、雑誌などを参考にして描いていた可能性がある。ディティールの細かさや基底線・遠近法の有無を総合して考えると5歳児の作品である可能性が高い。軍艦のディティールの描き方から、幼児が軍艦の形体そのものに憧れや強い興味を抱いていたことは明らかである。愛珠幼稚園では、自然物などの実物や縦覧室（標本室）の標本等を手本として描かせるという実物主義をとっていたことが第4章の保育記録から明らかになったが、戦争についても同じように戦争に関連する図版を愛珠幼稚園で保有していたことがわかっている。女子高等師範学校附属幼稚園の写真では、軍艦の模型を幼児が見ている様子が撮影されており、戦争を描く際にも模型などを使った実物主義がとられていた可能性がある。

　第6章では明治期の幼稚園において図画教育で使用されたと推測する掛図や絵、標本といった視覚教具を分析し検討した。

　土浦幼稚園所蔵掛図《幼稚園動物掛図》の解説書が『幼稚園掛図動物図話（家庭用獣類部）』であること、土浦幼稚園所蔵掛図《幼稚園掛図（第二）雀のお宿》《幼稚園掛図（第三）浦島太郎》《幼稚園掛図（第四）兎と亀》の解説書が『児童教育に於ける絵画の価値（幼稚園掛図の説明）』であることを特定した。これらの解説書には図画教育での使用は記述されていないが、図画教育に何らかの影響を与えていたと考える。土浦幼稚園所蔵《幼稚園手技掛図》には縦横の罫線を利用した図と白紙に描かれた図が併記されているが、これは当時の幼稚園の図画教育の実情に合わせたものだと考える。《幼稚園手技掛図》には同じ題材を様々な手技で行っているが、他の手技課目と図画を組み合わせる方法をとることによって、幼児にとって輪郭線を描くことが容易になるという利点があったと考えられる。舞鶴幼稚園では《桃太郎》の掛図、《1日の生活の様子》の掛図、《明治三十四年六月》作成の掛図などの手描きの掛図が所蔵されているだけでなく、舞鶴出身の日本画家・藤山鶴城が描いた絵《ライオンとねずみ》《鳩図》があることが明らかとなり、地域の日本画家とのかかわりが示唆された。松本幼稚園の庶物（標本）では、野

菜果物模型だけでなく新たに12種類の動物模型が発見され、描画作品で確認はできなかったが、図画を行う際にこれらの模型を使用していた可能性がある。

　本研究によって明らかとなった幼稚園の図画教育の特質は以下の3点にまとめられる。

　第一に、欧米からの図画教育の摂取から日本独自の「随意」「自由」への道筋があきらかとなったことである。明治前期においてフレーベルの影響を受け恩物中心主義の保育が行われる中で、図画についても欧米の幼稚園教育書を翻訳して導入されることとなった。それよってフレーベルが説いたように図画の重要性は当初より認識されていたが、実際に行われていたのは手本を模写する「臨画教育」であった。その手本も欧米の幼稚園教育書と同じ図版を翻刻しており、縦横の線を利用した直線で構成された抽象的な図案であったため、幼児の発達にそぐわないものであった。明治後期になると形骸化した恩物中心主義の保育に批判が集まり日本独自の幼児教育論が展開され、図画の指導法も模索されることとなる。東基吉は「臨画は誤り」であると批判しており、それにともない図画も「随意」つまり自由に描くことや、幼児の自発的な表現活動の重要性が提起されることとなる。実際に池田とよの記述からも、「随意に描かせて注意は所々にとどめる」という指導を行っており、それによって「画方」は手技の中で最も幼児の喜ぶ課目になったといえる。愛珠幼稚園や松本幼稚園の保育記録からも明治後期には図画を「随意」「自由」に行っていたことが明らかであり、各地の幼稚園にもその指導法が伝わっていたことがうかがえる。明治後期になると白紙に毛筆で描かれた図版があらわれ、幼児にとって身近なものを題材として描くようになる。それにともない道具についても、罫線が引かれた石盤と石筆から、白紙や鉛筆、色鉛筆、毛筆、絵の具、ペン、インクなど身の回りにある道具へと変化していく。愛珠幼稚園の明治後期の保育記録においても「石盤」「白紙」「鉛筆」

「画洋紙」「黒板」という道具の使用がみられ、図画作品《第五回内国勧業博覧会記念帖》《日露戦争記念帖》でも白紙に鉛筆または色鉛筆で描いており、一部については実証されたといえる。臨画教育からの脱皮を図り新たな図画の指導法を見出す過程で、手本だけでなく画材や題材も変化していくこととなったのである。

　第二に、幼稚園の図画と図画教育関係者らのかかわりである。明治後期になると図画を「随意」に行うこととなるが、図画の専門家ではない保姆が手本もなく図画を行うことで様々な困難があったと推測される。東基吉が臨画教育からの脱却を図る中で、図画に関する問題点を挙げ「斯道の人々の教を乞はん」としたのも当然のことであっただろう。道具についても罫線のひかれた石盤・石筆から画用紙や色鉛筆・絵の具へと移行させようとする過程で、日本独自の新しい指導法や手本が必要となるのは必然のことであった。白紙に毛筆で描かれた新しい手本は幼稚園関係者のみで製作させたとは考えられず、『幼稚園保育法』の巧みな毛筆画の手本の筆致からは、画家や図画教育関係者が関わっていたことが推測される。それゆえ幼児の発達を考慮しない「馬」や「斧を持った子供」の図も追加されてしまったのだろう。また『手技図形』に関して、毛筆で描かれてはいるがペンで描かれているような図の描き方は、明治30年代後半の図画教育の影響があったと考えられる。当時、小学校では毛筆画と鉛筆画を区別しない方向が政策としてとられており、幼稚園の図画教育にも鉛筆画・図画論争の影響がみられたといえる。『婦人と子ども』誌上に掲載された日本画家・野生司香雪が略画の方法や、手工教育者・藤五代策による輪郭の描画法は必ずしも幼児に適したものとはいえなかったが、図画教育者・赤津隆助の黒板画の講習会の記録から、黒板画の指導法を幼稚園の現場の保姆らが求めていたことが窺える。幼稚園の図画の指導法を模索する上で、幼児にふさわしいとはいえないものも含まれていたとはいえ、図画教育者らの協力は不可欠のものであったといえる。

　第三に、視覚教材の受容である。フィラデルフィア万国博覧会に出品した

当時から、文部省も恩物と掛図の重要性を認識していた。東京女子師範学校附属幼稚園の明治初期の写真から、西洋から輸入した掛図そのものを掲示するという手法をとっていたことが明らかとなった。クモやワニが描かれ幼児向けとは考えられないような写実的な掛図を掲示していたのである。池田とよが述べているように、「室内の装飾として掛図を用い取り換え」るほど多くの掛図を所蔵していたのだ。掛図という教材によって幼児に視覚的なイメージを喚起しようとしていたのだろう。西洋から輸入した掛図は石版画の隆盛とともに明治30年代から左右反転の掛図《動物標本画》として翻刻されることとなる。印刷技術の向上と交通網の発達にともない東京などの都市部から各地方の幼稚園や教育施設に広がっていったのだろう。土浦幼稚園所蔵《幼稚園動物掛図》には、自然な動作や日常のしぐさがみられることから、博物学的な視点で写実的に描かれた掛図と日本画の描き方で描かれている掛図が並行して製作されていたと考える。同じ動物画であっても、西洋的な視覚イメージと日本的な視覚イメージが混在する時代だったといえる。

　明治期の幼稚園の保姆にとって、手本がない状態で「随意」や「自由」に絵を描かせることは困難なことであり、縦覧室（標本室）の標本を示したりすることで対象物の形体を認識させる手がかりとしていた。《幼稚園手技掛図》の同じ面に描かれた他の手技との連携を図っていたことから、形体の輪郭線を他の手技で認識させ図画に結びつけるという意図がみえる。加えて、松本幼稚園の動物模型・野菜果物模型からわかるように、本物のように精巧で写実的な庶物（標本）を求めていた。精巧な模型を使った実物主義が《日露戦争記念帖》を描く際にもとられていた可能性がある。さらに自然物などを使った実物教授も図画で行っていた。また都市部で複製された印刷物の掛図だけではなく、その地域の日本画家が描いた掛図・絵が舞鶴幼稚園で発見されており、作者が不明な作品もあるが、地域の芸術家が学校だけでなく幼稚園にもかかわっていたといえる。幼児期から本物に触れさせる・本物に近いものに触れさせるという意図があったのである。

以上より、明治期の幼稚園で行われた図画教育は、小学と同じように欧米からの摂取により幾何図形から導入され、抽象的な幾何図形を幼児に対しても描かせていたが、明治後期には自然物そのものや写実的な標本を使用していたことがわかった。また肉筆の掛図・絵画が保育現場にあったことも明らかとなった。フレーベルの抽象的な図形から恩物主義の離脱によって実物や写実的な掛図・庶物（標本）へ移行することは、すなわち西洋のイデアイズムから日本のリアリズムを獲得する過程であったといえる。

文　献　目　録

●序章

倉橋惣三・新庄よしこ共著『日本幼稚園史』フレーベル館、1956

東京開成学校『図法階梯』1872

F.フレーベル『フレーベル全集』玉川大学出版部、全5巻、1981-1986

石附実『教育博物館と明治の子ども』福村出版、1986

太田昭雄ほか編『造形美術教育大系1（幼児教育編）』美術出版、1982

上阪雅之助『画の教育学』刀江書院、1930

金子一夫『近代日本美術教育の研究』中央公論美術出版、1992

中村隆文『「視線」からみた日本近代：明治期図画教育史研究』京都大学学術出版会、2000

林曼麗『近代日本図画教育方法史研究』東京大学出版会、1989

赤木里香子「近代的自然観と美術教育の位相」『美育文化』美育文化協会、1992-1993

日本保育学会編『日本幼児保育史』全6巻、フレーベル館、1968-1975

文部省編『幼稚園教育百年史』ひかりのくに、1979

湯川嘉津美『日本幼稚園成立史の研究』風間書房、2001

柿岡玲子『明治後期幼稚園保育の展開過程―東基吉の保育論を中心に―』風間書房、2005

田中まさ子『幼児教育方法史研究―保育者と子どもの共生的生活に基づく方法論の探求―』風間書房、1998

永井理恵子『近代日本幼稚園建築史研究―教育実践を支えた園舎と地域』学文社、2005

福原昌恵「草創期幼稚園における唱歌遊戯［2］愛珠幼稚園における保育を中心に」『新潟大学教育学部紀要　人文・社会科学編』新潟大学、第33号(2)、1992

福原昌恵「1897年の愛珠幼稚園における保育内容：唱歌遊戯を中心として」『新潟大学教育学部紀要　人文・社会科学編』新潟大学、第34号(1)、1992

小山みずえ『近代日本幼稚園教育実践史の研究』学術出版会、2012

清原みさ子『手技の歴史―フレーベルの「恩物」と「作業」の受容とその後の理論的・実践的展開』新読書社、2014

二見素雅子「日露戦争前後の幼稚園教育における国家主義思想の影響―愛珠幼稚園に

おける保育内容および保育方法の変化を通して」『神学と人文』大阪キリスト教短期大学、第46集、2006

●第1章
武村忠編『耕靄集　上・下』武村忠、1931

東京女子高等師範学校編『東京女子高等師範學校六十年史』東京女子高等師範学校、1934

前村晃執筆者代表『豊田芙雄と草創期の幼稚園教育：日本人幼稚園保姆第一号』建帛社、2010

お茶の水女子大学編『創立百三十周年記念展図録』お茶の水女子大学、2005

お茶の水女子大学附属幼稚園編『時の標』フレーベル館、2006

ドゥアイ著・関信三訳述『幼稚園記』巻之一・巻之二・巻之三・附録、1876-1877

ロンゲ夫妻共著・桑田親吾訳「幼稚園」『明治保育文献集』第1巻、日本らいぶらり、1977

岡田正章「明治初期の幼稚園論についての研究（その1）」『東京都立大学人文学報』第31号、1963

関信三『幼稚園法二十遊嬉』青山堂、1879

近藤真琴『博覧会見聞録別記　子育の巻』博覧会事務局、1875

勝部真長「閨秀画家　武村耕靄女史」『幼児の教育』第76巻第5号、日本幼稚園協会、1977

倉橋惣三・新庄よし子共著『日本幼稚園史』フレーベル館、1956

中村五六『幼稚園摘葉』普及社、1893

湯川嘉津美『日本幼稚園成立史の研究』風間書房、2001

日本ペスタロッチー・フレーベル学会編『ペスタロッチー・フレーベル事典』玉川大学出版部、2006

日本保育学会編『日本幼児保育史』第一巻、フレーベル館、1968

文部省編『幼稚園百年史』ひかりのくに、1979

米国博覧会事務局編『米国博覧会報告書第2巻　日本出品目録』米国博覧会事務局、1876

林吾一『幼稚保育編』金港堂、1879

●第2章
岡田正章監修『明治保育文献集別巻』日本らいぶらり、1977

教育大辞書編輯局編『教育大辞書』同文館、1907-1908

黒田定治・東基吉『実践教育学教科書』六盟館、1903

清原みさ子「わが国幼稚園における手技の歴史－その６－」『愛知県立大学児童教育学科論集』愛知県立大学児童教育学科、1995

中村五六・和田実合著『幼児教育法』フレーベル会、1908

中村五六『保育法』国民教育社、1906

東基吉「婦人と子ども（幼児の教育の前身）創刊当時のこどもと其頃の幼稚園の状況に就いて」『幼児の教育』別巻、1979

東基吉『新編小学教授法』帝国通信講習会、1901

東基吉『幼稚園保育法』目黒甚七、1904

東基吉解説『フレーベル氏教育論』育成会、1900

東貞一「日本のフレーベル東基吉」『熊野誌』第25号、熊野地方史研究会、1980

文部省編『幼稚園百年史』ひかりのくに、1979

東基吉『保育法教科書　文部省検定済（明治四十四年一月二十六日）』目黒書店、1911

幼児の教育復刻刊行会編『復刻　幼児の教育』名著刊行会、1979

●第３章

『婦人と子ども』第１巻第１号－第12巻第12号、フレーベル会、1901-1912

『京阪神連合保育会雑誌』臨川書店、1983

「フレーベル会夏期講習会」『婦人と子ども』第12巻９号、フレーベル会、1913

「本会夏季講習会」『婦人と子ども』第12巻６号、1913（執筆者不明）

「東京の幼稚園」『児童研究』第４巻第８号、1901

「表紙模様図案」『婦人と子ども』第１巻第１号、1901（執筆者不明）

日本キリスト教保育連盟百年史編纂委員会編『日本キリスト教保育百年史』キリスト教保育連盟、1986

『児童研究』第11巻２号、1908

『児童研究』第11巻４号、1908

『児童研究』第11巻５号、1908

『児童研究』第15巻12号、1912

『児童研究』第16巻３号、1912

『児童研究』第５巻10号、1902

『婦人と子ども』第10巻第４号、1911

Mabel Bacon, "Drawing in the Kindergarten", *Fifth Annual Report of the Kinder-*

garten Union of Japan, 1911

キリスト教保育連盟百年史編纂委員会編『日本キリスト教保育百年史』、社団法人キリスト教保育連盟、1986

中村五六・和田実合著『幼児教育法』フレーベル会、1908

日本保育学会編『日本幼児保育史』第2巻、フレーベル館、1968

池田とよ「幼児の自由撰擇につきて」『婦人と子ども』第18巻8号、1918

赤津隆助『赤津隆助』赤津隆助先生記念出版会、1976

東基吉『保育法教科書　文部省検定済（明治四十四年一月二十六日）』目黒書店、1911

東京朝日新聞、1911年10月26日

東基吉「図画教授に付きて」『婦人と子ども』第1巻第3号、フレーベル会、1901

東基吉『幼稚園保育法』目黒甚七、1904

東基吉『新編小学教授法』帝国通信講習会、1901

東基吉解説『フレーベル氏教育論』育成会、1900

春日明夫『玩具創作の研究－造形教育の歴史と理論を探る』日本文教出版、2007

某女史「幼稚園に於ける幼児保育の実際」『婦人と子ども』第9巻第6号、フレーベル会、1909

津守真・久保いと・本田和子『幼稚園の歴史』恒星社厚生閣、1959

教育大辞書編輯局編『教育大辞書』同文館、1907-1908

野生司香雪「子供と絵（一）」『婦人と子ども』第9巻第1号、フレーベル会、1910

黒田定治・東基吉『実践教育学教科書』六盟館、1903

湯川嘉津美「フレーベル会の結成と初期の活動」『上智大学教育学論集』第42号、2008

菅原教造「図画科の衛生に就いて」『婦人と子ども』第11巻第10号、フレーベル会、1911

藤五代策「幼稚園に於ける図画」『婦人と子ども』第11巻第3号、フレーベル会、1911

藤五代策「面白き麦稈細工」『婦人と子ども』第12巻第6号、フレーベル会、1913

●第4章

愛珠幼稚園編『愛珠』愛珠会、1968

清原みさ子『手技の歴史－フレーベルの「恩物」と「作業」の受容とその後の理論的、実践的展開』新読書社、2014

倉橋惣三・新庄よしこ共著『日本幼稚園史』フレーベル館、1956

大阪市立愛珠幼稚園百周年記念事業委員会編『愛珠幼稚園百年史』大阪市立愛珠幼稚
園百周年記念事業委員会、1980

湯川嘉津美『日本幼稚園成立史の研究』風間書房、2001

二見素雅子「日露戦争前後の幼稚園教育における国家主義思想の影響―愛珠幼稚園に
おける保育内容および保育方法の変化を通して」『神学と人文』大阪キリスト教
短期大学、第46集、2006

日本保育学会編『日本幼児保育史』第 1 巻、フレーベル館、2010

樋口勘次郎編『修身童話・第壹巻桃太郎』開発社、1899

福原昌恵「1897年の愛珠幼稚園における保育内容：唱歌遊戯を中心として」『新潟大
学教育学部紀要　人文・社会科学編』新潟大学、第34号(1)、1992

木村小舟作歌・田村虎藏作曲『家庭唱歌・第一編桃太郎』文武堂、1901

巖谷季雄『日本昔噺・第壹館　桃太郎』博文館、1896

愛珠幼稚園『愛珠幼稚園志留弁』大阪市教育センター愛珠文庫所蔵、1886

永井理恵子『近代日本幼稚園建築史研究―教育実践を支えた園舎と地域』学文社、
2005

福原昌恵「草創期幼稚園における唱歌遊戯 [2] 愛珠幼稚園における保育を中心に」
『新潟大学教育学部紀要　人文・社会科学編』新潟大学、第33号(2)、1992

愛珠幼稚園「保育日記　第六ノ部」大阪市教育センター愛珠文庫所蔵、1904年

愛珠幼稚園「保育日記　第六ノ部」大阪市教育センター愛珠文庫所蔵、1905年

愛珠幼稚園「保育日記　第六ノ部」大阪市教育センター愛珠文庫所蔵、1906年

愛珠幼稚園「保育日記　第壹ノ部」大阪市教育センター愛珠文庫所蔵、1904年

愛珠幼稚園「保育日記　第壹ノ部」大阪市教育センター愛珠文庫所蔵、1905年

愛珠幼稚園「保育日記　三ノ組」大阪市教育センター愛珠文庫所蔵、1897年

愛珠幼稚園「保育日記　第四ノ部」大阪市教育センター愛珠文庫所蔵、1907年

●第 5 章

『風俗画報』第269号、東陽堂、1903

『風俗画報』第275号、東陽堂、1904

愛珠幼稚園編『愛珠　参』愛珠会、1969

吉見俊哉『博覧会の政治学　まなざしの近代』中央公論社、1992

『別冊太陽　日本のこころ』(通号133)、平凡社、2005

川崎市市民ミュージアム編『日清・日露戦争とメディア』川崎市市民ミュージアム、
2014

●第6章

土浦市古文書研究会編『土浦市史資料目録：17、土浦の古文書　土浦市右籾宮本家文書：土浦市立土浦幼稚園所蔵資料』土浦市立博物館、2007

舞鶴市教育委員会編『舞鶴の文化財』舞鶴市、1986

愛珠幼稚園「保育日記　第六ノ部」大阪市教育センター愛珠文庫所蔵、1905

愛珠幼稚園「保育日記　第壹ノ部」大阪市教育センター愛珠文庫所蔵、1904

愛珠幼稚園「保育日記　第壹ノ部」大阪市教育センター愛珠文庫所蔵、1905

愛珠幼稚園編『愛珠　参』愛珠会、1969

滑川道夫『桃太郎像の変容』東京書籍、1981

京都府総合資料館『京都府百年の資料五教育編』京都府、1972

佐藤秀夫「掛図の研究・序説」『教育の文化史3』阿吽社、2005

山岡鉄作『幼稚園掛図動物圖話（家庭用獣類部）』小林新兵衛、1889

若杉準治監修『文化財丹後の錦　拾遺』京都府、1983

守随香「保育実践のパイオニア：氏原鏐（うじはらちょう）(1)」『幼児の教育』第94巻第5号、日本幼稚園協会、1995

守随香「保育実践のパイオニア：氏原鏐（うじはらちょう）(2)」『幼児の教育』第94巻第6号、日本幼稚園協会、1995

松本市立松本幼稚園百年誌刊行会編『松本市立松本幼稚園百年誌』松本市立松本幼稚園、1987

水谷源蔵・山崎ひさ編纂『舞鶴幼稚園沿革史　その一』舞鶴幼稚園、1930、未刊行

是澤博昭「簡易幼稚園の設立経緯とその実像—土浦幼稚園とその時代—」『土浦市立博物館第20回特別展　幼稚園誕生』土浦市立博物館、1998

清原みさ子『手技の歴史—フレーベルの「恩物」と「作業」の受容とその後の理論的・実践的展開』新読書社、2014

石附実『教育博物館と明治の子ども』福村出版、1986

倉橋惣三・新庄よしこ共著『日本幼稚園史』フレーベル館、1956

長野県歴史館編『世界と地域を見つめた長野県教育』長野県歴史館、2002

天真堂編輯部編『児童教育に於ける絵画の価値（幼稚園掛図の説明）』天真堂、1904

土浦市立博物館編『幼児教育コトハジメ：マチの学び舎、土浦幼稚園』土浦市立博物館、2010

土浦市立博物館編『幼稚園誕生：土浦幼稚園と明治期の教育玩具』土浦市立博物館、1998

東京女子高等師範学校編『昔話桃太郎』お茶の水女子大学所蔵、1896

舞鶴市史編さん委員会編『舞鶴市史　現代編』舞鶴市、1988

舞鶴幼稚園創立百周年記念事業実行委員会記念誌部『百年のあゆみ』舞鶴幼稚園創立
　　百周年記念事業実行委員会、1984

明倫百年誌編さん委員会編『明倫百年史』明倫小学校百周年記念事業会、1973

図 版 一 覧

第1章

図1-1　第一恩物　六球法　お茶の水女子大学附属図書館所蔵資料

図1-2　第二恩物　三体法　お茶の水女子大学附属図書館所蔵資料

図1-3　第三恩物　第一積体法　お茶の水女子大学附属図書館所蔵資料

図1-4　第四恩物　第二積体法　お茶の水女子大学附属図書館所蔵資料

図1-5　第五恩物　第三積体法　お茶の水女子大学附属図書館所蔵資料

図1-6　第六恩物　第四積体法　お茶の水女子大学附属図書館所蔵資料

図1-7　第七恩物　置板法　お茶の水女子大学附属図書館所蔵資料

図1-8　第八恩物　置箸法　舞鶴市立舞鶴幼稚園所蔵資料　写真撮影：論文筆者

図1-9　第九恩物　置環法　お茶の水女子大学附属図書館所蔵資料

図1-10　第十恩物　図画法　土浦市立博物館所蔵資料　写真撮影：論文筆者

図1-11　第十一恩物　島根大学教育学部附属幼稚園所蔵資料　写真撮影：論文筆者

図1-12　第十二恩物　繍紙法　重要文化財旧開智学校所蔵資料　写真撮影：論文筆者

図1-13　第十三恩物　剪紙法　重要文化財旧開智学校所蔵資料　写真撮影：論文筆者

図1-14　第十四恩物　織紙法　重要文化財旧開智学校所蔵資料　写真撮影：論文筆者

図1-15　第十五恩物　組板法　土浦市立博物館所蔵資料　写真撮影：論文筆者

図1-16　第十六恩物　連板法　お茶の水女子大学附属図書館所蔵資料

図1-17　第十七恩物　組紙法　重要文化財旧開智学校所蔵資料　写真撮影：論文筆者

図1-18　第十八恩物　摺紙法　重要文化財旧開智学校所蔵資料　写真撮影：論文筆者

図1-19　第十九恩物　豆工法　土浦市立博物館所蔵資料　写真撮影：論文筆者

図1-20　第二十恩物　模型法　土浦市立博物館所蔵資料　写真撮影：論文筆者

図1-21　ウィーン万国博覧会の会場遠景　*Frank Leslie's historical register of the United States Centennial Exposition*（国会図書館所蔵資料）より転載

図1-22　『子育の巻』表紙　筑波大学附属図書館所蔵資料　写真撮影：論文筆者

図1-23　『子育の巻』一丁右　筑波大学附属図書館所蔵資料　写真撮影：論文筆者

図1-24　『幼稚園』　筑波大学附属図書館所蔵資料　写真撮影：論文筆者

図1-25　*A Practical Guide to the English Kindergarten,（Child's Garden,）for the Use of Mothers, Governesses, and Infant Teachers*　筑波大学附属図書館所蔵資料　写真撮影：論文筆者

図1-26　*A Practical Guide to the English Kindergarten, (Child's Garden,) for the Use of Mothers, Governesses, and Infant Teachers*, Plate. LX　筑波大学附属図書館所蔵資料　写真撮影：論文筆者

図1-27　『幼稚園』巻下、十一丁右　筑波大学附属図書館所蔵資料　写真撮影：論文筆者

図1-28　『幼稚園記』　筑波大学附属図書館所蔵資料　写真撮影：論文筆者

図1-29　*The Kindergarten*　筑波大学附属図書館所蔵資料　写真撮影：論文筆者

図1-30　第一表『幼稚園記』　筑波大学附属図書館所蔵資料　写真撮影：論文筆者

図1-31　*The Kindergarten* Table. I　筑波大学附属図書館所蔵資料　写真撮影：論文筆者

図1-32　第十一表『幼稚園記』　筑波大学附属図書館所蔵資料　写真撮影：論文筆者

図1-33　*The Kindergarten* Table. XI　筑波大学附属図書館所蔵資料　写真撮影：論文筆者

図1-34　第十表『幼稚園記』　筑波大学附属図書館所蔵資料　写真撮影：論文筆者

図1-35　*The Kindergarten* Table. X　筑波大学附属図書館所蔵資料　写真撮影：論文筆者

図1-36　『幼稚園恩物図形　第十』　土浦市立博物館所蔵資料　写真撮影：論文筆者

図1-37　第十恩物　第一号　土浦市立博物館所蔵資料　写真撮影：論文筆者

図1-38　第十恩物　第二号　土浦市立博物館所蔵資料　写真撮影：論文筆者

図1-39　第十恩物　第三号　土浦市立博物館所蔵資料　写真撮影：論文筆者

図1-40　第十恩物　第四号　土浦市立博物館所蔵資料　写真撮影：論文筆者

図1-41　第十恩物　第五号　土浦市立博物館所蔵資料　写真撮影：論文筆者

図1-42　『幼稚園法二十遊嬉』　筑波大学附属図書館所蔵資料　写真撮影：論文筆者

図1-43　「第十恩物図画法」　筑波大学附属図書館所蔵資料　写真撮影：論文筆者

図1-44　恩物机　お茶の水女子大学附属図書館所蔵資料

図1-45　《二十遊戯之図（模写）》　お茶の水女子大学附属図書館所蔵資料

図1-46　《二十遊戯之図（模写)》の図画法　お茶の水女子大学附属図書館所蔵資料

図1-47　《幼稚保育之図》武村耕靄筆　お茶の水女子大学附属図書館所蔵資料

図1-48　武村耕靄　『耕靄集』（上）より転載　筑波大学附属図書館所蔵資料

図1-49　『耕靄集』（上）（下）　筑波大学附属図書館所蔵資料　写真撮影：論文筆者

図1-50　《百合図》武村耕靄筆　お茶の水女子大学附属図書館所蔵資料

図1-51　《幼稚園保育之図》第一段目　お茶の水女子大学附属図書館所蔵資料

図1-52　《幼稚園保育之図　下絵》第一段目　お茶の水女子大学附属図書館所蔵資料

図版一覧　265

図1-53　《幼稚園保育之図》第一段目　お茶の水女子大学附属図書館所蔵資料

図1-54　《幼稚園保育之図》第一段目　お茶の水女子大学附属図書館所蔵資料

図1-55　《幼稚園保育之図　下絵》第一段目　お茶の水女子大学附属図書館所蔵資料

図1-56　《幼稚園保育之図》第二段目　お茶の水女子大学附属図書館所蔵資料

図1-57　《幼稚園保育之図　下絵》第二段目　お茶の水女子大学附属図書館所蔵資料

図1-58　《幼稚園保育之図》第二段目　お茶の水女子大学附属図書館所蔵資料

図1-59　《幼稚園保育之図》第三段目　お茶の水女子大学附属図書館所蔵資料

図1-60　《幼稚園保育之図　下絵》第三段目　お茶の水女子大学附属図書館所蔵資料

図1-61　《幼稚園保育之図》第三段目　お茶の水女子大学附属図書館所蔵資料

図1-62　《幼稚園保育之図　下絵》第三段目　お茶の水女子大学附属図書館所蔵資料

図1-63　《幼稚園保育之図》第四段目　お茶の水女子大学附属図書館所蔵資料

図1-64　《幼稚園保育之図　下絵》第四段目　お茶の水女子大学附属図書館所蔵資料

図1-65　《幼稚園保育之図》第二段目　お茶の水女子大学附属図書館所蔵資料

図1-66　《幼稚園保育之図　下絵》第二段目　お茶の水女子大学附属図書館所蔵資料

図1-67　開園当時の園舎　お茶の水女子大学附属図書館所蔵写真

図1-68　室内の写真　お茶の水女子大学附属図書館所蔵写真

図1-69　右上方の額縁　お茶の水女子大学附属図書館所蔵写真

図1-70　《幼稚園鳩巣遊戯之図（模写)》　お茶の水女子大学附属図書館所蔵資料

図1-71　9枚の掛図　お茶の水女子大学附属図書館所蔵写真

図1-72　右側の壁面の掛図　お茶の水女子大学附属図書館所蔵写真

図1-73　右側の壁面の掛図　お茶の水女子大学附属図書館所蔵写真

図1-74　左側の壁面の掛図　お茶の水女子大学附属図書館所蔵写真

図1-75　《Hecht und Karpfen》　ベルギッシュ・グラートバハ学校博物館所蔵

図1-76　《Spinne und Krebs》　ベルギッシュ・グラートバハ学校博物館所蔵

図1-77　《Nil-Krokodil》　ベルギッシュ・グラートバハ学校博物館所蔵

図1-78　《鰐之図》　奈良女子大学所蔵　写真撮影：論文筆者

図1-79　『幼稚保育編』表紙　国会図書館所蔵資料より転載

図1-80　『幼稚園摘葉』表紙　国会図書館所蔵資料より転載

第2章

図2-1　『教育学書解説　フレーベル氏教育論』表紙　国会図書館所蔵資料より転載

図2-2　『手技図形』表紙　お茶の水女子大学附属図書館所蔵資料　写真撮影：論文
　　　筆者

図2-3 『手技図形』一、山 二、池 三、梯子 お茶の水女子大学附属図書館所蔵資料 写真撮影：論文筆者

図2-4 『手技図形』四、月山 五、提灯 六、旗 七、桜実 お茶の水女子大学附属図書館所蔵資料 写真撮影：論文筆者

図2-5 『手技図形』八、梨 九、門 十、船 十一、団扇 お茶の水女子大学附属図書館所蔵資料 写真撮影：論文筆者

図2-6 『手技図形』十二、魚 十三、軍艦 お茶の水女子大学附属図書館所蔵資料 写真撮影：論文筆者

図2-7 『幼稚園保育法』表紙 国会図書館所蔵資料より転載

図2-8 『幼稚園保育法』「画き方」 国会図書館所蔵資料より転載

図2-9 『手技図形』「一 山」 お茶の水女子大学附属図書館所蔵資料 写真撮影：論文筆者

図2-10 『幼稚園保育法』「山」 国会図書館所蔵資料より転載

図2-11 『手技図形』「四 月山」 お茶の水女子大学附属図書館所蔵資料 写真撮影：論文筆者

図2-12 『幼稚園保育法』「月山」 国会図書館所蔵資料より転載

図2-13 『手技図形』「五 提灯」 お茶の水女子大学附属図書館所蔵資料 写真撮影：論文筆者

図2-14 『幼稚園保育法』「提灯」 国会図書館所蔵資料より転載

図2-15 『手技図形』「六 旗」 お茶の水女子大学附属図書館所蔵資料 写真撮影：論文筆者

図2-16 『幼稚園保育法』「旗」 国会図書館所蔵資料より転載

図2-17 『手技図形』「十 船」 お茶の水女子大学附属図書館所蔵資料 写真撮影：論文筆者

図2-18 『幼稚園保育法』「船」 国会図書館所蔵資料より転載

図2-19 『手技図形』「十二 魚」 お茶の水女子大学附属図書館所蔵資料 写真撮影：論文筆者

図2-20 『幼稚園保育法』「魚」 国会図書館所蔵資料より転載

図2-21 『手技図形』「十三 軍艦」 お茶の水女子大学附属図書館所蔵資料 写真撮影：論文筆者

図2-22 『幼稚園保育法』「軍艦」 国会図書館所蔵資料より転載

図2-23 『保育法』表紙 国会図書館所蔵資料より転載

図2-24 『保育法』「第七」から「第十三」まで 国会図書館所蔵資料より転載

図版一覧　267

図2-25　『教育大辞書』表紙　国会図書館所蔵資料より転載

図2-26　『教育大辞書』第八恩物から第十三恩物　国会図書館所蔵資料より転載

図2-27　『教育大辞書』第十四恩物から第二十恩物　国会図書館所蔵資料より転載載

図2-28　『幼児教育法』表紙　国会図書館所蔵資料より転載

図2-29　『保育法教科書』表紙　東京大学図書館所蔵資料　写真撮影：論文筆者

第3章

図3-1　『婦人と子ども』第1巻第1号表紙
　　　　お茶の水女子大学附属図書館所蔵資料より転載

図3-2　野生司香雪による略画『婦人と子ども』第9巻第1号
　　　　お茶の水女子大学附属図書館所蔵資料より転載

図3-3　某女史「幼稚園に於ける幼児保育の実際」『婦人と子ども』第9巻第6号
　　　　お茶の水女子大学附属図書館所蔵資料より転載

図3-4　半円を利用して描く『婦人と子ども』第11巻第3号
　　　　お茶の水女子大学附属図書館所蔵資料より転載

図3-5　木の葉を使って輪郭を描く『婦人と子ども』第11巻第3号
　　　　お茶の水女子大学附属図書館所蔵資料より転載

図3-6　蝉、福助、提灯の折り紙細工を利用する『婦人と子ども』第11巻第3号
　　　　お茶の水女子大学附属図書館所蔵資料より転載

図3-7　点を結んで描く『婦人と子ども』第11巻第3号
　　　　お茶の水女子大学附属図書館所蔵資料より転載

図3-8　『小学毛筆画帖教授用書』　筑波大学附属図書館所蔵資料より転載

図3-9　『京阪神保育会雑誌』表紙　『京阪神連合保育会雑誌（複製版)』
　　　　国会図書館所蔵資料より転載

図3-10　*Annual Report of the Kindergarten Union of Japan*
　　　　国会図書館所蔵資料より転載

図3-11　球形 *Fifth Annual Report of the Kindergarten Union of Japan*
　　　　国会図書館所蔵資料より転載

図3-12　第一恩物の絵 *Fifth Annual Report of the Kindergarten Union of Japan*
　　　　国会図書館所蔵資料より転載

図3-13　木 *Fifth Annual Report of the Kindergarten Union of Japan*
　　　　国会図書館所蔵資料より転載

図3-14　飛んでいる鳥 *Fifth Annual Report of the Kindergarten Union of Japan*

国会図書館所蔵資料より転載

図3-15　海、船、雲、雨 *Fifth Annual Report of the Kindergarten Union of Japan*
国会図書館所蔵資料より転載

図3-16　『児童研究』表紙　『児童研究（復刻版）』　筑波大学附属図書館所蔵資料より
転載

図3-17　遊戯の様子　東京朝日新聞、1911年10月26日　国会図書館所蔵資料より転載

図3-18　手技の図　東京朝日新聞、1911年10月27日　国会図書館所蔵資料より転載

第4章

図4-1　『保育日記　第壹ノ部』表紙　大阪市教育センター所蔵資料より転載

図4-2　『保育日記　第壹ノ部』5月2日の記録　大阪市教育センター所蔵資料より
転載

図4-3　4月4日から4月9日　前半部分　大阪市教育センター所蔵資料より転載

図4-4　4月4日から4月9日　後半部分　大阪市教育センター所蔵資料より転載

図4-5　4月20日　大阪市教育センター所蔵資料より転載

図4-6　5月4日　大阪市教育センター所蔵資料より転載

図4-7　5月11日　大阪市教育センター所蔵資料より転載

図4-8　5月25日　大阪市教育センター所蔵資料より転載

図4-9　B『保育日記　第壹ノ部』の課目数の集計

図4-10　C『保育日記　第六ノ部』　大阪市教育センター所蔵資料より転載

図4-11　4月4日から9日　前半　大阪市教育センター所蔵資料より転載

図4-12　4月4日から9日　後半　大阪市教育センター所蔵資料より転載

図4-13　C『保育日記　第六ノ部』の課目数の集計

図4-14　11月12日　大阪市教育センター所蔵資料より転載

図4-15　2月16日　大阪市教育センター所蔵資料より転載

図4-16　D『保育日記　第壹ノ部』　大阪市教育センター所蔵資料より転載

図4-17　4月6日　大阪市教育センター所蔵資料より転載

図4-18　D『保育日記　第壹ノ部』の課目数の集計

図4-19　4月6日　大阪市教育センター所蔵資料より転載

図4-20　4月18日　大阪市教育センター所蔵資料より転載

図4-21　4月18日　大阪市教育センター所蔵資料より転載

図4-22　5月10日　大阪市教育センター所蔵資料より転載

図4-23　5月10日　大阪市教育センター所蔵資料より転載

図版一覧　269

図4-24　5月24日　大阪市教育センター所蔵資料より転載
図4-25　E『保育日記　第六ノ部』表紙　大阪市教育センター所蔵資料より転載
図4-26　4月15日　大阪市教育センター所蔵資料より転載
図4-27　E『保育日記　第六ノ部』の各課目数の集計
図4-28　4月17日　大阪市教育センター所蔵資料より転載
図4-29　4月17日　大阪市教育センター所蔵資料より転載
図4-30　5月30日　大阪市教育センター所蔵資料より転載
図4-31　9月29日　大阪市教育センター所蔵資料より転載
図4-32　10月5日　大阪市教育センター所蔵資料より転載
図4-33　F『保育日記　第六ノ部』　大阪市教育センター所蔵資料より転載
図4-34　4月19日　大阪市教育センター所蔵資料より転載
図4-35　F『保育日記　第六ノ部』の各課目数の集計
図4-36　7月12日　大阪市教育センター所蔵資料より転載
図4-37　11月22日　大阪市教育センター所蔵資料より転載
図4-38　11月22日　大阪市教育センター所蔵資料より転載
図4-39　11月22日　大阪市教育センター所蔵資料より転載
図4-40　11月22日　大阪市教育センター所蔵資料より転載
図4-41　3月6日　大阪市教育センター所蔵資料より転載
図4-42　3月27日　大阪市教育センター所蔵資料より転載
図4-43　3月27日　大阪市教育センター所蔵資料より転載
図4-44　G『保育日記　第六ノ部』の各課目数の集計
図4-45　4月5日　大阪市教育センター所蔵資料より転載
図4-46　4月5日　大阪市教育センター所蔵資料より転載
図4-47　4月9日　大阪市教育センター所蔵資料より転載
図4-48　5月28日　大阪市教育センター所蔵資料より転載
図4-49　7月24日　大阪市教育センター所蔵資料より転載
図4-50　7月24日　大阪市教育センター所蔵資料より転載
図4-51　10月23日　大阪市教育センター所蔵資料より転載
図4-52　12月20日　大阪市教育センター所蔵資料より転載
図4-53　12月20日　大阪市教育センター所蔵資料より転載
図4-54　3月4日　大阪市教育センター所蔵資料より転載
図4-55　3月20日　大阪市教育センター所蔵資料より転載

第5章

図5-1 「明治三六年之大阪」（株）乃村工藝社所蔵資料

図5-2 「会場内の見どころを描いた絵ビラ」（株）乃村工藝社所蔵資料

図5-3 『風俗画報』第269号　国会図書館所蔵資料より転載

図5-4 『風俗画報』第275号　国会図書館所蔵資料より転載

図5-5 「第五回内国勧業博覧会記念帖」表紙
大阪市教育センター所蔵資料　写真撮影：論文筆者

図5-6 作品 No. 2　大阪市教育センター所蔵資料　写真撮影：論文筆者

図5-7 「第五回内国勧業博覧会真景」（株）乃村工藝社所蔵資料

図5-8 作品 No. 32　大阪市教育センター所蔵資料　写真撮影：論文筆者

図5-9 「大曲馬、台湾芝居、ウォーターシュート」『風俗画報』第275号、国会図書
館所蔵資料より転載

図5-10 「ウォーターシュート」『第五回内国勧業博覧会記念写真帳』
国会図書館所蔵資料より転載

図5-11 作品 No. 13　大阪市教育センター所蔵資料　写真撮影：論文筆者

図5-12 作品 No. 15　大阪市教育センター所蔵資料　写真撮影：論文筆者

図5-13 『〔第五回〕内国勧業博覧会』正門夜景　国会図書館所蔵資料より転載

図5-14 作品 No. 33　大阪市教育センター所蔵資料　写真撮影：論文筆者

図5-15 作品 No. 46　大阪市教育センター所蔵資料　写真撮影：論文筆者

図5-16 「堺水族館」『風俗画報』第269号、国会図書館所蔵資料より転載

図5-17 作品 No. 41　大阪市教育センター所蔵資料　写真撮影：論文筆者

図5-18 「大林エレベーター」『風俗画報』第275号　国会図書館所蔵資料より転載

図5-19 大林高塔　鳴戸源之助編『第五回内国勧業博覧会紀念写真帖』（1903）
国会図書館所蔵資料より転載

図5-20 作品 No. 27　大阪市教育センター所蔵資料　写真撮影：論文筆者

図5-21 作品 No. 21　大阪市教育センター所蔵資料　写真撮影：論文筆者

図5-22 愛知県　売店『第五回内国勧業博覧会』　国会図書館所蔵資料より転載

図5-23 「日露戦争記念帖」表紙　大阪市教育センター所蔵資料写真撮影：論文筆者

図5-24 作品 No. 25　大阪市教育センター所蔵資料　写真撮影：論文筆者

図5-25 作品 No. 7　大阪市教育センター所蔵資料　写真撮影：論文筆者

図5-26 作品 No. 11　大阪市教育センター所蔵資料　写真撮影：論文筆者

図5-27 作品 No. 13　大阪市教育センター所蔵資料　写真撮影：論文筆者

図5-28 女子高等師範学校附属幼稚園の写真

お茶の水女子大学附属図書館所蔵資料より転載

図5-29　女子高等師範学校附属幼稚園の写真の拡大
　　　　お茶の水女子大学附属図書館所蔵資料より転載

図5-30　作品 No. 9　大阪市教育センター所蔵資料　写真撮影：論文筆者

第 6 章

図6-1　猫　土浦市立博物館所蔵資料　写真撮影：論文筆者

図6-2　鼠　土浦市立博物館所蔵資料　写真撮影：論文筆者

図6-3　馬　土浦市立博物館所蔵資料　写真撮影：論文筆者

図6-4　熊　土浦市立博物館所蔵資料　写真撮影：論文筆者

図6-5　猿の裏面　奥付　土浦市立博物館所蔵資料　写真撮影：論文筆者

図6-6　『幼稚園掛図動物図話（家庭用獣類部）』　国会図書館所蔵資料より転載

図6-7　『児童教育に於ける絵画の価値（幼稚園掛図の説明)』
　　　　国会図書館所蔵資料より転載

図6-8　《幼稚園掛図　舌切雀》　土浦市立博物館所蔵資料　写真撮影：論文筆者

図6-9　《幼稚園掛図　浦島太郎》　土浦市立博物館所蔵資料　写真撮影：論文筆者

図6-10　《幼稚園掛図　兎と亀》　土浦市立博物館所蔵資料　写真撮影：論文筆者

図6-11　No. 6《幼稚園手技掛図　箸環　画キ方》
　　　　土浦市立博物館所蔵資料　写真撮影：論文筆者

図6-12　No. 11《幼稚園手技掛図　箸環　剪紙　画キ方》
　　　　土浦市立博物館所蔵資料　写真撮影：論文筆者

図6-13　No. 6　画キ方　土浦市立博物館所蔵資料　写真撮影：論文筆者

図6-14　No. 11　画キ方　土浦市立博物館所蔵資料　写真撮影：論文筆者

図6-15　No. 6　画キ方「汽車」土浦市立博物館所蔵資料　写真撮影：論文筆者

図6-16　No. 6　箸環「汽車」　土浦市立博物館所蔵資料　写真撮影：論文筆者

図6-17　No. 6　画キ方「机」　土浦市立博物館所蔵資料　写真撮影：論文筆者

図6-18　No. 6　箸環「机」　土浦市立博物館所蔵資料　写真撮影：論文筆者

図6-19　No. 11　画キ方「日ノ丸」　土浦市立博物館所蔵資料　写真撮影：論文筆者

図6-20　No. 11　剪紙「国旗」　土浦市立博物館所蔵資料　写真撮影：論文筆者

図6-21　No. 11　箸環「国旗」　土浦市立博物館所蔵資料　写真撮影：論文筆者

図6-22　No. 11　画キ方「山」　土浦市立博物館所蔵資料　写真撮影：論文筆者

図6-23　No. 11　剪紙「山」　土浦市立博物館所蔵資料　写真撮影：論文筆者

図6-24　No. 11　箸環「山ニ月」　土浦市立博物館所蔵資料　写真撮影：論文筆者

図6-25　No.11　画キ方「踏台」　土浦市立博物館所蔵資料　写真撮影：論文筆者

図6-26　No.11　剪紙「踏台」　土浦市立博物館所蔵資料　写真撮影：論文筆者

図6-27　No.11　箸環「踏台」　土浦市立博物館所蔵資料　写真撮影：論文筆者

図6-28　No.11　画キ方「トンボ」　土浦市立博物館所蔵資料　写真撮影：論文筆者

図6-29　No.11　箸環「トンボ」　土浦市立博物館所蔵資料　写真撮影：論文筆者

図6-30　No.11　画キ方「門」　土浦市立博物館所蔵資料　写真撮影：論文筆者

図6-31　No.11　箸環「門」　土浦市立博物館所蔵資料　写真撮影：論文筆者

図6-32　No.11　画キ方「梯子」　土浦市立博物館所蔵資料　写真撮影：論文筆者

図6-33　No.11　箸環「梯子」　土浦市立博物館所蔵資料　写真撮影：論文筆者

図6-34　No.11　画キ方「舟」　土浦市立博物館所蔵資料　写真撮影：論文筆者

図6-35　No.11　剪紙「舟」　土浦市立博物館所蔵資料　写真撮影：論文筆者

図6-36　No.11　画キ方「家」　土浦市立博物館所蔵資料　写真撮影：論文筆者

図6-37　No.11　剪紙「家」　土浦市立博物館所蔵資料　写真撮影：論文筆者

図6-38　No.11　画キ方「紋形」　土浦市立博物館所蔵資料　写真撮影：論文筆者

図6-39　No.11　剪紙「紋形」　土浦市立博物館所蔵資料　写真撮影：論文筆者

図6-40　《大日本帝国一等戦闘艦敷島真図》　京都府舞鶴市立幼稚園所蔵資料　写真撮影：論文筆者

図6-41　掛図《動物標本画　黒猩々之図》　京都府舞鶴市立舞鶴幼稚園所蔵資料　写真撮影：論文筆者

図6-42　《桃太郎　第十一　太郎凱旋爺婆出向ノ画》　京都府舞鶴市立舞鶴幼稚園所蔵資料　写真撮影：論文筆者

図6-43　《明治三十四年六月　第一　暁二烏雀ノ□ッ画》
京都府舞鶴市立舞鶴幼稚園所蔵資料　写真撮影：論文筆者

図6-44　《明治三十四年六月　第七　児童ノ連立チ出園スル画》
京都府舞鶴市立舞鶴幼稚園所蔵資料　写真撮影：論文筆者

図6-45　《明治三十四年六月　第八　児童ノタノ□遊戯スル画》
京都府舞鶴市立舞鶴幼稚園所蔵資料　写真撮影：論文筆者

図6-46　《明治三十四年六月　第九　児童ノ玩具ノ弄ブ画》
京都府舞鶴市立舞鶴幼稚園所蔵資料　写真撮影：論文筆者

図6-47　唱歌用掛図　上段《蓮□ノ花ノ絵》京都府舞鶴市立舞鶴幼稚園所蔵資料　写真撮影：論文筆者

図6-48　唱歌用掛図　中段《1の分　蓮花ノ絵》京都府舞鶴市立舞鶴幼稚園所蔵資料　写真撮影：論文筆者

図版一覧　　273

図6-49　《ライオンとねずみ》京都府舞鶴市立舞鶴幼稚園所蔵資料　写真撮影：論文筆者

図6-50　作品 No.5　重要文化財旧開智学校所蔵資料　写真撮影：論文筆者

図6-51　作品 No.8　重要文化財旧開智学校所蔵資料　写真撮影：論文筆者

図6-52　作品 No.13　重要文化財旧開智学校所蔵資料　写真撮影：論文筆者

図6-53　作品 No.14　重要文化財旧開智学校所蔵資料　写真撮影：論文筆者

図6-54　作品 No.25　重要文化財旧開智学校所蔵資料　写真撮影：論文筆者

図6-55　作品 No.29　重要文化財旧開智学校所蔵資料　写真撮影：論文筆者

図6-56　野菜果物模型　重要文化財旧開智学校所蔵資料　写真撮影：論文筆者

図6-57　かぼちゃ　重要文化財旧開智学校所蔵資料　写真撮影：論文筆者

図6-58　本うり　重要文化財旧開智学校所蔵資料　写真撮影：論文筆者

図6-59　さつまいも　重要文化財旧開智学校所蔵資料　写真撮影：論文筆者

図6-60　動物模型　重要文化財旧開智学校所蔵資料　写真撮影：論文筆者

図6-61　象　重要文化財旧開智学校所蔵資料　写真撮影：論文筆者

図6-62　ラクダ　重要文化財旧開智学校所蔵資料　写真撮影：論文筆者

図6-63　フレーベル館の大正期のカタログ　木の花幼稚園（金沢市）所蔵資料

図6-64　「植物類」　木の花幼稚園（金沢市）所蔵資料

図6-65　「動物類」　木の花幼稚園（金沢市）所蔵資料

図6-66　「動物類　続き」　木の花幼稚園（金沢市）所蔵資料

図6-67　備品台帳　重要文化財旧開智学校所蔵資料　写真撮影：論文筆者

図6-68　第七　富士雲　第八　三角　重要文化財旧開智学校所蔵資料　写真撮影：論文筆者

図6-69　第十三　提灯　第十四　旗　重要文化財旧開智学校所蔵資料　写真撮影：論文筆者

図6-70　『積木、画方、紐置、箸鑷排、粘土細工、麦藁細工』
重要文化財旧開智学校所蔵資料　写真撮影：論文筆者

図6-71　第十一　梨、第十二　鏡、第十三　提灯、第十四　国旗
重要文化財旧開智学校所蔵資料　写真撮影：論文筆者

附　　録

B　保育日記　第壹ノ部
（明治37年4月4日～明治38年3月25日）

月	日	曜日	課目名		
4	1				
	2				
	3				
	4	月	談話	画方	遊嬉
	5	火	積木	織紙	遊嬉
	6	水	談話	画方	唱歌
	7	木	環排	縫取	遊嬉
	8	金	板排	貼紙	遊嬉
	9	土	談話	豆細工	
	10	日			
	11	月	談話	摺紙	唱歌
	12	火	積木	織紙	遊嬉
	13	水	談話	画方	唱歌
	14	木	環排	縫取	遊嬉
	15	金	板排	貼紙	遊嬉
	16	土	談話	豆細工	
	17	日			
	18	月	談話	摺紙	遊嬉
	19	火	積木	織紙	唱歌
	20	水	談話	画方	遊嬉
	21	木	環排	縫取	唱歌
	22	金	板排	貼紙	遊嬉
	23	土	談話	豆細工	
	24	日			
	25	月	談話	摺紙	遊嬉
	26	火	積木	織紙	唱歌
	27	水	談話	画方	遊嬉
	28	木	環排	縫取	唱歌
	29	金	板排	貼紙	遊嬉
	30	土	談話	豆細工	
5	1	日			
	2	月	談話	摺紙	遊嬉
	3	火	積木	織紙	唱歌
	4	水	談話	画方	遊嬉
	5	木	環排	縫取	唱歌
	6	金	板排	貼紙	遊嬉
	7	土	談話	豆細工	
	8	日			
	9	月	談話	摺紙	遊嬉
	10	火	積木	織紙	唱歌
	11	水	談話	画方	遊嬉
	12	木	環排	縫取	唱歌
	13	金	板排	貼紙	遊嬉
	14	土	談話	豆細工	
	15	日			
	16	月	談話	摺紙	遊嬉
	17	火	積木	織紙	唱歌
	18	水	談話	画方	遊嬉
	19	木	環排	縫取	唱歌
	20	金	板排	貼紙	遊嬉
	21	土	談話	粘土	
	22	日			
	23	月	談話	摺紙	唱歌
	24	火	積木	織紙	遊嬉
	25	水	談話	画方	唱歌
	26	木	環排	縫取	遊嬉
	27	金	板排	貼紙	唱歌
	28	土	談話	豆細工	
	29	日			
	30	月	談話	摺紙	遊嬉
	31	火	積木	織紙	
6	1	水	記念日ニ付休		
	2	木	環排	縫取	唱歌

附　録　277

月	日	曜			
	3	金	板排	貼紙	遊嬉
	4	土	談話	粘土	
	5	日			
	6	月	談話	摺紙	遊嬉
	7	火	積木	織紙	唱歌
	8	水	談話	画方	遊嬉
	9	木	環排	縫取	唱歌
	10	金	板排	貼紙	遊嬉
	11	土	談話	豆細工	
	12	日			
	13	月	談話	摺紙	遊嬉
	14	火	積木	織紙	唱歌
	15	水	談話	画方	遊嬉
	16	木	環排	縫取	唱歌
	17	金	板排	貼紙	遊嬉
	18	土	画方	豆細工	
	19	日			
	20	月	談話	摺紙	遊嬉
	21	火	積木	織紙	唱歌
	22	水	談話	画方	遊嬉
	23	木	環排	縫取	唱歌
	24	金	板排	画方	遊嬉
	25	土	談話	摺紙	
	26	日			
	27	月	談話	摺紙	遊嬉
	28	火	積木	織紙	唱歌
	29	水	談話	画方	遊嬉
	30	木	環排	縫取	唱歌
7	1	金	板排	粘土	遊嬉
	2	土	談話	豆細工	粘土
	3	日			
	4	月	談話	摺紙	遊嬉
	5	火	積木	織紙	唱歌
	6	水	談話	画方	遊嬉
	7	木	環排	縫取	唱歌
	8	金	板排	貼紙	遊嬉
	9	土	談話	豆細工	
	10	日			
	11	月	談話	遊嬉	
	12	火	摺紙	唱歌	
	13	水	談話	積木	
	14	木	織紙	遊嬉	
	15	金	環排	縫取	
	16	土	板排	摺紙	
	17	日			
	18	月	談話	遊嬉	
	19	火	摺紙	唱歌	
	20	水	談話	積木	
	21	木	画方	遊嬉	
	22	金	環排	貼紙	
	23	土	板排	粘土	
	24	日			
	25	月	談話	遊嬉	
	26	火	摺紙	唱歌	
	27	水	談話	積木	
	28	木	画方	遊嬉	
	29	金	環排	貼紙	
	30	土	板排	豆細工	
	31	日			
9	12	月	談話	摺紙	
	13	火	画方	積木	
	14	水	板排	遊嬉	
	15	木	織紙	唱歌	
	16	金	談話	縫取	
	17	土	縫取	積木	
	18	日			

19	月	談話	遊嬉	
20	火	摺紙	唱歌	
21	水	談話	積木	
22	木	画方	縫取	
23	金	秋季皇霊祭ニ付休		
24	土	板排	貼紙	
25	日			
26	月	談話	遊嬉	
27	火	摺紙	唱歌	
28	水	談話	積木	
29	木	織紙	遊嬉	
30	金	環排	画方	
10　1	土	談話	豆細工	
2	日			
3	月	談話	摺紙	遊嬉
4	火	積木	織紙	唱歌
5	水	談話	画方	遊嬉
6	木	環排	縫取	唱歌
7	金	板排	貼紙	遊嬉
8	土	談話	豆細工	
9	日			
10	月	談話	摺紙	唱歌
11	火	積木	織紙	遊嬉
12	水	談話	画方	唱歌
13	木	環排	縫取	遊嬉
14	金	板排	貼紙	遊嬉
15	土	談話	豆細工	
16	日			
17	月	神嘗祭ニ付休		
18	火	積木	織紙	唱歌
19	水	談話	画方	遊嬉
20	木	環排	縫取	唱歌
21	金	板排	貼紙	遊嬉

22	土	談話	豆細工	
23	日			
24	月	談話	摺紙	遊嬉
25	火	積木	織紙	唱歌
26	水	談話	画方	遊嬉
27	木	環排	縫取	唱歌
28	金	板排	貼紙	遊嬉
29	土	談話	豆細工	
30	日			
31	月	談話	摺紙	遊嬉
11　1	火	積木	環排	唱歌
2	水	談話	画方	唱歌
3	木	天長節ニ付休		
4	金	画方	織紙	談話
5	土	摺紙	豆細工	
6	日			
7	月	談話	摺紙	遊嬉
8	火	積木	組紙	唱歌
9	水	談話	画方	遊嬉
10	木	板排	組紙	唱歌
11	金	談話	縫取	遊嬉
12	土	摺紙	豆細工	
13	日			
14	月	談話	摺紙	遊嬉
15	火	積木	縫取	唱歌
16	水	談話	画方	遊嬉
17	木	板排	貼紙	唱歌
18	金	談話	組紙	遊嬉
19	土	全	豆細工	
20	日			
21	月	談話	摺紙	唱歌
22	火	積木	織紙	遊嬉
23	水	談話	画方	唱歌

	24	木	環排	縫取	遊嬉
	25	金	板排	貼紙	唱歌
	26	土	談話	画方	
	27	日			
	28	月	談話	摺紙	遊嬉
	29	火	積木	織紙	唱歌
	30	水	談話	画方	遊嬉
12	1	木	板排	縫取	唱歌
	2	金	環排	貼紙	遊嬉
	3	土	談話	豆細工	
	4	日			
	5	月	談話	摺紙	遊嬉
	6	火	積木	画方	唱歌
	7	水	織紙	遊嬉	随意遊戯
	8	木	画方	唱歌	以上全前
	9	金	環排	縫取	遊嬉
	10	土	談話	摺紙	
	11	日			
	12	月	談話	摺紙	遊嬉
	13	火	積木	画方	唱歌
	14	水	縫取	板排	遊嬉
	15	木	談話	画方	唱歌
	16	金	環排	貼紙	
	17	土	談話	豆細工	
	18	日			
	19	月	談話	摺紙	遊嬉
	20	火	積木	織紙	唱歌
	21	水	談話	画方	遊嬉
	22	木	板排	環排	唱歌
	23	金	談話	画方	唱歌
	24	土	閉園式ヲ行ヒ		
1	9	月	記入なし		
	10	火	積木	織紙	唱歌

	11	水	談話	画方	遊嬉
	12	木	板排	縫取	遊嬉
	13	金	談話	摺紙	遊嬉
	14	土	談話	仝	
	15	日			
	16	月	貼紙	画方	遊嬉
	17	火	織紙	摺紙	唱歌
	18	水	談話	遊嬉	積木
	19	木	積木	縫取	唱歌
	20	金	画方	貼紙	遊嬉
	21	土	板排	豆細工	
	22	日			
	23	月	摺紙	談話	遊嬉
	24	火	積木	織紙	唱歌
	25	水	画方	環排	遊嬉
	26	木	談話	板排	唱歌
	27	金	画方	積木	遊嬉
	28	土	談話	摺紙	
	29	日			
	30	月	孝明天皇祭ニ付休		
	31	火	画方	積木	唱歌
2	1	水	談話	環排	遊嬉
	2	木	画方	摺紙	唱歌
	3	金	板排	組紙	遊嬉
	4	土	談話	摺紙	
	5	日			
	6	月	談話	画方	唱歌
	7	火	積木	織紙	唱歌
	8	水	画方	種痘ニ付	以上全前
	9	木	板排	以上全前	遊嬉
	10	金	環排	画方	唱歌
	11	土	紀元節ニ付休		
	12	日			

	13	月	談話	画方	遊嬉
	14	火	積木	織紙	唱歌
	15	水	談話	貼紙	遊嬉
	16	木	画方	積木	唱歌
	17	金	板排	縫取	遊嬉
	18	土	談話	以上全前	
	19	日			
	20	月	談話	摺紙	遊嬉
	21	火	積木	織紙	唱歌
	22	水	談話	画方	遊嬉
	23	木	板排	縫取	唱歌
	24	金	環排	貼紙	遊嬉
	25	土	談話	豆細工	
	26	日			
	27	月	談話	摺紙	遊嬉
	28	火	積木	織紙	唱歌
3	1	水	談話	画方	遊嬉
	2	木	板排	縫取	唱歌
	3	金	環排	全	遊嬉
	4	土	談話	摺紙	
	5	日			
	6	月	談話	織紙	遊嬉
	7	火	積木	摺紙	唱歌
	8	水	談話	画方	遊嬉
	9	木	板排	縫取	唱歌
	10	金	環排	画方	遊嬉
	11	土	談話	豆細工	
	12	日			
	13	月	談話	縫取	遊嬉
	14	火	積木	全	唱歌
	15	水	談話	画方	遊嬉
	16	木	以上全前	織紙	遊嬉
	17	金	摺紙	画方	唱歌

18	土	画方	全	
19	日			
20	月	談話	摺紙	遊嬉
21	火	春季皇霊祭ニ付休		
22	水	談話	画方	唱歌
23	木	環排	織紙	遊嬉
24	金	板排	縫取	遊嬉
25	土	談話	貼紙	

C 保育日記　第六ノ部
（明治37年4月4日～明治38年3月29日）

月	日	曜			
4	1				
	2				
	3				
	4	月	談話	積木	組紙
	5	火	板排	貼紙	
	6	水	遊戯	摺紙	
	7	木	球	画方	
	8	金	遊戯	積木	
	9	土	遊戯	豆	
	10	日			
	11	月	談話	摺紙	
	12	火	球		
	13	水	遊戯	箸排	
	14	木	箸二本環二個	貼紙	
	15	金	遊戯		
	16	土	遊戯	豆	
	17	日			
	18	月	遊戯	摺紙	
	19	火	連板	積木	
	20	水	遊戯	貼紙	
	21	木	唱歌	画方	
	22	金	遊戯	箸四本	
	23	土	遊戯	豆	
	24	日			
	25	月	身体検査		
	26	火	身体検査		
	27	水	記録なし		
	28	木	記録なし		
	29	金	記録なし		
	30	土	記録なし		
5	1	日			
	2	月	遊戯	連板	
	3	火	談話	箸五本	
	4	水	遊戯	摺紙	
	5	木	唱歌	球	
	6	金	遊戯	積木	
	7	土	積木	豆	
	8	日			
	9	月	談話	摺紙	
	10	火	板排	唱歌	
	11	水	遊戯	積木	
	12	木	遊戯	貼紙	
	13	金	画方	積木	
	14	土	遊戯	豆	
	15	日			
	16	月	遊戯	摺紙	
	17	火	談話	箸五本環二個	
	18	水	遊戯	貼紙	
	19	木	積木	唱歌	
	20	金	遊戯	板排	
	21	土		組紙	
	22	日			
	23	月	遊戯	摺紙	
	24	火	唱歌	連板	
	25	水	遊戯	談話	
	26	木	積木	貼紙	
	27	金	遊戯	板排	
	28	土	遊戯	豆	
	29	日			
	30	月	積木	摺紙	
	31	火	遊戯		
6	1	水	紀念式		
	2	木	前日式ニ付テ同様	唱歌	
	3	金	板排	組紙	

月	日	曜			
	4	土	遊戯	豆	
	5	日			
	6	月	遊戯	摺紙	唱歌
	7	火	連板	画方	
	8	水	遊戯	箸排	貼紙
	9	木	談話	積木	唱歌
	10	金	遊戯	唱歌	摺紙
	11	土	遊戯	豆	
	12	日			
	13	月	遊戯	画方	摺紙
	14	火	遊戯	積木	藤ノ豆ヲトリ
	15	水	遊戯	談話	唱歌
	16	木		箸排	貼紙
	17	金	藤ノ葉カリ	板排	外遊セシメ
	18	土	遊戯	豆	
	19	日			
	20	月	連板	摺紙	唱歌
	21	火	遊戯	魚釣遊	唱歌
	22	水	魚釣遊	積木	
	23	木	遊戯	繋方	唱歌
	24	金	談話	板排	
	25	土	遊戯	貼紙	
	26	日			
	27	月	積木	遊戯	摺紙
	28	火	遊戯	外園ニテ自由遊ヲ	唱歌
	29	水		麦藁繋	唱歌
	30	木	談話	積木	一二ノ遊戯
7	1	金	紀念式	遊戯	
	2	土	談話	豆	
	3	日			
	4	月	連板	摺紙	随意談話
	5	火	遊戯	画方	
	6	水	談話	貼紙	唱歌

月	日	曜			
	7	木	遊戯	摺紙	唱歌
	8	金	積木	板排	随意談話
	9	土	遊戯	豆	
	10	日			
	11	月	遊戯	摺紙	
	12	火	積木	画方	
	13	水	板排	麦藁繋	
	14	木	遊戯	連板	
	15	金	談話	箸排	
	16	土	唱歌	豆	
	17	日			
	18	月	遊戯	摺紙	
	19	火	積木	六球	
	20	水	連板	□□□	
	21	木	箸板	画方	
	22	金	談話	唱歌	
	23	土	積木	豆	
	24	日			
	25	月	遊戯	摺紙	
	26	火	画方	談話	
	27	水	箸環排	貼紙	
	28	木	遊戯	積木	
	29	金	記録なし		
	30	土	記録なし		
		日			
9	12	月	談話	摺紙	
	13	火	積木	遊戯	
	14	水	環箸	唱歌	
	15	木	縦覧	繋方	
	16	金	遊戯	板箸	
	17	土	連板	豆	
	18	日			
	19	月	遊戯	摺紙	

	20	火	遊戲	積木	
	21	水	板排	貼紙	
	22	木	画方	談話	
	23	金	秋季皇霊祭		
	24	土	貼紙	遊戲	
	25	日			
	26	月	遊戲	摺紙	
	27	火	積木	摺紙	
	28	水	板排	画方	
	29	木	遊戲	□□方	
	30	金	箸環	紐遊	
10	1	土	遊戲	豆	
	2	日			
	3	月	遊戲	積木	唱歌
	4	火		箸板	唱歌
	5	水	談話	画方	唱歌
	6	木		貼紙	
	7	金	積木	縦覧室ニテ遊ブ	
	8	土	談話	豆	
	9	日			
	10	月	遊戲	摺紙	唱歌
	11	火	板排	麦藁繋	談話
	12	水	積木	外園ニテ	〃
	13	木	談話	画方	唱歌
	14	金	画方	摺紙	
	15	土	談話	豆	
	16	日			
	17	月	神嘗祭		
	18	火	積木	遊戲	摺紙
	19	水	談話	板排	唱歌
	20	木	毬	貼紙	遊戲
	21	金	画方	箸	唱歌
	22	土	遊戲	豆	

	23	日			
	24	月	遊戲	談話	摺紙
	25	火	談話	画方	唱歌
	26	水	積木		
	27	木	板排		
	28	金	遊戲		
	29	土	遊戲		
	30	日			
	31	月	記録なし		
11	1	火	記録なし		
	2	水	記録なし		
	3	木	天長節		
	4	金	記録なし		
	5	土	記録なし		
	6	日			
	7	月	遊戲	画方	唱歌
	8	火	遊戲	唱歌	談話
	9	水	積木	唱歌	貼紙
	10	木	遊戲	球	談話並唱歌
	11	金	遊戲	板箸	摺紙
	12	土	画方	豆	
	13	日			
	14	月	遊戲	摺紙	唱歌
	15	火	積木	板排	唱歌
	16	水	遊戲	繋方	唱歌
	17	木	談話	箸板	唱歌
	18	金	遊戲	外遊	貼紙
	19	土	談話	豆	
	20	日			
	21	月	遊戲	摺紙	唱歌
	22	火	談話	連板	外遊
	23	水	新嘗祭		
	24	木	談話	外遊	組紙

月	日	曜			
	25	金	遊戯		
	26	土	〃	豆	
	27	日			
	28	月	遊戯	積木	摺紙
	29	火	談話	板排	唱歌
	30	水	談話	箸板	□□□□
12	1	木	画方	遊戯	繋方
	2	金	遊戯	積木	外遊
	3	土	遊戯	豆	
	4	日			
	5	月	遊戯	摺紙	唱歌
	6	火	遊戯	外遊	一二ノ遊戯
	7	水	外遊	遊戯	貼紙
	8	木	遊戯	談話	唱歌
	9	金	遊戯	積木	摺紙
	10	土	遊戯		
	11	日			
	12	月	遊戯	画方	摺紙
	13	火	談話	積木	唱歌
	14	水	遊戯	連板	□□□□
	15	木	遊戯	板排	貼紙
	16	金	談話	箸排	遊戯
	17	土	遊戯	豆細工	
	18	日			
	19	月	遊戯	積木	摺紙
	20	火	〃	談話	六球
	21	水	遊戯	六球	貼紙
	22	木	遊戯	談話	談話
	23	金	遊戯	談話	談話
	24	土	談話	閉園式	
1	9	月	始業式		
	10	火	談話	積木	摺紙
	11	水	遊戯	毬遊	唱歌

月	日	曜			
	12	木	箸排		画方
	13	金	談話	板排	外遊
	14	土	遊戯	豆	
	15	日			
	16	月	遊戯	積木	摺紙
	17	火	談話	画方	唱歌
	18	水	遊戯	板排	□□遊戯
	19	木	談話	箸排	唱歌
	20	金	遊戯	摺紙	唱歌
	21	土	遊戯	豆細工	
	22	日			
	23	月	遊戯	積木	摺紙
	24	火	談話	箸環	唱歌
	25	水	遊戯	画方	唱歌
	26	木	談話	話す	麦藁繋
	27	金	遊戯	箸板	桃太郎
	28	土	遊戯	貼紙	
	29	日			
	30	月	光明天皇祭		
	31	火	談話	連板	
2	1	水	遊戯	積木	摺紙
	2	木	談話	板排	唱歌
	3	金	遊戯	球	摺紙
	4	土	遊戯	豆	
	5	日			
	6	月	遊戯	積木	摺紙
	7	火	談話	画方	唱歌
	8	水	遊戯	種痘	唱歌
	9	木	種痘		貼紙
	10	金	談話	板排	唱歌
	11	土	紀元節		
	12	日			
	13	月	遊戯	球遊	摺紙

	14	火	積木	箸環	唱歌
	15	水	遊戯	板排	随意談話
	16	木	談話	画方	唱歌
	17	金	遊戯	随意談話	麦藁繋
	18	土	遊戯	遊戯	
	19	日			
	20	月	外遊	談話	紙タタミ
	21	火		連板	唱歌
	22	水	遊戯	織紙	談話
	23	木	談話	積木	絵本ヲ見シム
	24	金	遊戯	球遊ビ	貼紙
	25	土	遊戯	豆細工	
	26	日			
	27	月	遊戯	積木	摺紙
	28	火	画方	談話	
3	1	水	遊戯	球遊	摺紙
	2	木	遊戯	板排	談話
	3	金	談話	画方	組紙
	4	土	遊戯	豆	
	5	日			
	6	月	遊戯	連板	摺紙
	7	火	談話	〃	唱歌
	8	水	遊戯	積木	貼紙
	9	木	談話	□□□	唱歌遊戯
	10	金	遊戯	板排	談話
	11	土	遊戯	豆	
	12	日			
	13	月	遊戯	積木	摺紙
	14	火	談話	画方	遊戯
	15	水	談話	毬遊	外遊
	16	木	記録なし		遊戯
	17	金	遊戯	談話	麦藁ツナギ
	18	土	遊戯	豆	麦藁ツナギ

	19	日			
	20	月	遊戯	談話	摺紙
	21	火	春季皇霊祭		
	22	水	遊戯	積木	唱歌
	23	木	談話	箸環	遊戯
	24	金	遊戯	談話	摺紙
	25	土	遊戯	豆	
	26	日			
	27	月	遊戯	積木	摺紙
	28	火	談話	板排	談話
	29	水	随意外遊		貼紙

D 保育日記 第壹ノ部
（明治38年4月1日〜明治39年2月29日）

月	日					
4	1	入園式				
	2	日曜日				
	3	なし				
	4	会集	摺紙	遊戯		
	5	会集	談話	外遊	積木	
	6	画方	遊戯	外遊		
	7	排環	談話	唱歌	外遊	
	8	排板	豆細工	外遊		
	9	日曜日				
	10	談話	貼紙	遊戯		
	11	積木	織紙	遊戯		
	12	排環箸	摺紙	遊戯	外遊	
	13	会集	排板	繋方	唱歌	
	14	会集	縫取	遊戯	外遊	
	15	会集	遊戯	豆細工	外遊	
	16	日曜日				
	17	会集	談話	摺紙	遊戯	外遊
	18	会集	画方	織紙	遊戯	外遊
	19	会集	縫取	貼紙		
	20	会集	排環箸	談話	唱歌	
	21	会集	摺紙	遊戯	積木	
	22	会集	排板	豆細工		
	23	日曜日				
	24	会集	積木	画方	遊戯	
	25	会集	排環箸	貼紙	唱歌	
	26	会集	板排	摺紙	遊戯	外遊
	27	会集	談話	摺紙	遊戯	外遊
	28	会集	画方	談話	唱歌	
	29	会集	積木	織紙	外遊	
	30	日曜日				
5	1	会集	排環箸	摺紙	遊戯	
	2	会集	積木	連板	遊戯	外遊
	3	会集	遊戯	談話	摺紙	
	4	会集	画方	縫取	遊戯	外遊
	5	会集	板排	貼紙	食事	遊戯
	6	会集	豆細工			
	7	日曜日				
	8	会集	積木	織紙	遊戯	外遊
	9	会集	積木	遊戯	外遊	
	10	会集	談話	画方	唱歌	外遊
	11	会集	摺紙	積木	遊戯	外遊
	12	会集	縫取	画方	唱歌	外遊
	13	会集	画方	豆細工	外遊	
	14	日曜日				
	15	会集	談話	摺紙	遊戯	外遊
	16	会集	織紙	積木	唱歌	外遊
	17	会集	談話	画方	遊戯	
	18	会集	環排	貼紙	唱歌	外遊
	19	会集	板排	縫取	唱歌	外遊
	20	会集	談話	豆細工	外遊	
	21	日曜日				
	22	会集	談話	摺紙	遊戯	外遊
	23	会集	織紙	積木	唱歌	外遊
	24	画方	談話	遊戯	外遊	
	25	会集	談話	遊戯	唱歌	
	26	会集	環排	談話	貼紙	遊戯
	27	会集	豆細工	綱引	外遊	
	28	日曜日				
	29	会集	談話	摺紙	遊戯	
	30	会集	貼紙	積木	遊戯	
	31	会集	画方	唱歌		
6	1	創立25周年記念日				
	2	会集	織紙	板排	遊戯	
	3	会集	談話	粘土		

月	日					
	4	日曜日				
	5	会集	談話	摺紙	遊戯	外遊
	6	会集	画方	積木	唱歌	
	7	会集	縫取	貼紙	遊戯	外遊
	8	会集	画方	遊戯	遊戯	外遊
	9	会集	環排	談話	遊戯	外遊
	10	会集	談話	豆細工	外遊	
	11	日曜日				
	12	会集	談話	摺紙	遊戯	外遊
	13	会集	積木	織紙	唱歌	
	14	会集	画方	遊戯	貼紙	
	15	会集	板排	談話	遊戯	外遊
	16	会集	板排	貼紙	唱歌	外遊
	17	会集	摺紙	画方	外遊	
	18	日曜日				
	19	会集	談話	摺紙	遊戯	外遊
	20	会集	積木	摺紙	外遊	
	21	会集	環排	摺紙	遊戯	外遊
	22	会集	板排	縫取	遊戯	外遊
	23	会集	談話	画方	遊戯	
	24	会集	談話	粘土	外遊	
	25	日曜日				
	26	会集	談話	摺紙	遊戯	
	27	会集	織紙	積木	唱歌	
	28	会集	積木	画方	遊戯	外遊
	29	会集	貼紙	遊戯	外遊	
	30	会集	環排	画方	遊戯	外遊
7	1	会集	談話	豆細工	外遊	
	2	日曜日				
	3	会集	談話	画方	遊戯	外遊
	4	会集	摺紙	積木	唱歌	外遊
	5	会集	画方	積木	遊戯	外遊
	6	会集	談話	板排	唱歌	外遊

月	日					
	7	会集	縫取	環排	遊戯	外遊
	8	会集	談話	豆細工		外遊
	9	日曜日				
	10	会集	摺紙		遊戯	外遊
	11	会集	織紙	画方		外遊
	12	会集	談話		遊戯	外遊
	13	会集	板排	唱歌		外遊
	14	会集	環排	貼紙		外遊
	15	会集	談話	貼紙		外遊
	16	日曜日				
	17	なし				
	18	会集	談話	遊戯		外遊
	19	会集	織紙	唱歌		外遊
	20	会集	画方	遊戯		外遊
	21	会集	板排	貼紙		外遊
	22	会集	豆細工	唱歌		外遊
	23	日曜日				
	24	会集	画方	遊戯		外遊
	25	会集	画方	唱歌		外遊
	26	会集	積木	談話		外遊
	27	会集	貼紙	板排		外遊
	28	会集	談話	遊戯		外遊
	29	会集	豆細工	唱歌		外遊
	30	日曜日				
	31	会集	閉園			
9	11	会集	摺紙			
	12	会集	談話	画方		
	13	会集	箸排	遊戯		外遊
	14	会集	連板	貼紙	貸与玩具	外遊
	15	会集	貼紙	積木		外遊
	16	会集	談話	豆細工		外遊
	17	日曜日				
	18	会集	談話	摺紙		外遊

	19	会集	積木	遊戯		外遊
	20	会集	画方	唱歌		外遊
	21	会集	縫取			
	22	会集	環排	遊戯	板排	外遊
	23	会集	談話	豆細工		外遊
	24	日曜日				
	25	会集	談話	摺紙	摺紙	外遊
	26	会集	積木	遊戯	織紙	外遊
	27	会集	画方	談話	遊戯	外遊
	28	会集	貼紙	談話	唱歌	外遊
	29	会集	摺紙	貼紙	遊戯	外遊
	30	会集	談話	粘土		外遊
10	1	日曜日				
	2	会集	摺紙	遊戯	談話	外遊
	3	会集	貼紙	積木	唱歌	外遊
	4	会集	織紙	遊戯	画方	外遊
	5	会集	環排	摺紙	摺紙	外遊
	6	会集	貼紙	遊戯	唱歌	外遊
	7	会集	談話	豆細工		外遊
	8	日曜日				
	9	会集	談話	摺紙	遊戯	外遊
	10	会集	織紙	織紙	積木	外遊
	11	会集	談話	画方	遊戯	外遊
	12	会集	環排	唱歌	貼紙	外遊
	13	会集	板排	摺紙	遊戯	外遊
	14	会集	粘土	談話		外遊
	15	日曜日				
	16	会集	縫取	積木	遊戯	外遊
	17	なし				
	18	会集	談話	遊戯	画方	外遊
	19	会集	板排	積木	唱歌	外遊
	20	会集	環排	縫取	遊戯	外遊
	21	会集	縫取	遊戯		外遊

	22	日曜日				
	23	会集	談話	摺紙	遊戯	外遊
	24	会集	織紙	積木	唱歌	外遊
	25	会集	画方	遊戯	帖簿貼方	外遊
	26	会集	板排	遊戯	談話	外遊
	27	会集				
	28	会集				
	29	日曜日				
	30	会集	摺紙	談話	遊戯	外遊
	31	会集	積木	談話	遊戯	外遊
11	1	会集	画方	遊戯		外遊
	2	会集	環排	唱歌		外遊
	3	なし				
	4	会集	談話	遊戯		外遊
	5	日曜日				
	6	会集	摺紙	唱歌	積木	外遊
	7	会集	摺紙	貼紙		外遊
	8	会集	画方	遊戯	唱歌	外遊
	9	会集	板排	織紙	遊戯	外遊
	10	会集	談話	貼紙	唱歌	外遊
	11	会集	豆細工	遊戯		外遊
	12	日曜日				
	13	会集	摺紙	談話	遊戯	外遊
	14	会集	摺紙	貼紙	積木	外遊
	15	会集	画方	板排	遊戯	外遊
	16	会集	貼紙	縫取	縫取	外遊
	17	なし				
	18	会集	遊戯	てん目	題名に天	
	19	日曜日				
	20	会集	談話	縫取	遊戯	外遊
	21	会集	織紙	画方	唱歌	外遊
	22	会集	談話	画方	摺紙	外遊
	23	なし				

	24	会集	積木	談話	遊戯	外遊
	25	会集	談話	組紙		外遊
	26	会集	談話	摺紙	遊戯	外遊
	27					
	28	会集	談話	画方	唱歌	外遊
	29	会集	談話	積木	遊戯	外遊
	30	会集	板排	環排	遊戯	外遊
12	1	会集	板排	画方	唱歌	外遊
	2	会集	豆細工	談話		外遊
	3	日曜日				
	4	会集	縫取	談話	積木	外遊
	5	会集	貼紙	摺紙	唱歌	
	6	会集	談話	画方	遊戯	外遊
	7	会集	板排	談話	唱歌	外遊
	8	会集	談話	積木	遊戯	外遊
	9	会集	貼紙	積木		外遊
	10	日曜日				
	11	会集	織紙	談話	遊戯	外遊
	12	会集	談話	積木	唱歌	外遊
	13	会集	縫取	摺紙	遊戯	外遊
	14	会集	貼紙	画方	遊戯	外遊
	15	会集	板排	環排	遊戯	外遊
	16	会集	園内第二回遊戯会			
	17	日曜日				
	18	会集	貼紙	談話	遊戯	外遊
	19	会集	積木	摺紙	唱歌	外遊
	20	会集	画方	縫取	遊戯	外遊
	21	会集	貼紙	摺紙	唱歌	
	22	会集	積木	貼紙	外遊	遊戯
	23	会集	唱歌	閉園		
1	8	会集				
	9	会集	談話	摺紙	唱歌	外遊
	10	会集	積木	画方	遊戯	

	11	会集	織紙	談話	唱歌	外遊
	12	会集	板排	遊戯		外遊
	13	会集	談話	縫取		外遊
	14	日曜日				
	15	会集	談話	縫取	遊戯	外遊
	16	会集	積木	画方	唱歌	外遊
	17	会集	画方	談話	遊戯	外遊
	18	会集				
	19	会集	談話	貼紙	遊戯	外遊
	20	会集	談話	摺紙		外遊
	21	日曜日				
	22	会集	談話	摺紙	唱歌	
	23	会集	積木	織紙	遊戯	外遊
	24	会集	遊戯	貼紙		外遊
	25	会集	画方	貼紙	唱歌	外遊
	26	会集	談話	遊戯	縫取	外遊
	27	会集	談話	貼紙		外遊
	28	日曜日				
	29	会集	談話	積木	貼紙	外遊
	30	会集	談話	画方	遊戯	外遊
2	1	会集	第三回遊戯会		摺紙	
	2	会集	談話	板排	遊戯	外遊
	3	会集	談話	縫取		外遊
	4	日曜日				
	5	会集	談話	積木	遊戯	外遊
	6	会集	談話	織紙	唱歌	外遊
	7	会集	談話	画方	遊戯	外遊
	8	会集	談話	摺紙	遊戯	外遊
	9	会集	縫取	縫取	遊戯	外遊
	10	会集	談話	板排		外遊
	11	日曜日				
	12	会集	談話	画方	遊戯	外遊
	13	会集	摺紙	積木	唱歌	外遊

	14	会集	画方	唱歌		外遊
	15	会集	談話	織紙	貼紙	外遊
	16	会集	談話	談話	遊戯	外遊
	17	会集	談話	貼紙		外遊
	18	日曜日				
	19	会集	談話	画方	遊戯	外遊
	20	会集	談話	織紙		外遊
	21	会集	積木	画方	遊戯	外遊
	22	会集	談話	縫取	唱歌	外遊
	23	会集	環排	画方	遊戯	外遊
	24	会集	板排	豆細工		外遊
	25	日曜日				
	26	会集	談話	摺紙	遊戯	外遊
	27	会集	談話	積木	遊戯	外遊
	28	会集	作法	織紙	遊戯	外遊
	29	会集				外遊

E　保育日記　第六ノ部
（明治38年4月1日～明治39年3月31日）

4	1	入園式			
		日曜日			
	3	なし			
	4	会集	摺紙		
	5	会集	外遊	唱歌	
	6	会集	遊戯	摺紙、貼紙	
	7	会集	積木	球遊	
	8	会集	遊戯	外遊	豆細工
		日曜日			
	10	会集	連板	外遊	摺紙
	11	会集	遊戯	積木	
	12	会集	板排	貼紙	
	13	会集	遊戯	箸板	
	14	会集	連板	談話及唱歌	
	15	会集	談話	豆細工	
		日曜日			
	17	会集	画方	摺紙	
	18	会集	遊戯	毬遊	
	19	会集	連板	摺紙	
	20	会集	遊戯	環箸	
	21	会集	貼紙	遊戯	
	22	会集	遊戯	豆細工	
		日曜日			
	24	会集	遊戯	摺紙	
	25	会集	積木	連板	
	26	会集	遊戯	摺紙	
	27	会集	画方	板排	
	28	会集	遊戯		
	29	会集	縦覧	賞品	
	30	日曜日			
5	1	会集	遊戯	摺紙	
	2	会集	連板		
	3	体格検査			
	4	会集	毬遊	紙摺	
	5	会集	遊戯	板箸	外遊
	6	会集	遊戯	豆細工	
		日曜日			
	8	会集	遊戯	摺紙	外遊
	9	会集	毬遊	談話	
	10	会集	遊戯	組紙	外遊
	11	会集	板箸	唱歌	外遊
	12	会集	遊戯	画方	
	13	会集	遊戯	豆細工	
		日曜日			
	15	会集	遊戯	摺紙	外遊
	16	会集	連板	積木	
	17	会集	遊戯	外遊	
	18	会集	画方	麦藁繋	
	19	会集	遊戯	唱歌	
	20	会集	遊戯	豆細工	
		日曜日			
	22	会集	遊戯	摺紙	外遊
	23	会集	談話	積木	
	24	会集	唱歌	摺紙	
	25	会集	遊戯	連板	
	26	会集	談話	貼紙	
	27	会集	遊戯	豆工	
		日曜日			
	29	会集	遊戯	摺紙	
	30	会集	板排	画方	
	31	会集	遊戯	唱歌	
6	1	創立満25周年の式			
	2	会集	遊戯	組紙	
	3	会集	遊戯	豆工	外遊

		日曜日		
	5	会集	遊戯	摺紙	
	6	会集	談話	箸排	外遊
	7	会集	遊戯	貼紙	外遊
	8	会集	積木	連板	
	9	会集	遊戯	毬遊	
	10	会集	遊戯	豆工	
		日曜日			
	12	会集	遊戯	摺紙	外遊
	13	会集	連板	唱歌	外遊
	14	会集	遊戯	繋方	
	15	会集	積木	談話	外遊
	16	会集	遊戯	画方	
	17	会集	遊戯	織紙	外遊
		日曜日			
	19	会集	遊戯	摺紙	外遊
	20	会集	遊戯	積木	
	21	会集	板排	貼紙	
	22	会集	遊戯	積木	外遊
	23	会集	遊戯	毬遊	
	24	会集	遊戯	豆細工	
		日曜日			
	26	会集	遊戯	摺紙	
	27	会集	積木	板排	
	28	会集	遊戯	貼紙	
	29	会集	毬嬉	連板	
	30	会集	遊戯		
7	1	会集	遊戯	豆細工	
	2	日曜日			
	3	会集	遊戯	摺紙	
	4	会集	唱歌	画方	
	5	会集	遊戯	貼紙	
	6	会集	積木	板箸排	

	7	会集	遊戯	連板	
	8	会集	遊戯	豆細工	
	9	日曜日			
	10	会集	遊戯	摺紙	
	11	会集	積木	毬	
	12	会集	貼紙	画方	
	13	会集	遊戯	連板	
	14	会集	唱歌	板排	
	15	会集	環排	組紙	
	16	日曜日			
	17	なし			
	18	会集	遊戯	摺紙	
	19	会集	積木	談話	
	20	会集	遊戯	織紙	
	21	会集	縦覧	画方	
	22	会集	板排	豆細工	
	23	日曜日			
	24	会集	遊戯	摺紙	
	25	会集	積木	手毬	
	26	会集	貼紙	唱歌	
	27	会集	遊戯	連板	
	28	会集	積木	箸排	
	29	会集	板排	豆細工	
	30	日曜日			
	31	閉園ノ式			
9	11	開園ノ式			
	12	会集	談話	唱歌	
	13	会集	積木	貼紙	
	14	会集	遊戯	連板	
	15	会集	板排	手毬	
	16		豆細工	遊戯	
	17	日曜日			
	18	会集	遊戯	摺紙	

	19	会集	積木	連板	
	20	会集	画方	唱歌	
	21	会集	遊戯	繋方	
	22	会集	箸環	手毬	
	23	会集	遊戯	豆細工	
	24	日曜日			
	25	会集	遊戯	摺紙	
	26	会集	板排	積木	
	27	会集	連板	貼紙	
	28	会集	遊戯	環箸	
	29	会集	縦覧	画方	
	30	会集	遊戯	唱歌	
10	1	日曜日			
	2	会集	遊戯	摺紙	唱歌
	3	会集	積木	板排	
	4	会集	遊戯	貼紙	唱歌
	5	会集	環排	画方	唱歌
	6	会集	遊戯	手毬	唱歌
	7	会集	遊戯	豆細工	
	8	日曜日			
	9	会集	遊戯	摺紙	
	10	会集	遊戯	積木	
	11	会集	縦覧	繋方	
	12	会集	板箸排	連板	
	13	会集	遊戯	画方	
	14	会集	遊戯	豆細工	
	15	日曜日			
	16	会集	遊戯	摺紙	
	17	なし			
	18	会集	遊戯	積木	
	19	会集	遊戯	手毬	
	20	会集	唱歌	画方	
	21	会集	遊戯	織紙	

	22	日曜日			
	23	会集	遊戯	摺紙	
	24	会集	唱歌	積木	
	25	会集	遊戯	板排	
	26	会集	遊戯	摺紙	
	27	会集			
	28	会集			
	29	日曜日			
	30	会集	遊戯	摺紙	
	31	会集	積木	織紙	
11	1	会集	遊戯	箸排	
	2	会集	遊戯	唱歌	
	3	式天長節			
	4	会集	遊戯	組紙	
	5	日曜日			
	6	会集	遊戯	摺紙	
	7	会集	積木		
	8	会集	遊戯	貼紙	
	9	会集	縦覧	画方	
	10	会集	遊戯	板箸排	
	11	会集	遊戯	豆細工	
	12	日曜日			
	13	会集	遊戯	摺紙	
	14	会集	積木	板排	
	15	会集	遊戯	談話	
	16	会集	遊戯	貼紙	
	17	臨時休ミ			
	18	会集	第1回園内運動会		
	19	日曜日			
	20	会集	遊戯	摺紙	外遊
	21	会集	積木	画方	
	22	会集	遊戯	貼紙	
	23	なし			

	24	会集	遊戯	環排	
	25	会集	遊戯	組紙	
	26	日曜日			
	27	会集	遊戯	摺紙	
	28	会集	積木	手毬	唱歌
	29	会集	遊戯	貼紙	オ歌
	30	会集	板箸排	画方	遊戯
12	1	会集	遊戯	連板	唱歌
	2	会集	遊戯	豆細工	
	3	日曜日			
	4	会集	遊戯	板排	摺紙
	5	会集	唱歌	積木	板排
	6	会集	遊戯	手毬	貼紙
	7	会集	唱歌	環箸	画方
	8	会集	遊戯	談話	連板
	9	会集	遊戯	組紙	
	10	日曜日			
	11	会集	遊戯	手毬	摺紙
	12	会集	談話	積木	唱歌
	13	会集	遊戯	環排	集観
	14	会集	板排	唱歌	貼紙
	15	会集	遊戯	談話	集観
	16	会集	第二回遊戯会		
	17	日曜日			
	18	会集	遊戯	手毬	摺紙
	19	会集	積木	縦覧	画方
	20	会集	遊戯	板排	繋方
	21	会集	唱歌	連板	箸板
	22	会集	遊戯	積木	摺紙
	23	会集	閉園		
1	8	開園式			
	9		遊戯	積木	摺紙
	10	会集	遊戯	板排	遊戯

	11	会集	談話	環排	貼紙
	12	会集	遊戯	箸排	画方
	13	会集	遊戯	織紙	
	14	日曜日			
	15	会集	遊戯	積木	摺紙
	16	会集	唱歌	板排	集観
	17	会集	遊戯	談話	貼紙
	18	会集	遊戯		
	19	会集	遊戯	連板	環排
	20	会集	遊戯	組紙	
	21	日曜日			
	22	会集	遊戯	積木	摺紙
	23	会集	談話	板排	手毬
	24	会集	遊戯	摺紙	
	25	会集	唱歌	板箸	貼紙
	26	会集	遊戯	環排	画方
	27	会集	遊戯	繋方	
	28	日曜日			
	29	会集	遊戯	積木	摺紙
	30	なし			
	31	会集	遊戯	板箸	組紙
2	1	会集	第3回園内遊戯		唱歌
	2	会集	遊戯	談話	箸排
	3	会集	遊戯	織紙	
	4	日曜日			
	5	会集	遊戯	積木	摺紙
	6	会集	唱歌	板排	箸環
	7	会集	遊戯	板排	貼紙
	8	会集	談話	積木	集観
	9	会集	遊戯	環排	画方
	10	会集	遊戯	摺紙	
	11	日曜日			
	12	会集	遊戯	積木	摺紙

	13	会集	唱歌	板箸	手毬
	14	会集	遊戯	箸排	談話
	15	会集	唱歌	板排	貼紙
	16	会集	遊戯	縦覧	画方
	17	会集	遊戯	豆細工	
	18	日曜日			
	19	会集	遊戯	積木	摺紙
	20	会集	唱歌	環排	手毬
	21	会集	遊戯	談話	箸排
	22	会集	唱歌	板排	貼紙
	23	会集	遊戯	積木	画方
	24	会集	遊戯	豆細工	
	25	日曜日			
	26	会集	遊戯	積木	摺紙
	27	会集	遊戯	環板	談話
	28	会集	遊戯	板箸	貼紙
3	1	会集	第4回園内遊戯会		
	2	会集	遊戯	積木	画方
	3	会集	遊戯	豆細工	
	4	日曜日			
	5	会集	遊戯	積木	摺紙
	6	会集	唱歌	板箸排	手毬
	7	会集	遊戯	板排	画方
	8	会集	唱歌	談話	貼紙
	9	会集	遊戯	環排	箸排
	10	会集	式のみ		
	11	日曜日			
	12	会集	遊戯	積木	摺紙
	13	会集	唱歌	談話	板排
	14	会集	遊戯	板排	貼紙
	15	会集	縦覧	積木	画方
	16	会集	遊戯	板箸排	摺紙
	17	休園			

	18	日曜日			
	19	会集	遊戯	積木	摺紙
	20	会集	唱歌	板排	箸排
	21	なし			
	22	会集	談話	板排	貼紙
	23	会集	遊戯	縦覧	
	24	会集	遊戯	豆細工	
	25	日曜日			
	26	会集	積木	摺紙	
	27	会集	遊戯	板排	箸排
	28	会集	遊戯	貼紙	環排
	29	会集	唱歌	談話	連板
	30	会集	遊戯	織紙	
	31	卒業式			

F 保育日記 第六ノ部
(明治39年4月1日～明治40年3月30日)

月	日				
4	1	入園式			
	2	会集	積木	摺紙	
	3	なし			
	4	会集	遊戯	板排	
	5	会集	唱歌	貼紙	
	6	会集	積木	摺紙	外遊
	7	会集	遊戯	豆細工	
	8	日曜日			
	9	会集	遊戯	連板	
	10	会集	積木	摺紙	
	11	会集	遊戯		
	12	会集	唱歌	板排	
	13	会集	遊戯	貼紙	
	14	会集	遊戯	豆細工	
	15	日曜日			
	16	会集	遊戯	摺紙	
	17	会集	唱歌	積木	
	18		遊戯	貼紙	
	19	会集	板箸	画方	
	20	会集	遊戯	板排	
	21	会集	唱歌	豆細工	
	22	日曜日			
	23	会集	遊戯	摺紙	
	24	会集	連板	縦覧	
	25	会集	遊戯	貼紙	
	26	会集	積木	手毬	
	27	会集	遊戯	板箸	
	28	会集	遊戯	豆細工	
	29	日曜日			
	30	会集	遊戯	摺紙	
5	1	会集	積木	箸板	
	2	会集	遊戯	貼紙	
	3	会集	手毬	組紙	
	4	会集	遊戯	画方	
	5	会集	豆細工		
	6	日曜日			
	7	会集	摺紙		
	8	会集	手毬	連板	
	9	会集	連板		
	10	会集	積木	唱歌	
	11	会集	遊戯	板排	
	12	会集	遊戯	豆細工	
	13	日曜日			
	14	会集	摺紙		
	15	会集	積木	連板	
	16	会集	遊戯	板箸	
	17	会集	唱歌	貼紙	
	18	会集	遊戯	画方	
	19	会集	遊戯		
	20	日曜日			
	21	会集			
	22	会集	積木	摺紙	
	23	会集	遊戯	環排	
	24	会集	唱歌	貼紙	
	25	会集	遊戯	環箸	
	26	会集	連板	豆細工	
	27	日曜日			
	28	会集	遊戯	摺紙	
	29	会集	唱歌	積木	
	30	会集	遊戯	貼紙	
	31	会集			
6	1		26周年記念		
	2	会集	連板	豆細工	
	3	日曜日			

月	日				
	4	会集	遊戯	摺紙	
	5	会集	積木	画方	
	6	会集	遊戯	貼紙	
	7	会集	板排	手毬	
	8	会集	遊戯	箸板排	
	9	会集	唱歌	豆細工	
	10	日曜日			
	11	会集	遊戯	摺紙	
	12	会集	積木	板排	
	13	会集	遊戯	貼紙	
	14	会集	唱歌	画方	
	15	会集	遊戯	談話	
	16	会集	環箸	豆細工	
	17	日曜日			
	18	会集	遊戯	摺紙	
	19	会集	積木	板排	
	20	会集	遊戯	貼紙	
	21	会集	談話	環箸	
	22	会集	遊戯	画方	
	23	会集	連板	豆細工	
	24	日曜日			
	25	会集	遊戯	摺紙	
	26	会集	積木		
	27	会集	遊戯	貼紙	
	28	会集	唱歌	箸環	
	29	会集	遊戯	画方	
	30	会集	唱歌	組紙	
7	1	日曜日			
	2	会集	第五回遊戯会		
	3	会集	積木	板排	
	4	会集	遊戯	貼紙	
	5	会集	唱歌	板排	
	6	会集	遊戯	画方	

月	日				
	7	会集	遊戯	織紙	
	8	日曜日			
	9	会集	遊戯	摺紙	
	10	会集	積木	連板	
	11	会集	遊戯	貼紙	
	12	会集	箸排	画方	
	13	会集	談話	環排	
	14	会集	遊戯	豆細工	
	15	日曜日			
	16	会集	積木	摺紙	
	17	休日			
	18	会集	板排	遊戯	
	19	会集	唱歌	貼紙	
	20	会集	談話	手毬	
	21	会集	豆細工	遊戯	
	22	日曜日			
	23	会集	積木	摺紙	
	24	会集	唱歌	板排	
	25	会集	遊戯	貼紙	
	26	会集	箸排	画方	
	27	会集	談話	環箸	
	28	会集	遊戯	談話	
	29	日曜日			
	30	会集	摺紙	積木	
	31	閉園ノ式			
9	11	会集	摺紙		
	12		貼紙	遊戯	
	13		板箸	画方	
	14	会集	積木	唱歌	
	15	会集	遊戯	摺紙	
	16	日曜日			
	17	会集	積木	摺紙	
	18	会集	唱歌	板排	

	19	会集	貼紙	遊戯	
	20	会集	連板	画方	
	21	会集	談話	環箸	
	22	会集	遊戯	豆細工	
	23	日曜日			
	24	なし			
	25	会集	積木	摺紙	
	26	会集	遊戯	貼紙	
	27	会集	縦覧	画方	
	28	会集	唱歌	環箸	
	29	会集	遊戯	組紙	
	30	日曜日			
10	1		第六回遊戯会	摺紙	
	2	会集	積木	板排	唱歌
	3	会集	遊戯	貼紙	
	4	会集	手毬	画方	集観
	5	会集	遊戯	積木	唱歌
	6	会集	織紙	唱歌	
	7	日曜日			
	8	会集	遊戯	摺紙	唱歌
	9	会集	積木	板排	談話
	10	会集	遊戯	貼紙	唱歌
	11	会集	縦覧	画方	集観
	12	会集	遊戯	環箸	談話
	13	会集	遊戯	豆細工	
	14	日曜日			
	15	会集	遊戯	摺紙	オ歌
	16	会集	積木	板排	オ話
	17	なし			
	18	会集	板箸	貼紙	
	19	会集	遊戯	画方	歌
	20	会集	遊戯	豆細工	
	21	日曜日			

	22	会集	遊戯	摺紙	
	23	会集	積木	板排	
	24	会集	遊戯	貼紙	歌
	25	会集	談話	画方	唱歌
	26	会集	遊戯	環箸	
	27	会集	遊戯	組紙	
	28	日曜日			
	29	会集	摺紙	唱歌	
	30	会集	積木	板排	集観
	31	会集	遊戯	貼紙	集観
11	1	会集	手毬	画方	オ歌
	2	会集	遊戯	摺紙	
	3	なし			
	4	日曜日			
	5	会集	遊戯	摺紙	談話
	6	会集	積木	板箸	談話
	7	会集	遊戯	貼紙	唱歌
	8	会集	連板	画方	唱歌
	9	会集	遊戯	環箸	談話
	10	会集	手毬	貼紙	
	11	日曜日			
	12	会集	遊戯	摺紙	唱歌
	13	会集	積木	板排	唱歌
	14	会集	遊戯	繋方	
	15	会集	箸排	画方	歌
	16	会集	遊戯	談話	唱歌
	17	会集	遊戯	豆細工	
	18	日曜日			
	19	会集	遊戯	摺紙	唱歌
	20	会集	積木	板排	歌
	21	会集	遊戯	貼紙	歌
	22	会集	手毬	画方	唱歌
	23	なし			

月	日				
	24	会集	織紙		
	25	日曜日			
	26		遊戯	摺紙	集観
	27	会集	積木	画方	談話
	28	会集	遊戯	貼紙	歌
	29	会集	遊戯	連板	談話
	30	会集	遊戯	環板	才歌
12	1	会集	豆細工		
	2	日曜日			
	3	会集	遊戯	積木	摺紙
	4		談話	板排	箸排
	5	会集	遊戯	画方	手毬
	6	会集	唱歌	環箸	貼紙
	7	会集	遊戯	談話	連板
	8	会集	摺紙		
	9	日曜日			
	10	会集	遊戯	摺紙	連板
	11		積木	板排	談話
	12	会集	遊戯	画方	貼紙
	13	会集	唱歌	環排	積木
	14	会集	遊戯	箸板	集観
	15	会集	手毬	豆細工	
	16	日曜日			
	17	会集	遊戯	積木	摺紙
	18	会集	談話	板排	摺紙
	19	会集	遊戯	画方	貼紙
	20	会集	唱歌	環箸	貼紙
	21	会集	遊戯	摺紙	摺紙
	22	会集	唱歌	豆細工	
	23	日曜日			
	24	会集	閉園ノ式		
1	8	会集	開園ノ式		
	9	会集	遊戯	画方	貼紙

月	日				
	10	会集	積木	環排	摺紙
	11	会集	遊戯	談話	手毬
	12	会集	組紙	唱歌	
	13	日曜日			
	14	会集	遊戯	積木	摺紙
	15	会集	談話	板排	箸排
	16	会集	遊戯	画方	貼紙
	17	会集	唱歌	積木	集観
	18	会集	遊戯	談話	連板
	19	会集	唱歌	豆細工	
	20	日曜日			
	21	会集	遊戯	積木	摺紙
	22	会集	談話	板排	箸排
	23	会集	遊戯	画方	貼紙
	24	会集	唱歌	環排	積木
	25	会集	遊戯	談話	手毬
	26	会集	豆細工		
	27	日曜日			
	28	会集	遊戯	積木	摺紙
	29	会集	談話	板箸	箸排
	30	なし			
	31	会集	遊戯	織紙	唱歌
2	1	会集	遊戯	談話	画方
	2		第一回遊戯会		
	3	日曜日			
	4	会集	遊戯	摺紙	積木
	5	会集	談話	板排	箸排
	6	会集	遊戯	画方	貼紙
	7	会集	唱歌	環箸	積木
	8	会集	遊戯	談話	連板
	9	会集	遊戯	組紙	
	10	日曜日			
	11		紀元節ノ式		

	12	会集	談話	環箸	摺紙
	13	会集	遊戯	画方	貼紙
	14	会集	唱歌	談話	積木
	15	会集	遊戯	板排	集観
	16	会集	手毬	摺紙	
	17	日曜日			
	18	会集	遊戯	積木	摺紙
	19	会集	談話	板排	
	20	会集	遊戯	画方	貼紙
	21	会集	唱歌	縦覧	積木
	22	会集	遊戯	環板	連板
	23	会集	談話	豆細工	
	24	日曜日			
	25	会集	遊戯	積木	摺紙
	26	会集	談話	板排	箸排
	27	会集	遊戯	画方	貼紙
	28	会集	唱歌	談話	集観
3	1	会集	遊戯	環排	積木
	2	会集	織紙		
	3	日曜日			
	4	会集	遊戯	積木	摺紙
	5	会集	談話	板排	箸排
	6	会集	遊戯	画方	貼紙
	7	会集	唱歌	談話	集観
	8	会集	遊戯	積木	手毬
	9		第二回遊戯会		
	10	日曜日			
	11	会集	遊戯	積木	摺紙
	12	会集	談話	板排	箸排
	13	会集	遊戯	画方	貼紙
	14	会集	唱歌	積木	談話
	15	会集	遊戯	環排	連板
	16	会集	談話	豆細工	

17	日曜日			
18	会集	遊戯	積木	摺紙
19	会集	談話	板排	箸排
20	会集	遊戯	貼紙	
21	会集	唱歌	談話	画方
22	なし			
23	会集	遊戯	豆細工	
24	日曜日			
25	会集	遊戯	積木	摺紙
26	会集	遊戯		
27	会集	談話	画方	貼紙
28	会集	唱歌	画方	集観
29	会集	遊戯	飯事	積木
30	授典式			

G 保育日記　第四ノ部
（明治40年4月1日～明治41年3月31日）

4	1	新築記念日	入園式		
	2	会集	外遊	箸環排	摺紙
	3	休園			
	4	会集	外遊	唱歌	貼紙
	5	会集	談話	遊戯	画方
	6	会集	積木	豆細工	
	7	日曜日			
	8	会集	談話	遊戯	摺紙
	9	会集	箸環排	唱歌	画方
	10	会集	積木	遊戯	繋方
	11	会集	談話	唱歌	摺紙
	12	会集	板排	遊戯	組紙
	13	会集	談話	豆細工	
	14	日曜日			
	15	会集	談話	遊戯	摺紙
	16	会集	箸環排	唱歌	画方
	17	会集	積木	遊戯	繋方
	18	会集	談話	唱歌	摺紙
	19	会集	遊戯	貼紙	
	20	会集	談話	豆細工	
	21	日曜日			
	22	会集	談話	遊戯	摺紙
	23	会集	箸環排	唱歌	画方
	24	会集	積木	遊戯	貼紙
	25	会集	談話	唱歌	摺紙
	26	会集	板排	遊戯	摺紙
	27	会集	談話	織紙	
	28	日曜日			
	29	会集	談話	遊戯	摺紙
	30	会集	箸環排	唱歌	
5	1	会集	積木	遊戯	繋方
	2	会集	談話	唱歌	画方
	3	会集	板排	唱歌	織紙
	4	会集	談話	豆細工	
	5	日曜日			
	6	会集	談話	遊戯	摺紙
	7	会集	箸環排	唱歌	遊戯
	8	会集	積木	遊戯	
	9	会集	談話	唱歌	貼紙
	10	会集	板排	遊戯	摺紙
	11	会集	繋方	唱歌	
	12	日曜日			
	13	会集	談話	遊戯	摺紙
	14	会集	箸環排	唱歌	
	15	会集	積木	遊戯	繋方
	16	会集	談話	唱歌	画方
	17	会集	板排	遊戯	織紙
	18	会集	談話	摺紙	
	19	日曜日			
	20	会集	談話	遊戯	摺紙
	21	会集	箸環	唱歌	摺紙
	22	会集	積木	遊戯	組紙
	23	会集	談話	唱歌	画方
	24	会集	板排	遊戯	貼紙
	25	会集	談話	摺紙	
	26	日曜日			
	27	会集	談話	遊戯	摺紙
	28	会集	箸環	唱歌	画方
	29	会集	積木	唱歌	織紙
	30	会集	板排	遊戯	摺紙
	31	会集	外遊	唱歌	
6	1	創立記念日			
	2	日曜日			
	3	会集	談話	遊戯	

	4	会集	積木	画方	唱歌
	5	会集	談話	遊戯	摺紙
	6	会集	板排	唱歌	織紙
	7	会集	箸環	遊戯	画方
	8	会集	摺紙	豆細工	
	9	日曜日			
	10	会集	談話	遊戯	摺紙
	11	会集	箸環	談話	摺紙
	12	会集	積木	遊戯	繋方
	13	会集	談話	唱歌	摺紙
	14	会集	板排	遊戯	貼紙
	15	会集	談話	豆細工	
	16	日曜日			
	17	会集	談話	遊戯	摺紙
	18	会集	箸環	唱歌	画方
	19	会集	積木	遊戯	貼紙
	20	会集	談話	遊戯	摺紙
	21	会集	板排	遊戯	組紙
	22	会集	談話	粘土	
	23	日曜日			
	24	会集	談話	遊戯	摺紙
	25	会集	箸環	唱歌	画方
	26	会集	積木	遊戯	摺紙
	27	会集	談話	貼紙	唱歌
	28	会集	板排	遊戯	摺紙
	29	会集	談話	豆細工	
	30	日曜日			
7	1	会集	談話	遊戯	摺紙
	2	会集	画方	唱歌	摺紙
	3	会集	積木	遊戯	繋方
	4	会集	談話	唱歌	談話
	5	会集	板排	遊戯	織紙
	6	会集	談話	貼紙	

	7	日曜日			
	8	会集	談話	遊戯	摺紙
	9	会集	箸環	唱歌	画方
	10	会集	積木	遊戯	繋方
	11	会集	談話	摺紙	
	12	会集	板排	摺紙	
	13	会集	談話	組紙	
	14	日曜日			
	15	会集	遊戯	摺紙	
	16	会集	積木	遊戯	
	17	休園			
	18	会集	遊戯	摺紙	
	19	会集	織紙		
	20	会集	貼紙		
	21	日曜日			
	22	会集	遊戯	摺紙	
	23	会集	積木		
	24	会集	談話	画方	
	25	会集	遊戯	摺紙	
	26	会集	繋方	摺紙	
	27	会集	談話	豆細工	
	28	日曜日			
	29	会集	遊戯	摺紙	
	30	会集	談話	積木	
	31	会集			
9	11	会集	開園ノ式		
	12	会集	談話	摺紙	
	13	会集	板排	織紙	
	14	会集	談話	豆細工	
	15	日曜日			
	16	会集	談話	摺紙	
	17	会集	積木	唱歌	
	18	会集	画方	組紙	

月	日				
	19	会集	環箸	摺紙	
	20	会集	板排	摺紙	
	21	会集	談話	貼紙	
	22	日曜日			
	23	会集	遊戯	摺紙	
	24	休園			
	25	会集	積木	遊戯	摺紙
	26	会集	板排	織紙	唱歌
	27	会集	談話	遊戯	繋方
	28	会集	談話	摺紙	
	29	日曜日			
	30	会集	談話	遊戯	摺紙
10	1	会集	外遊	箸環	唱歌
	2	会集	外遊	遊戯	貼紙
	3	会集	積木	摺紙	
	4	会集	外遊	板排	画方
	5	会集	談話	豆細工	
	6	日曜日			
	7	会集	積木	遊戯	摺紙
	8	会集	談話	唱歌	摺紙
	9	会集	箸環	遊戯	
	10	会集	談話	唱歌	組紙
	11	会集	外遊	画方	摺紙
	12	会集	談話	豆細工	
	13	日曜日			
	14	会集	談話	遊戯	摺紙
	15	会集	箸環	唱歌	画方
	16	会集	遊戯	外遊	繋方
	17	休園			
	18	会集	積木	外遊	摺紙
	19	会集	外遊	組紙	
	20	日曜日			
	21	会集	積木	外遊	摺紙

月	日				
	22	会集	板排	唱歌	織紙
	23	会集	積木	遊戯	画方
	24	会集	談話	唱歌	摺紙
	25	会集	談話	遊戯	貼紙
	26	会集	談話	組紙	
	27	日曜日			
	28	会集	談話	外遊	摺紙
	29	会集	箸環	外遊	画方
	30	会集	積木	外遊	摺紙
	31	会集	談話	外遊	摺紙
11	1	会集	外遊	板排	唱歌
	2	会集	談話		
	3	日曜日	天長節祝賀式		
	4	会集	談話	遊戯	摺紙
	5	会集	箸環	唱歌	画方
	6	会集	積木	遊戯	繋方
	7	会集	談話	唱歌	摺紙
	8	会集	板排	外遊	織紙
	9		第九回遊戯会		
	10	日曜日			
	11	会集	談話	遊戯	摺紙
	12	会集	箸環	唱歌	画方
	13	会集	積木	遊戯	貼紙
	14	会集	談話	遊戯	摺紙
	15	会集	板箸	遊戯	摺紙
	16	会集	摺紙	唱歌	
	17	日曜日			
	18	会集	談話	遊戯	摺紙
	19	会集	談話	談話	唱歌
	20	会集	積木	遊戯	組紙
	21	会集	板排	談話	摺紙
	22	会集	画方	遊戯	談話
	23	なし			

月	日				
	24	日曜日			
	25	会集	談話	遊戯	外遊
	26	会集	箸環	摺紙	唱歌
	27	会集	積木	遊戯	画方
	28	会集	板排	唱歌	貼紙
	29	会集	談話	遊戯	摺紙
	30	会集	談話	豆細工	
12	1	日曜日			
	2	会集	談話	遊戯	摺紙
	3	会集	箸環	画方	唱歌
	4	会集	積木	遊戯	摺紙
	5	会集	談話	唱歌	摺紙
	6	会集	板排	遊戯	織紙
	7	会集	談話	豆細工	
	8	日曜日			
	9	会集	談話	遊戯	摺紙
	10	会集	箸環	唱歌	画方
	11	会集	積木	遊戯	唱歌
	12	会集	板排	遊戯	貼紙
	13	会集	談話	遊戯	摺紙
	14	会集	談話	組紙	
	15	日曜日			
	16	会集	談話	遊戯	摺紙
	17	会集	箸環	唱歌	画方
	18	会集	積木	遊戯	唱歌
	19	会集	箸環	唱歌	摺紙
	20	会集	板排	唱歌	画方
	21	会集	積木	豆細工	
	22	日曜日			
	23	会集	談話	唱歌	摺紙
	24	閉園式			
1	8	開園式			
	9	会集	談話	唱歌	摺紙

月	日				
	10	会集	板排	遊戯	摺紙
	11	会集	談話	豆細工	
	12	日曜日			
	13	会集	談話	遊戯	摺紙
	14	会集	箸環	唱歌	遊戯
	15	会集	積木	遊戯	繋方
	16	会集	談話	遊戯	摺紙
	17	会集	板排	遊戯	織紙
	18	会集	談話	摺紙	
	19	日曜日			
	20	会集	談話	遊戯	摺紙
	21	会集	箸環	唱歌	画方
	22	会集	積木	遊戯	談話
	23	会集	板排	摺紙	唱歌
	24	会集	談話	遊戯	貼紙
	25	会集	遊戯	豆細工	
	26	日曜日			
	27	会集	談話	遊戯	摺紙
	28	会集	談話	遊戯	画方
	29	会集	種痘	貼紙	
	30	なし			
	31	会集	遊戯	織紙	
2	1	日曜日			
	2	なし			
	3	会集	談話	遊戯	摺紙
	4	会集	箸環	唱歌	絵本
	5	会集	積木	遊戯	組紙
	6	会集	談話	唱歌	画方
	7	会集	談話	遊戯	摺紙
	8	会集	唱歌	繋方	
	9	日曜日			
	10	会集	談話	遊戯	摺紙
	11	なし			

	12	会集	談話	遊戯	積木
	13	会集	板排	唱歌	摺紙
	14	会集	談話	貼紙	遊戯
	15	会集	談話	豆細工	
	16	日曜日			
	17	会集	談話	遊戯	摺紙
	18	会集	遊戯	積木	摺紙
	19	会集	談話	遊戯	織紙
	20	会集	画方	唱歌	談話
	21	会集	遊戯	板排	摺紙
	22	会集	環箸	摺紙	
	23	日曜日			
	24	会集	談話	積木	摺紙
	25	会集	板排	唱歌	画方
	26	会集	遊戯	貼紙	遊戯
	27	会集	談話	唱歌	摺紙
	28	会集	箸環	遊戯	摺紙
	29	会集	豆細工	遊戯	
3	1	日曜日			
	2	会集	談話	積木	摺紙
	3	会集	談話	縦覧	板排
	4	会集	画方	遊戯	織紙
	5	会集	遊戯	唱歌	摺紙
	6	会集	談話	遊戯	
	7	会集	積木	摺紙	
	8	日曜日			
	9	会集	談話	遊戯	摺紙
	10	会集	談話	唱歌	積木
	11	会集	板排	遊戯	摺紙
	12	会集	環箸	遊戯	貼紙
	13	会集	談話	遊戯	画方
	14	会集	談話	画方	
	15	日曜日			

16	会集	□□	遊戯	摺紙
17	会集	積木	遊戯	摺紙
18	会集	談話	唱歌	織紙
19	会集	外遊	外遊	織紙
20	会集	画方	外遊	箸排
21	なし			
22	日曜日			
23	会集	談話	外遊	摺紙
24	会集	積木	唱歌	摺紙
25	会集	遊戯	外遊	談話
26	会集	画方	唱歌	談話
27	会集	箸環	遊戯	貼紙
28	会集	組紙	外遊	
29	日曜日			
30	会集	積木		
31	証書授与式			

謝　辞

　本書は、2012年に筑波大学大学院より博士（芸術学）の学位を授与された論文をもとに加筆修正したものであり、平成27年度独立行政法人日本学術振興会科学研究費助成事業（科学研究費補助金）（研究成果公開促進費、課題番号15HP5200）の配分を受け刊行する機会に恵まれた。

　筆者はもともと美術教育を専門としてきたが、ご縁を頂き保育者養成に携わることとなった。そこで幼児教育史を調べていくと、美術教育史では当然とされてきた導入部分が幼児教育では全く異なる道筋であったことに驚いた。そこで研究対象を明治期と定め研究をすすめていくこととした。子どもの絵の価値がそれほど見出されていなかった時代であったため、一次資料の収集は難しいものがあったが資料に出会えた時の喜びも一入だった。快く貴重な資料を閲覧させて下さった方々に心より御礼を申し上げたい。地方の調査で多くの方々にお世話になりお話をうかがう過程で痛感したことは、地方の美術教育史を掘り起こす作業は、その地域で生活を営む人々の誇りに繋がっているということである。また地域の芸術家の作品に触れることで、美術史だけではなく地域の教育史という文脈によって芸術家に光を当てていくことを再認識する契機となった。

　本書をまとめることができたのは、諸先生方をはじめとして多くの方々のご指導があったからである。お名前をあげるのはごく一部の方々ではあるが、心から感謝申し上げたい。

　筑波大学大学院人間総合科学研究科博士後期課程に在籍中、指導教官の岡崎昭夫先生より論文作成の細やかなご助言とご指導を賜った。副指導教官の直江俊雄先生にはロンドン出張中より御多忙にもかかわらず多くの激励やご

示唆を賜った。心より御礼申し上げたい。学位論文審査において貴重なご指導とご助言を頂いた斎藤泰嘉先生、懇切丁寧なご指導を頂いた石崎和宏先生に心から感謝の念を表したい。石崎先生にはドイツを中心として海外の研究との関連性を探っていくようご指導いただき、学位取得後にはドイツのバート・ブランケンブルクにあるフレーベル幼稚園と博物館を訪問し、実際に恩物を行っている様子を見学する好機にも恵まれた。それをきっかけとしてドイツの資料も調査させていただくこととなり、少しずつではあるが研究のパーツが組み合わされていくように感じている。本書に掲載されているドイツ資料に関しては、ノルトライン・ヴェストファーレン州にあるベルギッシュ・グラートバハ学校博物館のヨーリッセン博士に大変お世話になった。資料のご提供および掲載許可を頂き心より感謝申し上げたい。

　湯川嘉津美先生には幼児教育史の視点から、金子一夫先生には美術教育史の観点から細やかなご教示をいただいた。貴重なご示唆を賜ったにもかかわらず、筆者の力不足により反映できなかった点があることをお詫びしたい。

　本研究の執筆にあたって資料を閲覧・調査させて頂き、掲載のご許可を賜ったお茶の水女子大学附属図書館、土浦市立博物館、博物館・重要文化財旧開智学校、京都府舞鶴市立舞鶴幼稚園、大阪市立愛珠幼稚園、大阪市教育センター、学校法人木の花幼稚園、筑波大学附属図書館の皆様に深く御礼申し上げたい。

　出版にあたり風間書房の風間敬子社長に終始お世話になった。忍耐強く筆者に付き合って下さったことに心より厚く御礼を申し上げたい。

　本書の研究は、日本学術振興会より平成23-25年度科学研究費補助金（若手研究（B）、課題番号23730844）、平成26-28年度科学研究費補助金（基盤研究（C）、課題番号26381226）の助成を受けた。

　東日本大震災によって実家のある石巻が被災した日から5年が経とうとしている。その間も筆者をあたたかく励まし見守ってくれた石巻の父や母、妹、

友人たち、そして筆者の理解者でありいつも研究を応援してくれた夫に心より謝意を表したい。

2015年12月

牧　野　由　理

著者略歴

牧野　由理（まきの　ゆり）

1972年　宮城県に生まれる
1997年　千葉大学大学院教育学研究科修士課程美術教育専攻修了
2012年　筑波大学大学院人間総合科学研究科（博士後期課程）芸術専攻修了
　　　　博士（芸術学）
　　　　東横学園女子短期大学助教、東京都市大学人間科学部助教を経て
現　在　城西国際大学福祉総合学部准教授

明治期の幼稚園における図画教育史研究

2016年2月25日　初版第1刷発行

著　者　　牧　野　由　理

発行者　　風　間　敬　子

発行所　　株式会社風間書房
〒101-0051　東京都千代田区神田神保町 1-34
電話 03(3291)5729　FAX 03(3291)5757
振替 00110-5-1853

印刷　太平印刷社　　製本　高地製本所

©2016　Yuri Makino　　　　　　　　NDC 分類：375.72

ISBN978-4-7599-2119-9　　Printed in Japan

JCOPY 〈(社)出版者著作権管理機構　委託出版物〉

本書の無断複製は，著作権法上での例外を除き禁じられています。複製される
場合はそのつど事前に(社)出版者著作権管理機構（電話 03-3513-6969，FAX 03-
3513-6979, e-mail: info@jcopy.or.jp）の許諾を得てください。